全国高等教育自学考试指定教材

管理学原理（初级）

［含：管理学原理（初级）自学考试大纲］ 课程代码 13126

（2023 年版）

全国高等教育自学考试指导委员会 组编

主 编 白瑷峥

副主编 王琦凡 张小红 张晓霞

中国人民大学出版社

·北京·

中国人民大学出版社自考数字教材配套数字资源使用指南

由全国高等教育自学考试指导委员会组织国内相关领域知名专家，编写了最新版自考教材，并首次配套数字资源。本数字教材有以下特点：

（1）知识点微课贯穿全书，视频扫码随时学。

（2）在线自测题按章分布，边学边练效果好。

（3）支持课程互动和评论，让学习不再孤单。

（4）考试资讯和资源更新，关注公号享服务。

凡是购买正版教材的考生，可凭封面的兑换码免费兑换教材配套数字资源。

数字资源获取方法和使用说明如下：

（1）扫描并关注教材中的“人大社 e 自考”微信公众号。

（2）点击“课程中心”，下拉进入“个人中心”，找到“兑换中心”。

（3）刮开本书所附卡片涂层，获取数字资源兑换码，即可兑换教材配套数字资源。

（4）在“个人中心”—“我的课程”里找到已兑换的课程进行学习。

如兑换码有误或有其他问题，请关注“人大社 e 自考”微信公众号并留言。

组编前言

21 世纪是一个变幻莫测的世纪，是一个催人奋进的时代，科学技术飞速发展，知识更替日新月异。希望、困惑、机遇、挑战，随时随地都有可能出现在每一个社会成员的生活之中。抓住机遇、寻求发展、迎接挑战、适应变化的制胜法宝就是学习——依靠自己学习、终身学习。

作为我国高等教育组成部分的自学考试，其职责就是在高等教育这个水平上倡导自学、鼓励自学、帮助自学、推动自学，为每一位自学者铺就成才之路。组织编写供读者学习的教材就是履行这个职责的重要环节。毫无疑问，这种教材应当适合自学，应当有利于学习者掌握和了解新知识、新信息，有利于学习者增强创新意识，培养实践能力，形成自学能力，也有利于学习者学以致用，解决实际工作中所遇到的问题。具有如此特点的书，我们虽然沿用了“教材”这个概念，但它与那种仅供教师讲、学生听，教师不讲、学生不懂，以“教”为中心的教科书相比，已经在内容安排、编写体例、行文风格等方面都大不相同了。希望读者对此有所了解，以便从一开始就树立起依靠自己学习的坚定信念，不断探索适合自己的学习方法，充分利用已有的知识基础和实际工作经验，最大限度地发挥自己的潜能，达到学习的目标。

欢迎读者提出意见和建议。

祝每一位读者自学成功。

全国高等教育自学考试指导委员会
2022 年 8 月

目 录

全国高等教育自学考试

管理学原理（初级）
自学考试大纲

全国高等教育自学考试指导委员会　制定

大纲前言

为了适应社会主义现代化建设事业的需要，鼓励自学成才，我国在 20 世纪 80 年代初建立了高等教育自学考试制度。高等教育自学考试是个人自学、社会助学和国家考试相结合的一种高等教育形式。应考者通过规定的专业课程考试并经思想品德鉴定达到毕业要求的，可获得毕业证书；国家承认学历并按照规定享有与普通高等学校毕业生同等的有关待遇。经过 40 多年的发展，高等教育自学考试为国家培养造就了大批专门人才。

课程自学考试大纲是规范自学者学习范围、要求和考试标准的文件。它是按照专业考试计划的要求，具体指导个人自学、社会助学、国家考试及编写教材的依据。

为更新教育观念，深化教学内容和方式、考试制度、质量评价制度改革，更好地提高自学考试人才培养的质量，全国考委各专业委员会按照专业考试计划的要求，组织编写了课程自学考试大纲。

新编写的大纲，在层次上，本科参照一般普通高校本科水平，专科参照一般普通高校专科或高职院校水平；在内容上，及时反映学科的发展变化以及自然科学和社会科学近年来研究的成果，以更好地指导应考者学习使用。

全国高等教育自学考试指导委员会

2023 年 5 月

I　课程性质与课程目标

一、课程性质与特点

“管理学原理（初级）”是全国高等教育自学考试经济管理类多个专业使用的课程，是为培养自学考生掌握和运用管理学的基本理论，分析、解决现实管理问题而设置的一门专业基础课程，为各管理类的分支学科提供基本的理论和方法指导。

管理学原理（初级）课程阐释管理活动的基本规律、基础知识和一般方法，有助于考生初步了解管理、管理学、管理过程、管理目标、管理原则、管理理论和方法等一系列重要概念，为进一步学习管理学的其他课程打下良好的基础。

二、课程目标

学习本课程的主要目标是：掌握管理学的基本理论和基本方法，熟知一定的领导艺术和管理技能，为进一步学习专业课和为日后从事实际管理工作奠定理论基础。具体目标是：

1. 使考生对管理的基本理论与实践活动有一个最基本的了解与认识，能概括出管理过程中计划、组织、领导、控制等的基本内容，并能应用所学知识对管理的实践活动进行初步的分析。

2. 使考生了解国内外管理问题的现状，培养其分析、解决一些管理问题的能力，为进一步学习专业课和以后从事实际管理工作奠定基础。

3. 提高考生在经济管理等社会科学方面的素养，为进一步学习其他专业课程打下必要的基础。

三、与相关课程的联系与区别

“管理学原理（初级）”课程的内容主要包括管理的基础理论与管理职能。其先修课程是“政治经济学”“西方经济学”，这两门课程为“管理学原理（初级）”提供了经济学的基本理论基础。考生学好本课程，会对管理方面的基本理论与实务有一个概况性的了解与认识，将为经济管理类专业后续课程（如财务管理学、战略管理学、人力资源管理学等）的学习奠定必要的基础。

四、课程的重点和难点

“管理学原理（初级）”课程的学习重点包括管理、管理者、管理环境、组织文化、管理道德与社会责任等基本概念和范畴，以及决策、计划、组织、领导、激励、沟通、控制等管理职能活动的内容、方法及原理。

本课程的难点包括管理理论、管理环境、管理道德与社会责任等基本概念和范畴，以及计划、组织、领导、控制的方法，领导、激励与沟通的艺术等。

Ⅱ　考核目标

本大纲在考核目标中，按照识记、领会、应用三个层次规定应达到的能力层次要求。三个能力层次是递进关系，各能力层次的含义是：

识记（Ⅰ）：要求考生能够识别和记忆本课程中有关管理、管理理论、管理职能的基本概念、特征、类型、原理等，并能够根据考核的不同要求，做正确的表述、选择和判断。

领会（Ⅱ）：要求考生在识记的基础上，能把握管理学中的基本概念、基本原理和基本方法，掌握有关概念、原理、方法的区别与联系，理解相关管理实践与管理理论间的区别和联系。掌握决策、计划、组织、人员配备、领导、激励、沟通、控制等各项管理职能的基本内容、方法、作用与程序，明确各职能之间的相互联系与区别，并能根据考核的不同要求对相关管理问题进行逻辑推理和论证，做出正确的判断、解释和说明。

应用（Ⅲ）：要求考生在领会的基础上，熟练地掌握管理方法及技能，运用管理学中的基本知识、基本原理和基本方法，对一些现实的管理问题进行较深入的分析、论证，得出合理的结论或做出正确的判断，提出解决问题的合理方案。

Ⅲ　课程内容与考核要求

第一章　管理与管理者

一、学习目的与要求

通过对本章的学习，能够了解和掌握管理的产生、概念、特征、职能等基本内容；掌握管理者的概念与分类、管理者的角色和技能等内容。

二、课程内容

第一节　管理概述

（一）管理的产生及必要性

（二）管理的概念

（三）管理的特性

（四）管理的职能

第二节　管理者

（一）管理者的概念与分类

（二）管理者的角色

（三）管理者的技能

第三节　管理学

（一）管理学的概念

（二）管理学的特点

（三）管理学的学习方法

三、考核知识点与考核要求

（一）管理概述

1. 识记：（1）管理的概念；（2）管理的特征；（3）管理的职能。

2. 领会：管理的产生及必要性。

3. 应用：联系实际说明管理的必要性。

（二）管理者

1. 识记：（1）管理者的概念与分类；（2）管理者的角色；（3）管理者的技能。

2. 领会：（1）不同层次管理者应重点掌握的技能；（2）举例说明管理者扮演的角色。

（三）管理学

1. 识记：管理学的概念。

2. 领会：管理学的特点。

四、本章重点与难点

本章重点：管理的概念，管理的必要性，管理的职能，管理者的概念，管理者的分类，管理者的角色，管理者的技能。

本章难点：管理的必要性，管理者的角色，管理者的技能，管理学的特点。

第二章　管理理论的形成与发展

一、学习目的与要求

通过对本章的学习，能够描述管理及管理理论的产生与发展历程，了解古典管理理论、行为科学、现代管理理论三个发展阶段的各管理流派的主要观点，掌握科学管理理论、一般管理理论、人际关系学的主要思想。

二、课程内容

第一节　古典管理理论的形成

（一）古典管理理论形成的背景

（二）古典管理理论的主要观点（流派）

（三）古典管理理论的主要特点

第二节　行为科学的兴起

（一）行为科学产生的必然

（二）人际关系学的形成

（三）行为科学理论的特点

第三节　现代管理理论的丛林

（一）现代管理理论概述

（二）现代管理理论的各学派

（三）现代管理理论的新发展

三、考核知识点与考核要求

（一）古典管理理论的形成

1. 识记：古典管理理论的特点。

2. 领会：（1）科学管理理论的基本观点；（2）一般管理理论的要点；（3）韦伯的理想行政组织体系理论的主要观点。

3. 应用：古典管理理论在现代管理中的运用。

（二）行为科学的兴起

1. 领会：（1）霍桑实验的结论；（2）行为科学的建立与发展。

2. 应用：行为科学理论在现代管理中的运用。

（三）现代管理理论的丛林

领会：各管理理论学派的主要特点。

四、本章重点与难点

本章重点：科学管理理论的基本观点，一般管理理论的要点，行政组织理论的观点，霍桑实验的结论，行为科学的建立与发展。

本章难点：科学管理理论的基本观点，行为科学理论在现代管理中的运用，各管理理论学派的主要特点。

第三章　管理环境

一、学习目的与要求

通过对本章的学习，能够掌握管理环境的基本概念、特点及组织与环境的关系，区分不同类型的环境因素。了解组织文化的概念、构成、特征及基本内容，掌握组织文化的功能。

二、课程内容

第一节　管理环境概述

（一）管理环境的概念及重要性

（二）管理环境的分类

（三）管理环境的特点

（四）组织与环境的关系

第二节　组织文化

（一）组织文化的产生与发展

（二）组织文化的概念

（三）组织文化的特征

（四）组织文化的基本内容

（五）组织文化的功能

第三节　管理道德

（一）管理道德的概念与特点

（二）影响管理道德的因素

（三）培育管理道德的途径

第四节　社会责任

（一）社会责任的含义

（二）两种不同的社会责任观
（三）社会责任的实质与内容
（四）社会责任与经营业绩

三、考核知识点与考核要求

（一）管理环境概述
1. 识记：（1）管理环境的概念；（2）管理环境的分类；（3）管理环境的特点。
2. 领会：组织与环境的关系。
3. 应用：（1）一般环境分析；（2）具体环境分析；（3）内部环境分析。
（二）组织文化
1. 识记：（1）组织文化的概念与特征；（2）组织文化的基本内容。
2. 领会：组织文化的产生与发展。
3. 应用：组织文化的功能。
（三）管理道德
1. 识记：管理道德的概念与特点。
2. 领会：影响管理道德的因素。
3. 应用：培育管理道德的途径。
（四）社会责任
1. 识记：（1）社会责任的含义；（2）两种不同的社会责任观。
2. 领会：社会责任与经营业绩。
3. 应用：社会责任的实质与内容。

四、本章重点与难点

本章重点：组织环境的分类，组织环境的特点，环境分析方法，组织文化的概念，组织文化的产生与发展，组织文化的特征，组织文化的基本内容，组织文化的功能，管理道德的概念，管理道德的特点，管理道德的影响因素，培育管理道德的途径，社会责任的含义，两种不同的社会责任观，社会责任与经营业绩的关系。

本章难点：组织与环境的关系，组织文化的产生与发展，组织文化的功能，管理道德的影响因素，培育管理道德的途径，社会责任与经营业绩的关系，社会责任的实质与内容。

第四章　决策与计划

一、学习目的与要求

通过对本章的学习，能概述决策与计划的基本概念以及在管理过程中的作用；区分不同类型的决策与计划；掌握决策应遵循的原则，掌握决策方案优选的标准，理解决策的影响因素；熟悉决策与计划过程的基本步骤；熟悉决策的方法与目标管理的基本内容。

二、课程内容

第一节　决策

（一）决策的概念与重要性

（二）决策的类型

（三）决策的原则与标准

（四）决策的影响因素

（五）决策的程序

（六）决策的方法

第二节　计划

（一）计划的含义与特点

（二）计划的作用

（三）计划的类型

（四）计划制订的程序

第三节　目标管理

（一）目标管理的含义及作用

（二）目标管理的特点

（三）目标管理的程序

三、考核知识点与考核要求

（一）决策

1. 识记：（1）决策的概念；（2）决策的类型。

2. 领会：（1）决策的重要性；（1）决策的原则与标准；（3）决策的方法。

3. 应用：（1）决策的影响因素；（2）决策的程序。

（二）计划

1. 识记：（1）计划的含义与特点；（2）计划的“5W1H”；（3）计划的分类。

2. 领会：计划的作用。

3. 应用：联系实际分析计划制订的程序。

（三）目标管理

1. 识记：目标管理的含义。

2. 领会：（1）目标管理的作用；（2）目标管理的特点。

3. 应用：联系实际分析目标管理的应用。

四、本章重点与难点

本章重点：决策的概念，决策的重要性，决策的类型，决策的原则，决策的标准，决策的影响因素，决策的程序，决策的方法，计划的含义，计划的特点，计划的分类，计划制订的程序，目标管理的含义，目标管理的特点，目标管理的实际应用。

本章难点：决策的原则，决策的影响因素，决策的程序，计划制订的程序，目标管理的实际应用。

第五章　组织

一、学习目的与要求

通过对本章的学习，能掌握组织的含义、分类、特征及目标；掌握组织设计的含义、任务、原则，以及部门设计、层级设计及职权设计的内容，熟悉组织结构的基本类型及其优缺点；掌握人员配备的概念、特点、过程及原则，了解招聘、甄选、培训和绩效考核的主要内容；掌握组织变革的动因、方式、内容及过程，了解克服组织变革阻力的方法。

二、课程内容

第一节　组织概述

（一）组织的含义
（二）组织的分类
（三）组织的特征
（四）组织的目标

第二节　组织设计

（一）组织设计的任务与原则
（二）部门设计
（三）层级设计
（四）职权设计
（五）组织结构的基本类型

第三节　人员配备

（一）人员配备的概念
（二）人员配备的特点
（三）人员配备的原则
（四）人员配备的管理

第四节　组织变革

（一）组织变革的含义及动因
（二）组织变革的目标
（三）组织变革的方式
（四）组织变革的内容
（五）组织变革的过程

（六）组织变革的阻力及其克服方法

三、考核知识点与考核要求

（一）组织概述

1. 识记：(1) 组织的概念与特征；(2) 组织的分类。

2. 领会：组织的目标。

（二）组织设计

1. 识记：(1) 组织设计的含义；(2) 管理层次；(3) 管理幅度与管理层次的关系；(4) 垂直结构与扁平结构；(5) 职权的概念及分类；(6) 组织结构的含义。

2. 领会：(1) 管理幅度的影响因素；(2) 组织设计的影响因素与原则；(3) 组织设计的部门化。

3. 应用：(1) 集权与分权；(2) 授权；(3) 不同类型组织结构的特点、优缺点及在实际中的应用。

（三）人员配备

1. 识记：(1) 人员配备的概念与特点；(2) 招聘的含义；(3) 甄选的含义；(4) 培训的目标；(5) 培训的方式；(6) 绩效考核的概念。

2. 领会：人员配备的原则。

（四）组织变革概述

1. 识记：(1) 组织变革的含义；(2) 组织变革的方式与内容。

2. 领会：(1) 组织变革的动因与目标；(2) 组织变革的过程；(3) 组织变革的阻力及其克服方法。

四、本章重点与难点

本章重点：组织的概念，组织的特征，组织的分类，组织的目标，组织设计，管理幅度的影响因素，组织设计的原则，组织设计的部门化，集权与分权，授权，人员配备的特点，组织变革的方式，组织变革的内容，组织变革的动因，组织变革的目标，组织变革的过程，组织变革的阻力。

本章难点：管理幅度的影响因素，组织设计的影响因素，集权与分权，不同类型组织结构的优缺点及在实际中的应用，组织变革的内容，组织变革的动因，组织变革的过程，组织变革的阻力及管理。

第六章　领导

一、学习目的与要求

通过对本章的学习，能概述领导职能的基本内容、作用，以及与管理职能的区别；掌握领导的本质及领导特质理论、人性假设理论、行为方式理论和权变理论；了解领导艺术在现代管理中的重要性及基本的领导艺术。

二、课程内容

第一节　领导的概念

（一）领导与领导者

（二）领导活动的基本要素与基本特征

（三）管理和领导的不同

第二节　领导理论

（一）领导特质理论

（二）人性假设理论

（三）领导方式理论

（四）领导权变理论

第三节　领导艺术

（一）领导艺术概述

（二）提高工作效率的艺术

（三）知人善任的艺术

（四）授权的艺术

（五）协调人际关系的艺术

三、考核知识点与考核要求

（一）领导的概念

1. 识记：（1）领导与领导者的定义；（2）领导者影响力的来源；（3）领导活动的基本要素与基本特征。

2. 领会：（1）领导的作用；（2）领导与管理的区别。

（二）领导理论

应用：（1）领导特质理论；（2）人性假设理论；（3）领导方式理论；（4）领导权变理论。

（三）领导艺术

应用：领导艺术在管理实践中的应用。

四、本章重点与难点

本章重点：领导与领导者，领导者影响力的来源，领导与管理的区别，人性假设理论，领导特质理论，领导方式理论，领导权变理论。

本章难点：领导者影响力的来源，领导与管理的区别，领导理论，领导艺术在管理实践中的应用。

第七章　激励

一、学习目的与要求

通过对本章的学习，能概述激励的概念，了解激励的过程及作用；掌握激励的理论；熟悉激励的原则和激励的方法。

二、课程内容

第一节　激励概述

（一）与激励相关的基本概念

（二）激励的目的与作用

（三）激励的过程

第二节　激励理论

（一）需要层次理论

（二）双因素理论

（三）期望理论

（四）公平理论

（五）强化理论

第三节　激励的原则与方法

（一）激励的原则

（二）激励的方法

三、考核知识点与考核要求

（一）激励概述

1. 识记：与激励相关的基本概念。

2. 领会：(1) 激励的目的与作用；(2) 激励的过程。

（二）激励理论

应用：(1) 需要层次理论；(2) 双因素理论；(3) 期望理论；(4) 公平理论；(5) 强化理论。

（三）激励的原则与方法

应用：激励的原则与方法在管理实践中的应用。

四、本章重点与难点

本章重点：激励的目的，激励的作用，激励的过程，需要层次理论，双因素理论，期望理论，公平理论，强化理论，激励的原则，激励方法在管理实践中的应用。

本章难点：激励的过程，需要层次理论，期望理论，公平理论，强化理论，激励的原则，激励方法在管理实践中的应用。

第八章　沟通

一、学习目的与要求

通过对本章的学习，能了解沟通的概念与必要性、要素与特点；掌握沟通的原则与过程，了解沟通的类型；清楚组织沟通中所特有的障碍及克服沟通障碍的途径；掌握有效沟通的技巧。

二、课程内容

第一节　沟通概述

（一）沟通的概念及必要性
（二）沟通的要素与特点
（三）沟通的原则
（四）沟通的过程
（五）沟通的类型

第二节　沟通的障碍及其克服

（一）沟通的障碍
（二）如何克服沟通障碍

第三节　有效沟通的技巧

（一）下行沟通的技巧
（二）上行沟通的技巧
（三）非正式沟通的技巧
（四）排除信息噪声干扰的技巧
（五）与人交谈的技巧

三、考核知识点与考核要求

（一）沟通概述
1. 识记：（1）沟通的概念；（2）沟通的要素；（3）沟通的特点。
2. 领会：（1）沟通的必要性；（2）；沟通的原则；（3）沟通的过程；（4）沟通的类型
（二）沟通的障碍及其克服
应用：（1）沟通的障碍；（2）沟通障碍的克服。
（三）有效沟通的技巧
应用：沟通技巧在管理实践中的应用。

四、本章重点与难点

本章重点：沟通的概念，沟通的要素，沟通的特点，沟通的类型，沟通的必要性，沟通的原则，沟通的过程，沟通的障碍及其克服。

本章难点：沟通的类型，沟通的必要性，沟通的原则，沟通的过程，沟通技巧在管理实践中的应用。

第九章　控制

一、学习目的与要求

通过对本章的学习，能掌握控制的概念、必要性与类型，了解控制的目的，以及控制与计划、组织和领导之间的关系；熟悉控制的基本内容、过程与方法，理解有效控制的原则。

二、课程内容

第一节　控制概述

（一）控制的概念

（二）控制的必要性

（三）控制与其他管理职能的关系

（四）控制的目的

第二节　控制的类型与过程

（一）控制的类型

（二）控制的过程

第三节　有效控制的原则

（一）及时性原则

（二）适度性原则

（三）重点原则

（四）经济性原则

（五）客观性原则

（六）弹性原则

第四节　控制的内容与方法

（一）控制的内容

（二）控制的方法

三、考核知识点与考核要求

（一）控制概述

1. 识记：控制的概念。

2. 领会：(1) 控制的必要性；(2) 控制与其他管理职能的关系；(3) 控制的目的。

（二）控制的类型与过程

领会：（1）控制的类型；（2）控制的过程。

（三）有效控制的原则

应用：有效控制原则在管理实践中的应用。

（四）控制的内容与方法

1. 识记：（1）预算及其种类；（2）ABC 分类法的含义；（3）经济批量法的含义。

2. 领会：（1）控制的内容；（2）全面质量管理。

四、本章重点与难点

本章重点：控制的概念，控制的必要性，控制与其他管理职能的关系，控制的目的，控制的类型，控制的过程，有效控制原则，控制的内容，控制的方法，有效控制原则在管理实践中的应用。

本章难点：控制的必要性，控制与其他管理职能的关系，有效控制原则在管理实践中的应用，预算及其种类，经济批量法的含义，全面质量管理。

Ⅳ 关于大纲的说明与考核实施要求

为使本大纲在个人自学、社会助学和课程考试命题中得到贯彻、落实，现对有关问题做如下说明，并提出具体考核实施要求。

一、自学考试大纲的目的和作用

本大纲根据专业自学考试计划的要求，结合自学考试的特点规定了课程学习的内容、深广度、考试范围和标准，其目的是对个人自学、社会助学和课程考试命题进行指导和规定，因此，它是编写自学考试教材和辅导书的依据，是社会助学组织进行自学辅导的依据，是自学者学习教材、掌握课程内容知识范围和程度的依据，也是进行自学考试命题的依据。

二、自学考试大纲与教材的关系

《管理学原理（初级）自学考试大纲》是进行学习和考核的依据，教材的内容是大纲所规定的课程知识和内容的扩展与发挥。课程内容在教材中可以体现一定的深度或难度，但在大纲中对考核的要求一定要适当。

大纲与教材所体现的课程内容基本一致，大纲规定的课程内容和考核知识点，教材里全部覆盖。但教材中有的内容，大纲里就不一定体现。教材内容与大纲要求不一致的地方，应以大纲规定为准。

三、关于自学考试教材

《管理学原理（初级）》，全国高等教育自学考试指导委员会组编，白瑷峥主编，中国人民大学出版社，2023 年版。

四、关于自学要求与方法的指导

本大纲的课程基本要求是依据专业考试计划和专业培养目标而确定的，明确了课程的基本内容，以及对基本内容掌握的程度。基本要求中的知识点构成了课程内容的主体部分。因此，课程基本内容掌握程度、课程考核知识点是高等教育自学考试考核的主要内容。

为有效地指导个人自学和社会助学，本大纲已指明了课程的重点，在章节的基本要求中一般也明确了学习的重点。

考生应依据本考试大纲规定的考试内容和考核目标，认真学习，在全面了解课程的体系基础上，掌握本大纲规定的基本概念与基本原理。在学习中要紧密联系实际，在理解的基础上记忆，切忌死记硬背。要学会分析案例，解决实际问题，把学科理论的学习融入对经济活动实践的研究和认识之中，切实提高分析问题、解决问题的能力，真正掌握课程的核心内容。

本课程共 5 学分。

考生学习本课程时，在结合自己学习特点的同时，需注意把握以下学习方法：

一是依据本大纲，学好本课程；

二是要参加辅导课的学习，并在课后进行全面系统的复习，将考核要求中识记规定的基本概念、基础知识记忆好理解透，将考核要求中领会规定的重点内容有机联系起来，切忌孤立地去猜重点、背重点；

三是将所学习的知识或理论与实际工作中的问题联系起来，去发现、分析、解决问题，加深对所学理论的理解。

五、对社会助学的建议

1. 社会助学者应根据本大纲规定的考试内容和考核目标，认真钻研指定教材，对自学应考者进行切实有效的辅导，引导他们防止自学中的各种偏向，体现社会助学的正确导向。

2. 要正确处理基础知识和应用能力的关系，努力引导自学应考者将基础知识转化为实际应用能力。在全面辅导的基础上，重点培养和提高自学应考者独立分析和应用的能力。

3. 引导学生正确处理学习与考试的关系，避免为应试面辅导，片面押题，引导考生全面把握课程知识点，不断提高其专业能力。

六、对考核内容的说明

1. 本课程要求考生学习和掌握的知识点内容都作为考核的内容。课程中各章的内容均由若干知识点组成，在自学考试中成为考核知识点。因此，课程自学考试大纲中所规定的考试内容是以分解为考核知识点的方式给出的。由于各知识点在课程中的地位、作用以及知识自身的特点不同，自学考试将对各知识点分别按三个能力层次确定其考核要求。

2. 在考试之日起 6 个月前，由全国人民代表大会和国务院颁布或修订的法律、法规都将列入相应课程的考试范围。凡大纲、教材内容与现行法律、法规不符的，应以现行法律法规为准。命题时也会对我国经济建设和科技文化发展的重大方针政策的变化予以体现。

七、关于命题考试的规定

1. 本课程考核方法采用闭卷笔试形式，满分 100 分，60 分为及格。考试时间为 150 分钟。

2. 本大纲各章所规定的基本要求、知识点及知识点下的知识细目，都属于考核的内容。考试命题既要覆盖到章，又要避免面面俱到。要注意突出课程重点、章节重点，加大重点内容的覆盖面。

3．命题不应有超出大纲中考核知识点范围的题，考核目标不得高于大纲中所规定的相应的最高能力层次要求。命题应着重考核自学者对基本概念、基本知识和基本理论是否了解或掌握，对基本方法是否会用或熟练，不应出与基本要求不符的偏题或怪题。

4．本课程在试卷中对不同能力层次要求的分数比例大致为：识记占 40%，领会占 30%，应用占 30%。

5．要合理安排试题的难易程度。试题的难度可分为易、较易、较难和难四个等级。每份试卷中不同难度试题的分数比例一般为 2：3：3：2。

必须注意试题的难易程度与能力层次有一定的联系，但二者不是等同的概念，在各个能力层次都有不同难度的试题。

6．课程考试命题的主要题型一般有单项选择题、多项选择题、辨析题、简答题和案例分析题等。各种题型的具体形式可参见本大纲题型举例。

在命题工作中必须按照本课程大纲中所规定的题型命制，考试试卷使用的题型可以略少，但不能超出本课程对题型的规定。

附录：题型举例

一、单项选择题：在每小题列出的备选项中只有一项是最符合题目要求的，请将其选出。

1. 对基层的管理者来讲，最重要的管理技能是

A. 概念技能　B. 人际技能　C. 技术技能　D. 谈判技能

2. 俱乐部型的领导方式位于管理方格图的

A. 9.9 格　B. 9.1 格　C. 1.9 格　D. 5.5 格

二、多项选择题：在每小题列出的备选项中至少有两项是符合题目要求的，请将其选出，错选、多选或少选均无分。

1. 按照表现形式划分的计划包括

A. 宗旨　B. 战略　C. 目标　D. 组织

E. 制度

2. 依据双因素理论的观点，下列属于激励因素的是

A. 奖金　B. 提升

C. 工作条件　D. 工资福利

E. 工作上的成就

三、辨析题：判断正误，并说明理由。

1. 管理是科学性与艺术性的统一。

2. 在组织规模一定的条件下，管理层次与管理幅度呈正比关系。

四、简答题

1. 什么是企业的社会责任？其实质是什么？

2. 简述决策的影响因素。

五、案例分析题

M是一家生产传统工艺品的公司，伴随着我国对外开放政策的实施，逐渐发展壮大起来，销售额和出口额近十年来平均增长15%以上，员工也由原来的不足200人增加到了2 000多人。关鹏是公司的总经理，负责公司的一切工作，既管销售，又管生产，是一个多面全能型的管理者，只设有少数的中间层协助他直接指挥下属。最近企业发生了一些事情，让关鹏应接不暇。其一，生产按订单要求由关鹏传达生产指令。交货时间紧的时候，往往是关鹏和员工一起加班加点。虽然按时交货，但质量不过关，产品被退回，并被要求索赔。其二，以前企业招聘人员人数少，所以总经理一人就可以决定。现在每年要招收大中专毕业生近50人，还要进行人员培训等工作，以前的做法就不行了。其三，过去总是

关鹏临时派人去做后勤等工作，现在这方面工作太多，临时派人去做，已经做不了了，也干不好。凡此种种，以前有效的管理方法已经失去了作用。

问题：

（1）M 公司目前采用的组织结构是什么？有何优缺点？

（2）从组织工作的角度分析 M 公司存在的问题，并提出改进建议与措施。

后记

《管理学原理（初级）》自学考试大纲是根据《高等教育自学考试专业基本规范（2021年）》的要求，由全国高等教育自学考试指导委员会经济管理类专业委员会组织制定的。

全国考委经济管理类专业委员会对本大纲组织审稿，根据审稿会意见由编者做了修改，最后由经济管理类专业委员会定稿。

本大纲由北京石油化工学院白瑗峥副教授编写；参加审稿并提出修改意见的有中央民族大学黄锐教授、中央财经大学刘小元教授。

对参与本大纲编写和审稿的各位专家表示感谢。

全国高等教育自学考试指导委员会
经济管理类专业委员会
2023 年 5 月

全国高等教育自学考试指定教材

管理学原理（初级）

全国高等教育自学考试指导委员会　组编

编者的话

管理是人类社会发展必不可少的活动。在现代社会经济发展中，管理的地位日益重要。我国目前正处在社会经济的快速发展时期，发展速度之快、改革力度之大、范围之广史无前例，也正因为如此，管理的作用也越来越为社会所重视，管理已经成为我国社会科学研究的最主要课题之一。为适应社会发展的需要，培养更多的管理人才，在全国高等教育自学考试指导委员会的指导下，我们编写了《管理学原理（初级）》教材。

"管理学原理（初级）"课程是全国高等教育自学考试依据专业层次，主要针对经济管理类专业专科层次开设的必修课，是为培养自学者掌握和运用管理学的基本理论分析、解决现实管理问题而设置的一门专业基础课，为各管理类的分支学科提供基本的理论与方法指导。

《管理学原理（初级）》是基于自学考试学历层次教学的要求，首次进行的对应的教材编写工作，是《管理学原理》教材分级编写的一次突破。作为专科教材，在内容体量与深度的把控上，针对自学考试教材受众者的特点，力求做到内容精简、深入浅出、通俗易懂，体例框架上则追求新颖灵活、丰富有效，以此增加自学者的学习兴趣，引导自学者乐于学习、勤于思考。

《管理学原理（初级）》以管理职能为主线，以管理的基本知识与理论为重点展开阐述。教材共包括九章内容，在对管理的基本知识、基本理论进行阐述的基础上，分析了管理的计划、组织、领导、激励、沟通、控制等职能的主要内容。自学者通过学习能清晰形成完整的管理学知识框架体系。

管理活动千差万别，但管理者在处理问题时所遵循的基本原理和原则却是相同的，这成为管理学的核心内容，也是管理学科学性的体现。自学者在学习时既要系统掌握管理学的基本理论、基本知识和基本方法，也须学会运用所学的基本理论对企业实践问题进行分析，以提高自己分析问题、解决问题的能力，为进一步学习专业课和日后从事管理工作奠定一定的基础。

《管理学原理（初级）》教材由北京石油化工学院白瑗峥副教授任主编，包头铁道职业技术学院王琦凡高级讲师、北京石油化工学院张小红教授、山西财经大学张晓霞副教授任副主编。全书在写作过程中得到了山西财经大学公共管理学院白凤峥教授的大力支持，并由白凤峥教授负责组织完成了相应的数字教材编写工作。

教材在编写过程中，借鉴、学习、参考了许多专家、学者和互联网上未署名者的相关研究成果和观点，在此致以诚挚的感谢。

教材在策划、编写和出版过程中，得到了全国高等教育自学考试指导委员会经济管理类专业委员会的大力支持和帮助，在此谨表衷心的谢意。

对于编审人员付出的辛勤劳动，在此一并表示感谢！

由于时间、精力和水平有限，书中难免会有不妥之处，欢迎各位自学者和广大读者批评指正并提出宝贵意见。

编者

2023 年 5 月

第一章　管理与管理者

本章导读

人的欲望是无限的，但资源却是有限的。为了协调欲望无限性和资源有限性之间的矛盾，管理应运而生。人类的活动是以群体的形式进行的，为了协调人类群体活动，管理就产生了。

群体活动形成组织，任何组织都需要管理。群体活动可分为两个方面：一是人类为实现自身目的而进行的活动——作业活动；二是使这种作业活动变得更有效的活动——管理活动。管理活动产生于作业活动并为作业活动服务。

管理是通过管理职能发挥作用的，一般而言，管理职能包括计划、组织、领导和控制。管理的有效性是由效率和效果来衡量的，管理既追求效率也追求效果，管理是效率和效果的统一。

管理者是管理活动的主体，是在组织中行使管理职能、通过协调他人的活动以实现组织目标的人。组织中的管理者按其所处层次和从事管理活动的领域及专业不同，有不同的划分。管理者必须具备技术技能、人际技能、概念技能。根据亨利·明茨伯格的研究，管理者扮演着十种不同的角色。这十种角色可以进一步组合成三大类：人际关系方面、信息传递方面和决策制定方面。

学习管理学是掌握管理知识、提高管理技能的有效途径。管理学是系统研究管理过程的普遍规律、基本原理和一般方法的科学，具有综合性、不精确性、实践性、历史性和发展性的特点。学习管理学要用唯物辩证法，要理论联系实际，要用系统的方法。

学习目标

通过对本章的学习，能够了解管理产生的原因，明确有关管理及管理者的基本内容，掌握管理的概念、管理的职能、管理者的层次、管理者的角色和技能，熟悉管理学的特点及学习管理学的方法。

关键概念

管理　管理职能　效率　效果　管理者　高层管理者　中层管理者　基层管理者　管理者角色　技术技能　人际技能　概念技能

第一节　管理概述

管理概述

管理是在协调欲望无限性和资源有限性之间矛盾的过程中产生的。管理的历史与组织的历史一样久远。人类群体活动催生了最早的组织后，管理也就产生了。人类群体活动的历史同时就是管理活动的历史。管理与组织如影相随、密不可分。随着人类社会的发展，组织规模越来越大、越来越复杂，管理的重要性也越发显现。管理无时不在、无处不在。

一、管理的产生及必要性

（一）管理的产生

1. 管理产生于欲望无限性和资源有限性之间矛盾的协调

人的欲望是无限的。人总是有很多欲望，不同时期有不同的欲望，人总是在设法不断地去满足这些欲望。人的当前欲望满足后，又会产生新的欲望。但是资源是有限的，从古至今，人类的食物是有限的，土地是有限的，矿产资源是有限的，人类的时间、精力是有限的。总而言之，人类所拥有的资源总是稀缺和有限的。

欲望的无限性和资源的有限性之间的矛盾需要协调。对于如何使有限的资源发挥最大的作用，实现最重要的目标，人类采取了各种不同的方法。如通过生产劳动从自然界获取更多的资源，通过战争掠夺他人的资源，通过贸易活动交换到所需要的资源，通过伦理道德的教化，让人们克制欲望，减少对资源的需求等。而通过管理使有限的资源实现尽可能多或更高的目标是其中最有效的方式。因此，为了协调欲望无限性和资源有限性之间的矛盾，管理应运而生。

2. 管理是人类群体活动的产物

在人类的发展过程中，最初由于人类在面对大自然、面对自身的生存发展等诸多难题时，单个个体无法应付，于是人们不得不形成一个个的群体来对抗大自然的威胁，谋求个人无法获得的生存与发展的机会及无法实现的目标。有了群体活动，就必须协调群体的活动，以便实现群体的共同目标，进而实现每个人的目标。此时，协调人类群体活动的管理就产生了。

人类的群体活动可分为两个方面：一是人类为实现自身目的而进行的活动——作业活动；二是使这种作业活动变得更有效的活动——管理活动。管理活动是产生于作业活动并为作业活动服务的一种活动。管理活动和作业活动相伴而生，并使作业活动的水平不断提高。

人类的群体活动形成组织。组织是具有特定使命的人们为了实现共同的目标而组合成的有机整体。从远古的氏族、家庭、庄园，到现代的企业、公司都是组织的表现形式。

（二）管理的必要性

管理是组织不可缺少的要素，有组织就需要管理，管理与组织如影相随。管理无时不在、无处不在。随着人类社会的发展，组织的规模越来越大，组织越来越复杂，组织的形态千变万化，协调的深度和广度都有所增加，而且管理工作的好坏很大程度上决定着每个国家、每个地区、每个单位的兴衰成败，因而，管理更显其必要性。

1. 从整个社会的发展来看，管理是社会进步与发展的物质力量

当今社会人们的共识是，管理是社会进步不可忽视的物质力量，一个国家的强盛通常

是由于采用了先进的管理思想，世界各国的发展充分说明了这一点。18世纪，英国依靠先进技术首先完成了产业革命，成为当时的世界第一强国。然而到了20世纪三四十年代，美国逐渐超过英国成为西方的头号强国。第二次世界大战以后，许多英国专家小组为学习工业方面的经验去美国访问，小组成员了解到，英国在技术与工艺方面并不比美国落后很多，而生产率水平与美国有显著差距的主要原因是，英国的组织和管理水平比美国要低得多。美国之所以能够取胜，与其说是依靠技术装备，还不如说是依靠较高的管理水平。到20世纪七八十年代，日本的经济发展突飞猛进。据有关资料介绍，1980年日本国民生产总值已跃居世界第三位，外销商品总值比内销多750亿美元，投资率和国民生产总值成长率是美国的2倍。日本横扫英国的摩托车产业，超过美国和德国的汽车生产量，抢夺瑞士的钟表市场，打击美国在钢铁造船、电子产品上的传统优势。原因是什么？无论是日本还是美国的专家，都一致认为是日本成功地建立了特殊的管理体系。

当前，包括我国在内的发展中国家面临着如何实现现代化的课题。发展中国家普遍面临技术落后、资金短缺的困难。因此，几乎所有的发展中国家都从引进发达国家的技术和资金开始现代化的进程。然而，严酷的现实是，有了大量的资金和先进技术，并不一定能获得预期的发展，人员素质低和管理落后常常成为这些国家实现经济起飞的严重障碍，引进的资金往往被浪费，设备和技术往往得不到有效的利用。因此，美国管理科学院前院长哈罗德·孔茨教授告诫，如果我们不具备管理人力资源和协调职工生产活动的能力，则把新发现的技术应用于实践时的效率低下与浪费现象将会继续下去。有人用“三分技术、七分管理”来说明决定一个企业成败的因素，这也强调了管理之于企业的重要性。

2. 管理是任何组织生存发展的重要条件

对组织而言，管理犹如组织的神经系统。众所周知，离开了神经系统的联络、指挥、控制，生命有机体便无法在复杂、变化的环境中生存发展。对于整个社会来讲，其道理也一样。以经济管理为例，它所面对的是分工精细、协作广泛、变化节奏快、活动连续并要严格保持资源合理化比例的一个有机整体。显然，如果没有科学的管理，分工协作就难以实现，比例和节奏更无法保证，社会必将陷于一片混乱。因此，彼得·德鲁克认为，管理是新机构的一种特殊器官，不论这种机构是工商企业，或是大学、医院，或是军队、研究机构，或是政府机关。如果各种机构要发挥作用，管理必须有效。没有机构就没有管理，但没有管理也就没有机构。管理是现代机构的特殊器官。正是这种器官的成就决定着机构的成就和生存。[①]在1870年到1880年的10年间把德意志银行建设成为欧洲大陆首屈一指的金融机构的乔治·西门士也曾经说过：“如果没有管理，一家银行只是一堆废物，只好清算了结。”美国杂志《福布斯》经过多年研究，发现管理得好的美国公司几乎都是有成就的。正如哈罗德·孔茨所说：“管理工作是一切有组织的协作所不可缺少的。”

3. 管理活动具有普遍性

任何组织和组织中的任何层次都有必要进行管理，无论是古代的氏族部落，中世纪的

① 彼得·德鲁克. 管理：任务、责任与实践. 陈小白，译. 北京：华夏出版社，2007.

庄园、工场，还是现代工商企业，管理的必要性是普遍存在的。在一个组织内部，管理不仅仅是最高领导者的职能，在组织的各个层次上都需要有人承担管理者的职责。同时，管理的基本原理是普遍适用的。各类组织虽然面临着不同的管理环境，但它们所要解决的管理问题往往是相似的。任何组织都有分工协作的问题，任何组织都有决策和执行的问题，等等。所以，必然存在着说明和解决一般管理问题的科学原理。正因为如此，在管理史上，虽然许多不同的学者分别处于不同的组织环境之中，但却能提出极具相似性的管理观点。

在当代，“管理”一词得到普遍的应用，在这个词的前面可以加上各种修饰管理的限定性形容词，构成数不胜数的有关管理的词组，如生产管理、财务管理、营销管理、决策管理、计划管理、仓库管理、理财管理、家庭管理、个人生活管理等。组织活动的方方面面几乎都离不开管理，从组织的设立、项目的确定、各种资源的配备、生产活动的运行、人员积极性的调动，到最终对整个活动的评价与考核，管理均是推动这些活动正常有效进行的重要手段。

总之，无论是从宏观的国家角度分析，或是从微观的组织角度阐述，还是从与我们息息相关的工作、生活、学习方面考虑，管理都发挥着重要作用，忽视管理就不可能有效率和效果。所以，管理成为社会进步、国家发展、组织成功的重要力量，管理无处不在。

专栏 1-1

一粒沙子

在一次长跑运动会中，一个运动员觉得自己的脚有些不舒服，因为比赛已经开始，不能停下来查看脚的情况。但是跑得越长，他发现自己的脚越痛，到最后一圈不得不停下来。脱下鞋子一看，原来是鞋子里面有一粒沙子，这粒沙子把脚磨破了。他无法再进行比赛了，只好眼睁睁地看着奖牌与自己擦肩而过。

启示：这则故事中包含着深刻的管理思想：鞋子中的沙子虽小，但是同样可以在一个时期内影响目标的达成。我国有一位漫画家在谈到管理时说：人们常常认为管理是公司经理、政府官员的事，跟平常百姓没有什么关系。此话差矣，管理其实无处不在，比如说，教育孩子就是一件极富管理艺术的事。孩子也是我们的一项事业，要经营好这项事业，既需要爱心，也需要一些管理艺术。

二、管理的概念

关于管理的概念，中外学者有各种各样的观点。

弗雷德里克·温斯洛·泰勒给管理下的定义是“确切地知道你要别人去干什么，并使他用最好的方法去干”[①]。在泰勒看来，管理就是要事先安排工作，指挥他人用最好的方法去工作。

① 泰勒．科学管理原理．北京：中国社会科学出版社，1980．

亨利·法约尔是对管理概念有重大影响的人。他在《工业管理与一般管理》一书中认为："管理就是实行计划、组织、指挥、协调和控制。"① 这一观点强调，当一个人在从事计划、组织、指挥、协调和控制工作时，他便是在做管理工作。

赫伯特·西蒙认为："管理就是决策。"② 西蒙强调，决策贯穿于管理的全过程和所有方面，任何工作都必须经过一系列的决策才能完成，管理者的工作归根结底是在做各种各样的决策。

彼得·德鲁克认为：管理就是经由他人的劳动，以实现工作目标的一系列活动。

哈罗德·孔茨等人的观点是：管理就是设计和保持一种良好的环境，使人在群体里高效率地实现既定目标。他们认为，为在集体中工作的人员谋求和保持一个能使他们实现既定目标和完成任务的工作环境，是各类企业中各级主管人员的一项基本任务。

斯蒂芬·罗宾斯的观点为："管理是指通过其他人或者与其他人一起有效率和有效果地将事情完成的过程。"③ 罗宾斯强调管理者离不开被管理者，强调过程、有效率和有效果。

国内的学者们也有各自的观点。

徐国华等人认为："管理是通过计划、组织、控制、激励和领导等环节来协调人力、物力和财力资源，以期更好地达成组织目标的过程。"④

芮明杰认为："管理是对组织的资源进行有效整合以达成组织既定目标与责任的动态创造性活动。"⑤

周三多等人对管理的定义是："管理是指组织为了达到个人无法实现的目标，通过各项职能活动，合理分配、协调相关资源的过程。"⑥

由以上概念可以看出，对管理的表述可以说是仁者见仁、智者见智。集百家之长，本书认为：管理就是组织为了更有效地实现组织目标而对各种资源进行计划、组织、领导、控制的一系列协调活动的过程。管理的过程如图 1-1 所示。

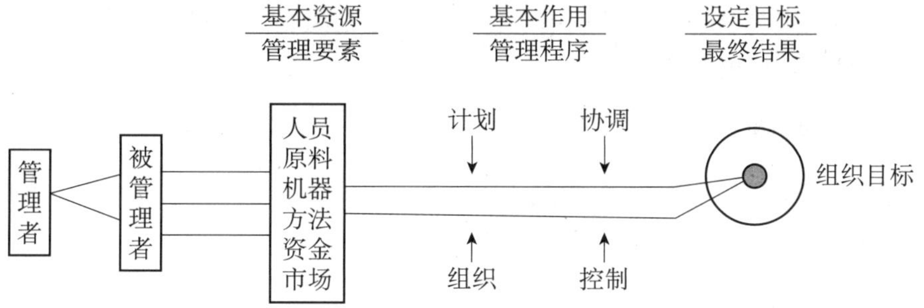

图 1-1 管理的过程

① 亨利·法约尔. 工业管理与一般管理. 北京：团结出版社，1999.

② 赫伯特·西蒙. 管理决策新科学. 北京：中国社会科学出版社，1982.

③ 斯蒂芬·罗宾斯. 管理学. 北京：机械工业出版社，2013.

④ 徐国华，赵平. 管理学. 北京：清华大学出版社，1989.

⑤ 芮明杰. 管理学：现代的观点. 上海：上海人民出版社，2005.

⑥ 周三多. 管理学. 3 版. 北京：高等教育出版社，2010.

从这一概念中，我们可以看出管理的含义包括以下方面。

（一）管理是对组织的管理，组织是管理的载体

组织可分为营利性组织和非营利性组织。无论是营利性组织如工业企业、商业企业、交通运输企业、通信企业等，还是非营利性组织如政府、军队、学校、医院等，都需要管理。管理普遍适用于任何类型的组织。彼得·德鲁克认为，工商管理是一种样板。因此，虽然我们研究的是一般管理，但往往以工商企业这种经济组织作为研究的出发点。

（二）管理是一项有目的的活动，管理的目的是实现组织目标

管理的目的不是为管理而管理，而是通过管理实现组织的目标。管理是手段，而不是目标。

（三）管理是由一系列活动构成的

管理活动包括计划、组织、领导、控制等，它们成为管理的基本职能。

（四）管理是一个追求有效的过程

管理是为了有效地实现目标。所谓有效，就是既要讲究效率，又要讲究效果。效率是以较少的代价完成活动，涉及活动的方式，体现在组织花费最少的资源投入而取得最大的成果产出。但是，仅有效率是不够的，有效的管理还必须确保组织的产出能切实地满足顾客的需要，也即具有好的效果。

（五）管理的实质是协调

所谓协调，就是使表面上似乎相互矛盾的事物有机结合、和谐统一。管理要解决资源的有限性和组织目标不断提升这一对矛盾，因此，就需要进行人与人之间关系的协调、人与组织之间关系的协调、组织与组织之间关系的协调、人与物之间关系的协调、物与物之间关系的协调等。实际上，每一项管理职能的开展，都是为了更好地促进协调。有了协调，组织才能收到个人单独活动所不能收到的良好效果，体现出组织的协同作用。一个好的管理者，并不一定是某一行的专家里手，他不一定是高级工程师、著名科学家、学术权威，但他一定是一位好的协调者。

三、管理的特性

（一）管理活动不同于作业活动

人类活动可分为两个方面：

1. 作业活动

作业活动是人类为实现自身目的而进行的活动。作业活动是人类物质和文化活动本身，如企业中生产制造产品的活动、流通企业的销售活动、农民的种植活动、医院中的诊治活动、学校中的教学活动等，它们是达成组织目标的基本活动。

2. 管理活动

管理活动是产生于作业活动并为作业活动服务的一种活动，是为了确保作业活动有效进行的手段。

管理活动与作业活动的关系：两者既密切相关，又有明显区别。

（1）管理活动的范围更广，它不仅贯穿于作业活动的始终，而且包括作业活动之前的调研、作业活动之后的经验教训总结等。

（2）管理活动比作业活动承担更多的责任。作业活动一般是作业者负责自己的工作，做好本职工作即可。而管理活动中，管理者不仅要对自己的行为负责，还要对作业人员的行为承担一定的责任。

（3）管理人员的本职工作是管理活动而非作业活动。如果管理者参与作业活动，可以促进与下属的沟通和理解。但是，如果一位管理者把他的大部分时间和精力都用于作业活动而不是管理活动，那么他就忘记了自己管理者的角色，本末倒置。由普通员工提升为管理人员时，人们往往不能很好地区分作业活动和管理活动，以至于不能认清自己的角色。

（二）管理活动既具有科学性又具有艺术性

科学性强调了管理过程中有自己的规律、原理、原则，管理活动可成为科学分析的对象，可上升为科学知识体系并为人们传授。但管理活动中又存在着大量无法上升为一般理论的部分，它需要管理者创造性地、灵活性地、随机变通地处理各种问题，这就是管理的艺术性。科学是客观规律的反映，艺术是主观创造的反映。管理是客观规律和主观创造的统一。所以，管理是科学性与艺术性的有机统一，管理者一方面要学习管理的理论和知识，另一方面又必须在实践中锻炼，积累丰富的经验和技能。

（三）管理的核心是以人为本

在现代社会，人已经取代土地、资本，成为最重要的资源，组织的其他资源都必须靠人才能发挥作用。离开人，一切都无从谈起。人是最有积极性和创造性的因素。管理要以人为中心，管理者要创造相应的环境、条件，以个人自我管理为基础，以组织共同愿景为引导。以人为本的管理强调组织是由人组成的，组织为了满足人不断增长的需求，同时也为了提高员工的工作质量和生活质量，必须依靠全体员工的智慧和力量。因此，现代管理强调以人为本，最大限度地发挥人的作用。

四、管理的职能

（一）管理职能的认识

管理职能是管理者在管理过程中从事的活动。关于管理职能有各种各样的观点。

最早进行管理职能描述的是法国的亨利·法约尔。20世纪初，他在《工业管理与一般管理》一书中首次提出，所有的管理者都行使五种管理职能：计划、组织、指挥、协调和控制。这一观点影响很大，以后的学者对管理职能的描述基本是对这一观点的补充与完善。20世纪50年代中期，哈罗德·孔茨把管理的职能论推到极致，管理职能出现五职能、七职能、十一职能等观点。时至今日，管理类教科书仍按照管理职能来组织内容。尽管不同的学者对管理职能有不同的归纳，但在管理基本职能认识上达成了共识，即计划、组织、领导和控制。

1. 计划

计划是对组织未来活动进行的预先筹划和安排。任何活动开始之前，都要先制订计划。计划最概括性的理解就是设定组织目标和决定如何最有效地实现这些目标。所以，计划就是管理的首要职能。计划工作主要包括的内容有研究组织活动的内外条件、制定组织目标、制定战略及战术决策、编制行动计划。

2. 组织

组织是为了完成计划而对活动与资源的组合与安排。具体讲就是要创建一个有助于目标达成的结构。组织职能要完成下述工作：设计组织，包括设计组织的机构和结构；人员配备，将适当的人员安置在组织结构的适当岗位上；运行组织，向配备的人员发布指令，并提供必要条件；变革组织，即根据变化的环境对组织进行调整。

3. 领导

领导是指挥和影响下属为实现组织目标而努力工作的过程。领导的作用主要是沟通与服务，所以，领导者要具备领导能力和领导艺术，善于激励和沟通，组织的目标才有可能实现。

4. 控制

控制是为了保证组织按预定要求运作而进行的一系列监督检查工作。组织在运行过程中可能发生偏离计划的情况，因此，管理者要善于识别偏差，并采取必要的措施，确保目标和计划的实现。

（二）管理职能之间的关系

(1) 管理职能之间有内在逻辑上的先后顺序关系：先计划，继而组织，然后领导，最后控制。计划是管理的首要职能，是组织、领导和控制职能的基础和依据；组织、领导和控制职能是有效管理的重要环节和必要手段，是计划及目标得以实现的保障。由于管理工作过程的复杂性，管理的各个职能实际上并不可能完全按照理论上介绍的某种固定顺序按部就班地进行，而更多的是同时执行这些职能。

(2) 管理的各个职能在实际工作中不可能完全分割开来，而是相互融合在一起的。各个管理职能同等重要，只有统一协调这几个方面，使之形成连续一致的管理活动过程，才能保证管理工作的顺利进行和组织目标的圆满达成。

管理职能之间的关系如图 1-2 所示。

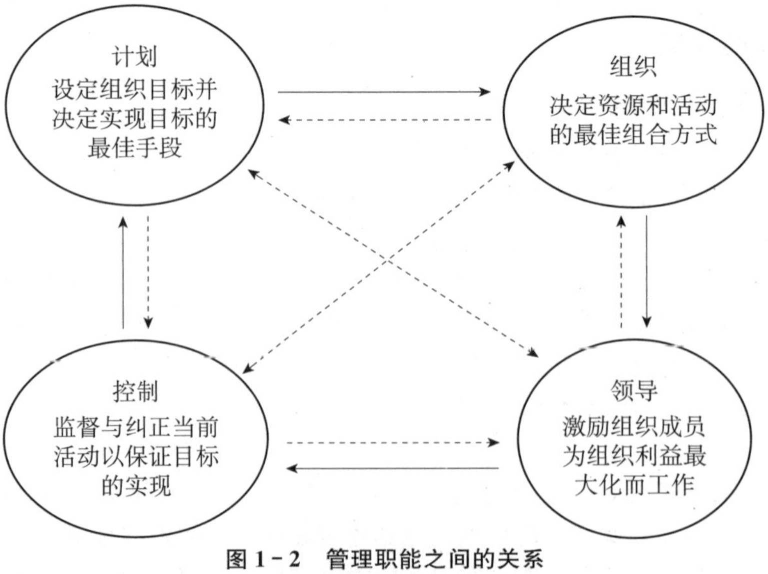

图 1-2 管理职能之间的关系

注：实线表示管理过程路径；虚线表示信息反馈与信息沟通。

专栏 1－2

木桶效应

木桶效应又称水桶原理或短板理论、水桶短板管理理论，其核心内容为：一个木桶盛水量的多少，并不取决于桶壁上最高的那块木块，而是取决于桶壁上最短的那块木板。根据这一核心内容，木桶效应还有两个推论：其一，只有桶壁上的所有木板都足够高，木桶才能盛满水；其二，只要这个木桶里有一块木板不够高，木桶里的水就不可能是满的。

启示：木桶效应揭示了任何组织都可能面临的一个共同问题，即构成组织的各个部分往往是优劣不齐的，而劣势部分往往决定整个组织的水平。

专栏 1－3

三人出门

三人出门，一人带伞，一人带拐杖，一人空手。回来时，带伞的人湿透了，带拐杖的人跌伤了，空手的人好好的。原来，雨来时有伞的人大胆地走，却被淋湿了；走泥路时，拄拐杖的人莽撞地走，时常跌倒；什么都没有的人，大雨来时躲着走，路不好时小心走，反倒无事。

启示：很多时候，我们不是败在缺陷上，而是败在优势上。

第二节　管理者

管理者

一、管理者的概念与分类

（一）管理者的概念

管理者是指在组织中行使管理职能，通过协调他人的活动以实现组织目标的人。简单地说，管理者是组织中从事管理工作的人员，是管理活动的筹划者、执行者。离开了管理者，也就不存在管理。管理者工作绩效的好坏直接关系着组织的成败兴衰。

（二）管理者的分类

1. 按管理者所处层次的不同，可以分为高层管理者、中层管理者和基层管理者

（1）高层管理者。

高层管理者是指对整个组织负有全面责任的管理人员。他们负责制定组织的总目标、总战略，掌握大政方针，有权分配组织中的一切资源，对组织的生存和发展具有特别重要的作用，对于组织的成败负有最终责任。高层管理者包括董事长、首席执行官、总裁或总经理及其他高级经理人员等。

（2）中层管理者。

中层管理者负责制订具体的计划，是对某一部门或某一方面负有责任的管理人员。他们在高层与基层之间起着桥梁和纽带作用，贯彻执行高层管理者所制定的重大决策并传达到基层，同时将基层的意见和要求反映到高层。中层管理者通常拥有部门主任、科室主管、项目经理、地区经理、产品经理或分公司经理等头衔。

（3）基层管理者。

基层管理者又称一线管理者，是管理作业人员的管理者。他们的主要职责是传达上级指示和计划，给下属作业人员分派具体的工作任务，指导和协调下属的活动，控制工作进度。基层管理者的工作情况，直接关系到任务的完成和目标的实现。基层管理者所关心的主要是具体的战术性工作。基层管理者有汽车厂生产车间一个工作小组的主管人员、医院妇产科的护士长等。

2. 按管理者所从事管理工作的领域及专业分类，可以分为综合管理者和专业管理者

（1）综合管理者。

综合管理者是指负责管理整个组织或组织中某个事业部全部活动的管理者。综合管理人员应当是管理的全才，是全能管理者。如一个公司的总经理应当具有生产管理、营销管理、财务管理、人力资源管理、技术管理等多方面的才能。

（2）专业管理者。

专业管理者是指仅负责管理组织中某一类活动（或职能）的管理者，如人力资源管理人员、营销管理人员、财务管理人员、设备管理人员等。专业管理者应当是某一方面的专家，具有某一方面的专长。也就是说，财务管理人员就应当是财务管理方面的行家里手，而营销管理人员就应当是精通营销管理的专家。

组织中不同层次、不同部门的管理者如图 1-3 所示。

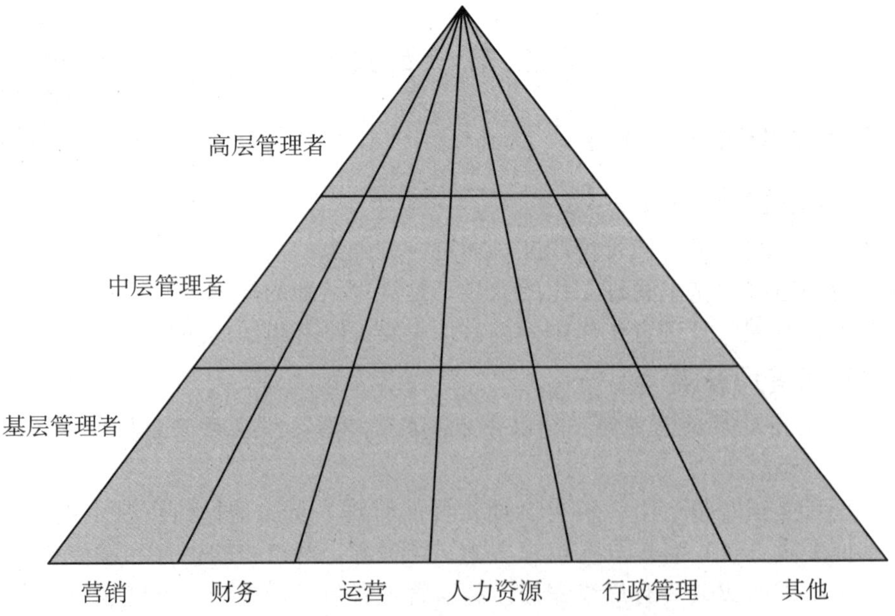

图 1-3　组织中不同层次、不同部门的管理者

二、管理者的角色

所谓角色（Role）就是处于组织中某一位置的人所需要做的一系列特定的任务。亨利·明茨伯格研究发现，管理者扮演着十种不同的角色，管理者通过这些角色的履行影响组织内外个人和群体的行为。这十种角色可以进一步组合成三大类：人际关系方面、信息传递方面和决策制定方面的角色。管理者的角色如图 1-4 所示。

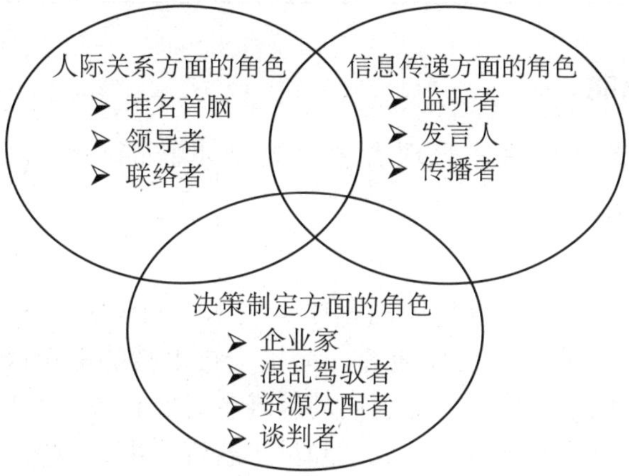

图 1-4 管理者的角色

（一）人际关系方面的角色

管理者在处理与人的关系时便扮演这种角色，具体又包括挂名首脑角色、领导者角色和联络者角色。如参加社会活动、宴请重要客户、带领有关领导参观企业、与内部人员进行沟通等。

（二）信息传递方面的角色

管理者是所在组织的信息中心，他们不断从内外部获得各种信息，同时又向内外部传递信息。信息传递方面的角色具体又包括监听者角色、发言人角色和传播者角色。当管理者通过各种媒介寻求和获取信息，或向股东、消费者、公众、政府等发布组织的有关信息时，他们便扮演了信息传递方面的角色。

（三）决策制定方面的角色

管理者是组织重要的决策者，在决策制定方面承担重要角色。如当管理者积极利用外部机会，不断开发新产品和新工艺、开拓新市场时，当管理者处理冲突、调解各种争端时，他们便扮演决策制定方面的角色。不同角色管理者的典型活动举例如表 1-1 所示。

表 1-1 不同角色管理者的典型活动举例

类别	角色	典型活动举例
人际关系	挂名首脑、领导者、联系者	参加新工厂落成剪彩、鼓励员工提高生产率、协调两个项目组的活动

续表

类别	角色	典型活动举例
信息传递	监听者、发言人、传播者	审读产业报告、发布新的组织行动的信息、发言讨论增长计划
决策传递	企业家、混乱驾驭者、资源分配者、谈判者	提出创新的观念、解决下属部门的冲突、审查和修改预算、与关键供应商或工会达成协议

三、管理者的技能

根据罗伯特·卡茨的研究，管理者要具备技术技能、人际技能、概念技能三种技能。

（一）技术技能

技术技能是指使用某一专业领域内的程序、技术、知识和方法完成组织任务的能力。例如，生产技能、财务技能、营销技能等，都属于技术技能的范畴。管理者要想有效工作，须具备一系列相应的技术能力。如饭店的管理者需要具备烹调技能以便更好地管理食品质量，还需要会计技能以掌控收入、成本和员工薪资支出。当然，强调管理者的技术技能并不是要求其成为技术专家，而是需要了解并初步掌握与其管理的专业领域相关的基本技能。

（二）人际技能

人际技能是指与处理人际关系有关的技能，即理解、激励他人并与他人共事的能力。有效管理者的突出特征之一就是具有良好的沟通、协调能力，能够激励人们并使其融合为一个团结一致的团队。

（三）概念技能

概念技能是指纵观全局、洞察企业与环境要素间相互影响和作用的能力。具有概念技能的管理者往往能感知和发现环境中的机会与威胁，理解事物的相互关系并找出关键影响因素，权衡不同方案的优劣和评估内在风险。

要想成为有效的管理者，就必须具备上述三种技能，缺乏其中任何一种技能，都可能导致管理工作的失败。但处于不同层次的管理者，三种技能的侧重点不同。一般来说，高层管理者更强调概念技能，中层管理者则侧重于人际技能，而基层管理者的技术技能更突出。不同层次管理者技能区别如图 1－5 所示。

图 1－5　不同层次管理者技能区别

专栏 1-4

管理者的技能

某旅行公司刘总经理在总体市场不景气的情况下，以独特的眼光发现了惊险性旅游项目与40～45岁男性消费者之间的相关性，在此基础上设计了具有针对性的旅游路线与项目，并进行了前期宣传。但因为该项目涉及与交通管理、保险、环保等多个部门的协调，所以项目得到正式批准的时间比预期晚了整整一年，因此丧失了大量的市场机会。

启示：对于管理者而言，只具有概念技能和技术技能是不够的，人际技能同样非常重要。

第三节 管理学

管理学

一、管理学的概念

管理学是系统研究管理过程的普遍规律、基本原理和一般方法的科学。它是对千百年来人类管理经验、智慧的高度概括和总结，是人们学习管理的主要途径。1911年，美国管理实践者泰勒出版了《科学管理原理》，这部著作的问世标志着管理作为一门科学的诞生。100多年来，管理学对促进人类的进步与发展，对人类管理水平的提高起到了巨大的推动作用。

二、管理学的特点

管理学作为一门科学，具有以下特点。

（一）综合性

从管理内容上看，管理学涉及的领域十分广阔，它需要从不同类型的管理实践中抽象概括出具有普遍意义的管理思想、管理原理和管理方法。从影响管理活动的各种因素上看，除了生产力、生产关系、上层建筑这些基本因素外，还有自然因素、社会因素等；从管理学科与其他学科的相关性上看，它与经济学、社会学、心理学、数学、计算机科学等都有密切关系。因此，管理学是一门非常综合的学科，是吸收了社会科学、自然科学等多方面的知识而发展起来的一门综合性学科。

（二）不精确性

在给定条件下能够得到确定结果的学科可以称为精确科学，如数学、物理学、化学等。管理缺乏精确科学中的严密性和唯一性，因此具有不确定性。这是因为影响管理的很多因素难以定量，而且管理主要是与人打交道，有非常多的不可控因素。因此，管理学是一门不精确的科学。虽然如此，管理所形成的反映管理过程客观规律的理论体系仍然可以指导实践。

（三）实践性

管理学所提供的理论与方法都是实践经验的总结与提炼，同时管理的理论与方法又必须为实践服务，才能显示出管理理论与方法的强大生命力。由于管理过程的复杂性和动态性及管理对象的多样性，导致管理知识在运用时具有很大的艺术性，需要管理者的技巧性、创造性和灵活性。管理的实践性也决定了管理者必须在实践中锻炼，积累管理的经验。只有实践，才能使管理者的管理水平不断提高。

（四）历史性

管理学是对前人的管理实践、管理思想和管理理论的总结、扬弃和发展。割断历史，不了解前人对管理经验的理论总结和管理历史，就难以很好地理解、把握和运用管理学。

（五）发展性

管理学还是一门处于不断更新、完善中的学科，在社会经济发展和科技进步的过程中，管理学也必将不断地发展和完善。

三、管理学的学习方法

（一）唯物辩证法

学习管理学要运用唯物辩证法。唯物辩证法认为，世界是物质的，物质是运动的，物质运动是有规律的。看待世界和事物，要从事物的客观实际出发，承认事物之间的发展变化，用全面的、发展的眼光看世界，探寻、理解和把握事物发展的客观规律性。反对从教条出发，孤立地、静止地、片面地看世界。

（二）理论联系实际法

学习管理学要理论联系实际。管理学是人们对以往管理经验的一般总结，是对管理的概念、原则、理论、方法的基本概括。学习管理学可以用管理学的理论指导管理者的实践，使管理者吸取前人的经验和智慧，避免无谓的摸索，避免走不必要的弯路；学习管理学一定要理论联系实际，把管理的具体问题放在管理的具体环境中具体分析，如果只学书本知识，死记硬背一些管理的原则、方法，是不可能真正解决管理问题的，也不可能成为一名合格的管理者。

（三）系统方法

学习管理学要用系统方法。所谓系统方法，就是用系统的观点来研究和分析管理活动的全过程。系统的方法要求我们在研究、分析和解决问题时具有整体的观点、开放的观点、动态的观点等。不要孤立地看问题，一叶障目不见泰山。同时，系统方法还要求动态地看问题。只有具备系统观点，才能树立整个组织“一盘棋”的思想，使整个组织协调地发展。

复习思考题

1. 对于管理的概念，为什么不存在唯一的定义？你对管理是怎样理解的？
2. 管理的基本职能有哪些？这些职能相互之间的关系是什么？

3. 你如何理解管理工作的科学性和艺术性？
4. 如何理解管理的必要性？
5. 一个有效的管理者需要扮演哪些角色？需要具备哪些技能？
6. 举例说明管理者的概念技能、人际技能和技术技能。
7. 通过本章的学习，你是否清楚应如何学习管理学？

案例分析

案例 1：章总的管理

某公司章总，工龄有 30 多年，工作极其严谨仔细，对公司组织的培训工作非常重视。从培训课程内容设置、培训讲师选聘、培训酒店场地签订到培训证书印制、培训现场条幅悬挂、培训期间的餐饮订单等，尽管有专门的培训部，章总也事无巨细，从头抓到尾。他不仅经常亲自蹲点于培训教室现场，中间还不时打断讲师指正讲授内容；由于公司很多人员排队等他签字，秘书不得不往返于培训现场与办公室之间。

一次，章总突然指示培训部下周举办经销商销售顾问培训班和市场经理培训班，完全脱离了原先公司制订的培训工作计划。培训部不得不马上开始确定培训讲师、拟定培训日程表、商谈培训教师、拟定培训通知等事项。由于种种原因，参加培训的实际人数没有达到理想状态，章总在培训报到现场，果断指示将两个班合并为一个班举办，以节省开销。尽管前期已经安排妥当，培训师林教授也强调培训对象不同，培训内容侧重点不一样，最关键的是报到时间也不同，但是章总仍坚持并班。结果经销商参训学员得知突然变更，怨声载道，全部怪罪培训部。章总竟然也在众人面前大声斥责培训部负责人，并命令公司其他所有部门负责人全部到场，这下更热闹了，培训工作不光章总亲自指导，各部门负责人也不时指东道西，甚至连总经理秘书也插手指挥。结束可想而知，一个简单的培训活动最终搞得乱七八糟。培训结束第二天，培训部负责人就递交了辞职报告。

分析与思考：

培训部负责人为什么会递交辞职报告？如何评价章总的管理？

案例 2：张帆的提升

张帆最近从基层主任被提拔至公司的计划部门经理，他是大家公认该公司最好的基层领导，而且仅在公司工作了 4 年就得到了晋升。许多管理者认为这是该公司中最合意的晋升之一。

张帆领导的部门生产率极高，开支总是符合预算，是公司中效率最高的部门。此外，在其他部门发生大量员工不满的情况时，在张帆的任期内，他的部门却没有发生此类问题。

张帆的下属和上级对他的评价都很高，认为他是一个关心员工思想、目标、未来计划的人。很多原部门的下属人员想要公司管理部门重新考虑提升决定，让张帆留在原部门。张帆也对提升感到不知所措，因为他喜欢在一线工作，而现在不得不以参谋人员的身份工作。

张帆接管计划部门3个月后，原部门开始出现一些问题，部门的生产率下降，也出现了员工抱怨纠纷，而且有3名雇员辞职。张帆对新工作也不满意，他感到参谋人员的工作埋没了他的领导才干。在新部门工作3个月后，张帆认为自己不能胜任该类型的工作，且没有动力，无法完成任务。

分析与思考：

1. 管理者的技能有哪些？张帆具有的管理技能是哪种类型？
2. 公司管理部门是否应考虑到他提升后出现的问题？你认为应该如何解决？

在线自测

扫一扫　练一练

第二章　管理理论的形成与发展

本章导读

人类在长期的社会实践中不断地总结提高劳动生产效率的方法，形成了一些管理思想，到19世纪末20世纪初，人们对管理活动的研究达到了一个新的高峰，美国人泰勒在对前人的管理思想进行总结、探索的基础上，提出了一套科学管理理论，形成了系统化的管理思想，管理由经验发展为科学阶段。

管理理论的诞生对人类的管理活动产生了极大的影响，并得到迅猛发展，形成了众多学派。我们可以把它的发展划分为三个大的阶段。第一个阶段是古典管理理论阶段，主要由科学管理理论、一般管理理论和行政组织理论构成。这三个理论力图打破传统的经验管理办法，实现对作业与组织的科学的、理性的管理，进而提高管理效率。但这些思想都忽视了人的因素和环境因素的影响。第二个阶段开始于20世纪20年代中后期在霍桑工厂中进行的实验，它宣告了另一种管理思想的诞生，使人们看到了“人”的因素的重要性与特殊性，从而激发了行为管理思想的蓬勃发展，把管理研究的重点由“物”转向了“人”，行为科学由此产生。第三个阶段是现代管理理论阶段，“二战”结束后，管理理论进入快速发展阶段，形成了众多的观点。这一阶段管理理论的突出特点就是强调了环境对组织的影响，把管理的研究从封闭状态推向开放状态，冲破了以往着重于组织的内部并倾向于寻找普遍适用的最佳管理模式的做法，使人们对组织与管理问题的思考和行动发生了巨大变化。

学习目标

通过对本章的学习，能够概述管理及管理理论的产生与发展历程，了解古典管理理论、行为科学、现代管理理论三个发展阶段的主要联系与区别，掌握科学管理理论、一般管理理论、人际关系学的主要观点，熟悉管理理论的前沿动态及当代管理活动的特点。

关键概念

管理理论　科学管理理论　一般管理理论　行为科学　现代管理丛林

第一节　古典管理理论的形成

古典管理
理论的形成

虽然古代有许多杰出的管理观念，但管理成为一门科学，却是由资本主义生产力和生产关系的发展而导致的社会化大生产的发展所决定的。

一、古典管理理论形成的背景

资本主义生产方式的发展，推动了管理实践在微观——企业生产组织方面的发展。18 世纪下半期从英国开始，欧美各国接踵而来的“工业革命”确立了工厂制度，发展了专业化协作。这种变化迫切需要管理进行协助。

另外，由于管理落后，生产率不高，存在着大量人财物浪费现象。以美国企业为例，生产率能达到 60％的很少。围绕如何提高生产率，一些管理人员与工程技术人员开始致力于总结经验，进行各种实验研究，并把当时的科技成果应用于企业管理，出现了一系列管理理论与方法，形成了所谓的古典管理理论，著名的有科学管理理论、一般管理理论、行政组织理论等。

二、古典管理理论的主要观点（流派）

一般认为，古典管理理论主要由三个理论派别构成，即科学管理理论、一般管理理论和行政组织理论。

（一）科学管理理论

科学管理理论形成于 19 世纪末 20 世纪初，以美国泰勒 1911 年出版的《科学管理原理》为其正式形成的标志，也标志着人类历史上管理理论的形成。

泰勒 1878 年就职于米德维尔钢铁公司，不久升任车间管理员，而后又升至技师、工长、总工程师等职。他由下而上的经历，决定了他较注重的问题以基层生产技术等方面的现场管理和定额标准、时间动作分析等具体管理业务为主，形成了以劳动管理为主的科学管理理论。

科学管理理论的主题思想，就是抛弃了根据经验和习惯或主观想象与假设来管理的做法，用“科学”的观点去分析所做的工作，制定出各种标准的操作方法和制度，并用此方法对工人进行指导训练来提高劳动生产率。

科学管理制度又被称为泰勒制，其目标是提高劳动生产率，把“经济大饼”做大，使追求利益的劳资双方所占份额同时增加，避免一方多得而另一方少得。为此，泰勒特别强调劳资双方要来一场“心理革命”，把目光从争夺盈余转向提高盈余，通过共同协作来提高生产率，泰勒认为这场“心理革命”构成科学管理的实质。科学管理的主要内容有：

第一，工作定额原理。该原理认为必须通过工时和动作研究制定出有科学依据的工人的“合理的日工作量”，方法是选择合适的技术熟练的工人，把他们的每一项动作、每一道工序所使用的时间记录下来，加上必要的休息时间和其他延误时间，得出完成该项工作所需要的总时间，以此来确定工人的工作定额，实行定额管理。

第二，标准化原理。为使工人完成较高的工作定额，就要使工人掌握标准化的操作方法，使用标准化的工具、机器和材料，并使作业环境标准化，消除各种不合理因素，把各种最好的因素结合起来，形成一种标准化的作业条件。

第三，科学地挑选工人并使之成为“第一流工人”。这里所谓“第一流工人”是指适合于所做工作而又有进取心的工人。泰勒认为管理人员的责任在于按照生产的需要，对工人进行选择、分工、培训，使之最后承担最适合于每个工人能力的、最高标准的、最有趣的和最有利于生产率提高的工作。

第四，实行差别计件工资制。即以有科学依据的定额为标准，根据工人是否完成定额而采取不同的工资率以刺激工人的工作积极性，因此又称为刺激性付酬制度。如果工人没有完成定额，就按“低工资率”付酬，即为正常工资率的80%；如果超过定额，就按“高工资率”付酬，即为正常工资率的125%。

第五，管理工作专业化原理。即把计划职能和执行（实施操作）职能分开，管理人员也要专业化分工，为此，泰勒提出“职能工长制”。

第六，管理控制的例外管理原理。该原理认为规模较大的企业，不能只依据职能原则来组织管理，还必须应用例外原则，即企业的高级管理人员把例行的一般日常事务授权给下级管理人员去处理，自己只保留对例外事项（或重要事项）的决定权。

泰勒的思想在大西洋两岸引起了轰动，受到许多人的追捧，形成了一大批追随者，如亨利·甘特的“人的因素最重要”的思想、吉尔布雷斯的动作与疲劳研究、吉尔布雷斯夫人的《管理心理学》对劳动者心理的研究、福特的福利刺激计划、福莱特的利益结合论、埃默森的效率原则等。他们对科学管理理论的形成与完善做出了卓越的贡献。

专栏 2－1

铁锹实验

1899年，泰勒所在的伯利恒钢铁公司有一项铲掘煤粉和铁砂的工作，最开始工人使用相同的铁锹进行这两项作业，生产效率不高。于是泰勒进行了“铁锹实验”，发现一锹铲取量为21磅时，工人一天的材料搬运量最大，并且在搬运铁矿石和煤粉时，最好使用不同的铁锹。于是，泰勒针对不同的物料设计出12种不同形状和规格的铁锹，使得工人每铲的载荷都能达21磅左右。通过对工具的标准化，工厂和工人都受益很大，堆料场的工人从400～600人减少到140人，每人每天的操作量从16吨提高到59吨，工人的日工资从1.15美元提高到1.88美元。

启示：工具的标准化可以大大提高工作效率。

（二）一般管理理论

法约尔的一般管理理论，也称为经营组织理论，其特点是从企业管理的整体出发，着重研究管理的职能作用、企业内部的协调等问题，探求管理组织结构合理化、管理人员职责分工合理化等。

亨利·法约尔出生于法国，他长期担任一家煤矿大企业的总经理，使他得以从最高层次探索企业及其他组织的管理问题，所以，人们称他对管理理论的研究是从“办公桌的总经理”开始的，这也是他与泰勒的研究管理视角不同的主要原因。法约尔的理论被称为“一般管理理论”，其思想主要体现在1916年出版的代表作《工业管理与一般管理》一书中，具体有以下几点。

1. 经营与管理的区别

法约尔认为经营与管理是不同的概念。经营是指导或引导一个组织趋向某一既定目标，它的内涵比管理更为广泛，管理仅仅是其中的一项活动。企业的经营活动可以概括为六大类：

技术活动——生产、制造、加工；

商业活动——购买、销售、交换；

财务活动——资金的筹集和运用；

安全活动——设备和人员的安全；

会计活动——存货盘点、资产负债表制作、成本核算、统计；

管理活动——计划、组织、指挥、协调、控制。

企业管理的各种职能活动如图 2-1 所示。

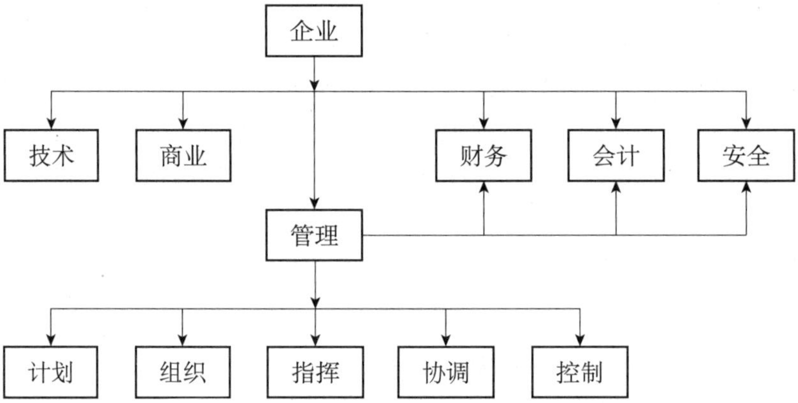

图 2-1　企业管理的各种职能活动

在不同的企业工作中，六大活动所占比例不同。高层人员的工作中管理活动所占比重较大，而直接的生产工作和事务性活动中管理活动所占的比重较小。

这六种活动需要六种不同的能力。这六种能力在企业中的各个层级都应具备，只是侧重点不同。管理能力的重要性是随着层级的提高而增加的。

2. 管理的五要素

法约尔第一次提出了管理的组成要素，即计划、组织、指挥、协调、控制五大职能，并对这五大职能进行了详细的分析和讨论。他认为，计划就是探索未来和制定行动方案；组织就是建立企业的物质和社会双重结构；指挥就是使其人员发挥作用；协调就是连接、联合、调和所有的活动和力量；控制就是注意一切是否按照制定完成的规章和下达的命令进行。

3. 管理的十四条原则

为了进行有效的管理，法约尔提出了应遵循的十四条原则。

（1）劳动分工。法约尔认为，劳动分工的目的是用同样的努力生产出更多更好的产品。

（2）权力与责任。法约尔认为，如果要一个人对某项工作的结果负责，就应当赋予他确保工作成功应有的权力，因为权责是互相对应的。

（3）纪律。纪律的实质就是遵守公司各方达成的协议。严明的纪律是企业顺利经营的保障。

（4）统一指挥。统一指挥强调一个下属只能听命于一个领导者。违背这个原则，就会使权力和纪律受到严重的破坏。

（5）统一领导。这一条与统一指挥不同，它是指一个集团为了同样目的而进行的各种活动，要由一位领导根据计划开展，这是统一行动、协调配合、集中力量的重要条件。

（6）个人利益服从整体利益。法约尔认为，整体利益大于个人利益的总和。一个组织谋求实现总目标比实现个人目标更为重要，协调这两方面利益的关键是领导层要做到思想坚定并树立良好榜样。

（7）人员的报酬要公正。法约尔以"经济人"假设为前提指出人员的报酬是其服务的价格。所以，应该制定公平合理的报酬制度，尽量使雇主与雇员满意。

（8）集中与分散。合理的集中与分散可以使组织各部分运作起来，尽可能发挥所有人的才能，集中与分散的程度应当视企业的规模、环境、人员素质等情况而定。

（9）等级链。法约尔认为对于保证统一指挥，设立从最高权威者到最低管理者式的等级制度是必要的，但在紧急情况下，平级之间跨越权力而进行的横向沟通也是非常必要的。为此，法约尔设计了一种把等级制度与横向信息沟通结合起来的"跳板"，即"法约尔跳板"，亦称"法约尔桥"，如图 2－2 所示。

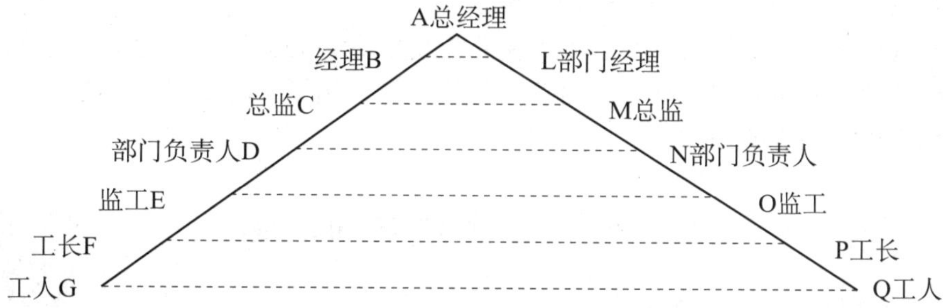

图 2－2　法约尔跳板

（10）秩序。秩序即人和物必须各尽所能。理想秩序是指有地方安置每件东西，而每件东西都被放在了该放的地方；有职位安排每个人，而每个人都被安排在了应该安排的职位上的一种理想状态。只有这样才能做到物尽其用，人尽其才。

（11）公平。即以亲切、友好、公正的态度严格执行规章制度。雇员们受到公平的对待后，会以忠诚的态度和献身的精神去完成他们的任务。

（12）人员稳定。法约尔认为成功的企业需要有一个稳定的职工团队，因此，高层管理者应采取措施，鼓励员工尤其是管理人员长期为公司服务。

（13）首创精神。一个企业的成功，不仅领导要富有首创精神，全体人员都需要具有首创精神。

（14）集体精神。职工的融洽、团结可以使企业产生巨大的力量，为此，要保持与维护集体中团结、协作、融洽的关系。

（三）行政组织理论

行政组织理论的主要代表人物是德国的马克斯·韦伯，他在管理思想方面的贡献是提出了理想行政组织体系理论。

韦伯主要从三方面对理想行政组织体系理论进行了阐述，即理想的组织形态、理想组织形态的管理制度、理想组织形态的组织结构。韦伯的理想行政组织体系理论总结了在大型组织中的实践经验，为资本主义的发展提供了一种稳定、严密、高效、合乎理性的管理体系理论，同时，也为管理理论的创新做出了贡献。

三、古典管理理论的主要特点

综合古典管理阶段管理理论与实践，可看出其主要具有以下几个特点。

（1）以提高生产率为主要目标。因为这一时期制约企业管理最主要的问题就是效率低下，所以管理理论主要解决的就是效率问题，泰勒等人从事的一系列科学研究，都是以提高生产效率为目标的。

（2）以科学求实的态度进行调查研究。无论是泰勒、法约尔，还是其他管理学者，都是在大量实践的基础上，以科学的态度进行调查研究，最后形成自己的理论体系。如泰勒进行了著名的“搬运铁块实验”“金属切削实验”等。

（3）强调以个人为研究对象，重视个人积极性的发挥。泰勒认为生产效率的提高主要取决于工人个人积极性和潜力的发挥，所以，泰勒对提高劳动生产率的实验和研究，都是以个人为对象的，这必然存在一定的局限性。

（4）强调规章制度的作用。泰勒等人主张把科学管理的方法纳入企业规章制度，要求职工在生产经营活动中必须遵守，并对执行的好与坏，给予一定的赏罚。法约尔的管理十四条原则都突出了制度的作用。

第二节　行为科学的兴起

行为科学的兴起

一、行为科学产生的必然

泰勒等人倡导的古典管理理论，使管理完成了由经验上升为科学的转变，在提高劳动生产率方面取得了显著成绩，促进了资本主义生产力的发展。但是，由于资本主义生产资料私有制决定了劳资间存在着不可调和的根本矛盾，因此，泰勒以“劳资合作互利”为基础的科学管理必然受到极大的限制。一方面，资本家运用科学管理，加重了对工人的残酷剥削，激起了工人特别是工会的反抗，使怠工、罢工现象大量涌现；另一方面，资本主义生产力有了进一步的发展，随着自动化流水线生产方式的普遍推广，使得古典理论的重要支柱——时间动作研究的效益下降。由于操作大为简化，劳动单调乏味，工人成了机器的附属品，以致工人的工作兴趣下降，这说明人和物两大因素必须相应发展。因此许多资本主义企业家和管理学者察觉到单纯用“科学管理”那一套仅靠金钱刺激的管理手段，已不能有效地控制工人。

另外，人们通过实践古典管理理论所倡导的管理职能专业化，也逐渐意识到管理是必须“通过别人来做工作”，因此，如何了解人群中人与人之间的关系、如何调动人的积极性等问题，日益成为管理实践所迫切要求解决的理论问题。社会学、心理学、人类学等理论的发展，为管理的行为科学理论的形成提供了理论基础和方法基础。

二、人际关系学的形成

21世纪20年代中后期至30年代初期，在美国芝加哥西方电气公司所属的霍桑工厂，由美国哈佛大学教授乔治·埃尔顿·梅奥参与并领导了一系列实验，时间长达九年（1924—1932年），包括照明实验、继电器装配室实验、访问职工实验、布线观察室实验四个阶段的实验，实验主要为测定有关因素对生产效率的影响程度，这就是著名的“霍桑实验”。

专栏2－2

霍桑实验中的“螃蟹心理”

20世纪20年代，霍桑工厂管理者让14名男性工作者在工厂里的一个单间中进行电话线圈的装配工作。其中9人是装配工，3人是焊工，2人是检验工。管理者把9名装配工和3名焊工分成3个小组，然后让2名检验工共同承担3个小组的检验工作，工资标准则是按照小组总产量来制定的。

管理者以为工人们相互之间会进行比较，然后更努力工作，提升总产量，但事实却恰好相反。工人们的工作效率不但没有提升，而且每个工人的日产量差不多，甚至还不如实上报产量。

经过调查，管理者发现在这个小团体中，如果某一位工人表现得很优秀，那么他就会被其他人讽刺、嘲笑，承受团队带来的无形压力。因此，为了避免承受这种压力，他们就会采取各种办法，降低自己的工作效率，尽量与大家保持一致。

可能很多人觉得奇怪，怎么会有人跟钱过不去？这其实是因为“螃蟹心理”。

“螃蟹心理”也被称作桶子里的螃蟹，形容自己没有，也不允许别人有的心理。它的诞生，源于一场实验：动物学家将一只螃蟹放在水池里，这只螃蟹很容易就可以爬出来，但如果把多只螃蟹都放在水池里，它们就很难爬出来。这是因为下面的螃蟹总会拼命地扯上面螃蟹的腿，到最后，没有一只螃蟹可以成功爬出去。

钓螃蟹的人从不给放螃蟹的桶盖上盖子，也是这个原因。每当有一只螃蟹爬得够高，快要爬出去时，其他的螃蟹注意到后，就会把这只往上爬的螃蟹扯回桶里。

启示：“螃蟹心理”对组织管理的负面影响会造成组织的“内耗”，不仅会削弱组织的战斗力，而且会使组织成员之间的关系变得脆弱而紧张。管理者对该现象必须采取措施加以解决。

根据霍桑实验，梅奥于1933年出版了《工业文明中人的问题》等著作，书中提出了与古典管理理论不同的新观点，主要有以下几方面。

第一，工人是“社会人”，而非单纯追求金钱收入的“经济人”。工人作为复杂的社会系统的成员，金钱并非刺激其积极性的唯一动力，社会和心理因素等方面所构成的动力，对劳动生产率有极大的影响。

第二，生产率的升降主要取决于工人的态度，即所谓“士气”，而这又是由个人家庭和社会生活以及企业中人与人的关系所决定的。而古典管理理论则认为“士气”只是受工作方法和工作条件所影响的。

第三，企业中存在“非正式组织”，这种无形组织有特殊的感情、规范和倾向，左右着成员的行为。在感情与理智之间，人们的思想会更多地受感情的支配。企业正式组织与非正式组织的关系是否协调，对生产率是否提高有很大的影响，而古典管理理论仅注意正式组织的作用是不够的。

第四，提出新型的领导能力是要在正式组织的经济需求和工人的非正式组织的社会需求之间保持平衡，通过提高职工的满意度来激励职工的士气，从而达到提高生产率的目的。

霍桑实验基础上产生了人际关系学，实验的结论构成人际关系学的主要观点，由此，也开辟了管理学研究的新方向，为后期行为科学的发展奠定了基础。1949 年在美国芝加哥大学一次跨学科的科学讨论会上正式提出“行为科学”的名称后，其受到社会广泛重视并快速发展，其研究主要集中在动机激励、企业管理中的“人性”、领导方式、组织与冲突等领域，并形成了一系列理论。

专栏 2－3

管理小实验

给甲、乙两人 100 元，由甲决定自己拿多少，乙决定自己是否接受甲的分配方案，如果乙接受甲的分配方案，则双方按照方案各拿各的钱；若乙不同意甲的提议，则两人都一无所获。那么甲会提出什么样的方案？

如果按照传统经济学的解释，甲利益最大化的选择应该是 99：1，而且乙也应该接受这个方案，毕竟得到 1 元钱比没有要好，尽管少了一点，但也增加了福利。

但现实的情况是，这样的提议往往要遭到乙的反对，而使两人什么也得不到。因为乙觉得这种分配方案虽然能够给自己带来 1 元钱，但不公平程度太大了，所以宁可不要。乙这样做不仅考虑了利益问题，还着重考虑了公平问题。

在这个实验里，双方都能够得到钱而且能接受的方案是甲提出平分，多数人都在 70：30 或 60：40 之间选择，很少有人提出 99：1。这说明，甲除了考虑自己的福利外，还慎重考虑了公平问题，也就是权衡了对方能够接受的不公平程度。

启示：要真正实现自己的利益最大化，仅有自利是不够的，还必须利他，也就是“爱自己也要爱他人”。

三、行为科学理论的特点

（1）强调对人性的全面关注，把人的因素作为管理的首要因素；强调以人为中心的管理，重视职工多种需要的满足。

（2）强调人的感情和社会因素，探讨人的行为之间的因果关系及改进行为的办法。

（3）重视非正式组织，把正式组织和非正式组织、管理者和被管理者作为一个整体来把握。

（4）重视组织内部的信息流通和反馈，用沟通代替指挥监督，注重参与式管理和职工的自我管理，主张在管理方式上由监督制裁转向人性激发。

第三节　现代管理理论的丛林

现代管理理论的丛林

一、现代管理理论概述

现代管理理论的形成是在第二次世界大战结束后。随着社会生产力的进一步发展和系统科学、电子计算机技术在管理领域中日益广泛的应用，管理理论进入了一个新的发展时期，欧美许多心理学家、社会学家、人类学家、经济学家、政治学家、数学家、物理家、生物学家、工商管理学家以至实际管理人员都一拥而上，提出各种各样的管理观点，形成了许多学派。1961 年哈罗德·孔茨发表了《管理理论的丛林》，成为西方现代管理理论形成的标志。孔茨使用“丛林”一词来形容管理理论发展的主要特征，说明这些理论与学派在历史渊源和理论内容上互相影响和联系，形成“一片各种管理理论和流派盘根错节的丛林”。1980 年他又发表了《再认管理理论的丛林》，指出 20 年来管理理论的学派已由原来的 6 个增加到 11 个，形成了行为科学学派、管理过程学派、社会系统学派、决策理论学派、系统管理学派、经理角色学派等多个学派。这些理论从不同的角度对管理问题进行了研究，为管理实践的发展提供了更加坚实的理论基础。

二、现代管理理论的各学派

（一）管理过程学派

管理过程学派又叫管理职能学派，一般认为，这一学派的基本理论起源于亨利·法约尔，他在 1916 年提出了管理的五种要素，即五项职能，这五项职能构成了一个完整的管理过程。当代的主要代表是哈罗德·孔茨。

管理过程学派的特点是：以管理的职能及其发挥作用的过程为研究对象，认为管理就是通过别人或同别人一起完成工作的过程。管理过程与管理职能是分不开的，管理的过程就是管理的各种职能发挥作用的过程。以这一认识为出发点，管理过程学派试图通过对管理过程或管理职能的研究，把管理的概念、原则、理论和方法加以理性概括，从而形成一种一般性的管理理论。

（二）社会系统学派

社会系统学派是当代西方较早出现的一个管理理论学派，其创始人及最重要的代表人物是美国的切斯特·巴纳德，他在代表作《经理人员的职能》中阐述了他的观点，认为组织是一个协作系统，个人为克服在体力和生理方面的局限性而加入组织系统。为此，协作系统要包含三个要素：协作的意愿、共同目标、信息联系。管理人员的作用就是要围绕着物质的、生物的和社会的因素去适应总的协作系统。

（三）决策理论学派

决策理论学派的主要代表人物是美国的赫伯特·A. 西蒙和詹姆士·马奇。西蒙由于对经济组织内的决策程序进行了开创性的研究，获得了 1978 年度的诺贝尔经济学奖。

决策理论学派主要着眼于合理的决策，即研究如何从各种可能的决策方案中选择一种“令人满意”的行动方案。其主要思想包括：

（1）强调了决策在管理中的重要性，决策贯穿于管理活动的全过程。

（2）提出了决策的标准，用“令人满意的准则”代替传统决策理论的“最优化原则”。

（3）明确了决策的程序。

（4）提供了决策的技术。西蒙第一次提出了程序化决策和非程序化决策的概念，并对两类决策的传统技术和现代技术作了总结和比较。

（四）系统管理学派

系统管理理论的代表人是美国的约翰逊、卡斯特、罗森茨韦克等。其主要观点是：企业是一个人造的开放系统，包括各种子系统（要素），这个系统与外部环境之间存在着动态的相互作用并具有内部和外部的信息反馈网络，能够不断地自行调节，以适应环境和企业本身的需要，管理要围绕企业系统的总目标而发挥作用。

（五）社会-技术系统学派

创立这一学派的是美国的特里司特及其在美国维斯托克研究所的同事。该理论是从研究美国煤矿由手工采煤到机械采煤的技术变化所引起的问题着手，在社会系统学派的基础上发展起来的。它从系统观点出发，认为要解决社会问题，不能只看社会系统，而把与社会系统相适应的技术系统排除在外。只有既满足社会系统的需要，又满足技术系统的需要的组织才是最好的组织。

（六）经验主义学派

经验主义学派简称经验学派，是以向大企业的经理提供管理企业的成功经验和科学方法为目标，通过研究一个组织或管理人员的实践经验来分析管理的。它的特点是：从企业管理的实际出发，通过分析一大批组织或管理人员的成功和失败的实例，以便在一定的情况下把这些成功、失败实例的经验教训加以概括和总结，建立起自己的一套完整的管理理论，然后把这些经验和理论传授给企业实际的管理工作者，用来指导企业管理人员的思想和行动。该学派认为管理原则不存在普遍性，而只侧重于管理者亲身实践经验的总结。

（七）权变理论学派

权变理论的创始人是美国的劳伦斯和洛希，权变理论的含义是权益应变，该理论也被称为“情景管理理论”。其主要观点是：在现实中不存在一成不变、普遍适用的理想化管理理论与方法，管理应随机应变，即采取什么样的管理理论、方法、技术应取决于组织的环境。总之，这一学派总的思路是：管理中不存在什么通用的最好方法，相反，管理中必须明确每一情景中的变数，了解这些变数之间的关系及相互作用，从而针对不同情况作灵活变通。

（八）经理角色学派

经理角色学派的主要代表人物是加拿大籍的美国管理学教授亨利·明茨伯格，他的代表作是 1973 年出版的《经理工作的性质》。经理角色学派以经理所担任的角色为中心来分析和研究经理工作性质，提出了有关经理工作的性质、经理人员担任的角色和提高经理工作效率等理论。经理角色学派对经理实际活动的观察和分析受到管理学者和经理们的重视。但是，经理工作并不等于全部管理工作，管理中许多重大问题，如组织机构的建立和改进、战略的确定以及各部门的具体管理等，该学派都没有论及。

（九）管理科学学派

管理科学学派又称“数学学派”，它的主要代表人物基本上由运筹学家组成。早在“二战”期间，管理科学就开始萌芽，战后受到企业管理者和管理学者的重视，发展较为迅速。

管理科学学派的创始人是英国物理学家布莱克特。该学派认为：管理就是用数学模式与程序来表示计划、组织、控制、决策等合乎逻辑的程序，求出最优解答，达到企业的目标。管理科学就是制定管理决策的数学模式与程序的系统，并通过电子计算机使它们应用于企业管理。所以，该学派的主要特点就是形成以运筹学和电脑应用为主体的管理定量分析方法。这一学派的理论对管理的科学化有重要意义，但也有局限性。

三、现代管理理论的新发展

20 世纪 70 年代后期到 80 年代初，整个世界处于极度动荡的局面中，各种文化相互渗透、交融，市场竞争日益白热化，管理学者对这种新的环境下企业的生存与发展进行了深入的思考，形成了一些新的管理思想与理论。

（一）战略管理理论

随着组织所处环境的不断变化，特别是 21 世纪以来，信息革命给社会带来了翻天覆地的变化，市场竞争日趋激烈。在这种环境下，企业深切地感受到，以前低价必胜的原则已经不适应新环境的发展了。要想获得持续的生存和发展，必须从战略的高度思考问题。由此，战略管理成为人们关注的主要问题。

（二）业务流程再造理论

业务流程再造理论是 20 世纪 90 年代初于美国发展起来的一种企业组织转型的新理论和新方法。该理论的创始人是美国教授迈克尔·哈默与詹姆斯·钱皮，他们认为企业管理的核心是“流程”，即一套完整贯彻始终的、共同为顾客创造价值的活动，而不是一个个专门化的“任务”。企业应以工作流程为中心，重新设计企业的经营、管理及运作方式，进行所谓的“再造工程”。美国企业从 20 世纪 80 年代起开始了大规模的企业重组革命，日本企业也于 90 年代开始进行第二次管理革命。这十几年间，企业管理经历着前所未有的、类似脱胎换骨的变革。

（三）学习型组织理论

彼得·圣吉是学习型组织理论的奠基人，该理论强调未来最成功的企业将是学习型企业，企业唯一持久的竞争优势源于比竞争对手学得更快更好的能力。

专栏 2－4

求道

有一个年轻人经过千山万水来到森林中的寺院，请求寺院里德高望重的住持收他为徒。住持郑重地告诉他：“如果你真要拜我为师追求正道，你必须履行一些义务与责任。”

"我必须履行哪些义务和责任呢?"年轻人急切地问。"你必须每天扫地、煮饭、劈柴、打水、扛东西、洗菜……""我拜你为师是为了习艺正道，而不是来做琐碎的杂工、无聊的粗活的。"年轻人一脸不悦地丢下这句话，就悻悻然离开了寺院。

启示：正道不是高不可攀或高深莫测的理论，它隐藏在日常的工作琐事及生活细节中；同样地，管理的道理，随处可得，只要认真去做事，用心去体验，工作过程中自可深刻体悟到管理的奥妙及意义。

复习思考题

1. 科学管理理论的实质是什么？主要内容有哪些？
2. 法约尔提出了哪些管理职能？其十四条原则的内容是什么？
3. 韦伯的理想行政组织体系理论的主要贡献是什么？
4. 行为科学理论的主要观点有哪些？
5. 现代管理理论的主要流派有哪些？
6. 你如何看待现代管理理论的新发展？

案例分析

案例1：回到管理学的第一个原则

纽曼公司的利润在过去的一年来一直在下降，但是在同一时期，同行的利润却在不断上升。总裁杰克先生非常关注这一问题。为了找出利润下降的原因，他花了几周的时间考察公司的各个方面，然后召开了各部门经理人员会议，把他的调查结果和他得出的结论，连同一些可能的解决方案都告诉他们。

杰克说："公司的利润一直在下降，但我们正在进行的工作大多数看来却是正确的。比方说，推销策略帮助公司保持住了在市场中应有的份额。我们的产品和竞争对手的一样好，价格也不高，公司的推销工作看来是有成效的，我认为没必要改进什么。"他继续评论道："公司有健全的组织结构、良好的产品研究团队和发展规划，生产工艺在同行中也处于领先地位。然而，公司却面临着严重的问题。"

"我们持续给员工提高工资，但工资的提高并没有使生产率提高。车间工人一直没能创造足够的产量，也没能把利润维持在原有的水平上。"杰克继续说道："近年来，我们对工人的需求关注得太多了，而对生产率的需求却不够关注。公司是为股东创造财富的，不是工人的俱乐部。公司要生存下去，就必须要创造利润。我在上大学时，管理学教授们十分重视科学管理先驱们为获得更高的生产率而广泛采用的刺激性工资制度。在我看来，管理学先辈们的理论在今天一样能指导我们，如果工人的工资取决于生产率，那么产量就会增加。"

分析与思考：

1. 你认为杰克的解决方案怎么样？生产率低的原因还可能有哪些？
2. 你认为在当今的管理实践中应当怎样应用科学管理理论？

案例 2：科学管理造就“福特王国”

福特公司成立于1903年，至今已走过100多年的历史。这个汽车王国的兴起，首先是受益于科学管理这一伟大思想。

1. 10秒钟生产一辆车

1863年，福特出生于美国密歇根州一个农场主家庭，他从小喜欢摆弄机器，后来离家当了技师。1896年，福特发明了世界上第一辆四轮汽车。1903年，福特汽车公司成立，“福特王国”迈出了第一步。

福特的理想是“造人民的车”，他要让汽车成为寻常百姓家的交通工具。要实现这一理想，就必须让汽车的造价降下来。落后的手工制造技术，小批量的生产，显然是达不到目的的，必须彻底改变生产模式。

据报道，福特受芝加哥一家屠宰场分解牛的流水线的启示，获得了创造流水线的灵感，并于1913年开始实施他的流水线作业，原来由数名工人“包干”的汽车，改成若干个工序，每个工人只负责一个工序上的操作，并无须来回跑动。组装一台电机需要20分钟，通过流水线作业，只需5分钟了；生产一个T型车底盘需要12小时，实现流水线后，仅需要90分钟了。

为了进一步提高生产效率，福特请来了泰勒对工序进行改进，将汽车生产分解为84道工序。最终，将曾经需要12小时的下线速度缩短为惊人的10秒钟，使福特汽车的生产效率大大提高，T型车的售价也从825美元降为300美元，一举打败了竞争对手，奠定了福特的霸主地位。

2. 5美元工作日

流水线的生产方式改变了福特公司传统的工作方法，工人也由全能型技工向单一工种发展。加之工序细化后，动作标准化、工具标准化使得工作越来越单调，工人的积极性受到打击。

1914年1月初，福特对外宣布，计划将普通工种的工资提高100%，公司将实现5美元工作日，包括任何“合格”的福特工人，即使是最低工种的人和车间清洁工也不例外。除了“5美元工作日”外，还将9小时工作时间改为8小时。福特公司的这一举措吸引了大量的海员、农民、矿工、职员等，他们从美国各地赶来，参加福特公司的招工，福特公司招收到了一流的工人，这为福特的发展又创造了有利条件。

分析与思考：

用科学管理理论对福特公司的管理进行分析。

在线自测

扫一扫　练一练

第三章　管理环境

本章导读

组织的管理是在一定环境中进行的。任何组织都不能独立存在，它们与环境发生相互作用，并受环境的影响。环境是组织生存发展的土壤，它既为组织活动提供必要的条件，同时也对组织活动起着制约作用。环境的特点及变化必然会影响组织活动的方向、内容和方式的选择。管理人员应充分了解组织的环境对组织的决策和运作的影响，这样才能把握机会、计划将来，以期达到组织的目标。为此，就要进行组织的管理环境研究。

依据环境因素对组织影响程度的不同，管理环境可以分为外部环境与内部环境。环境因素之间又相互作用、相互影响，这就使得管理环境具有了客观性、复杂性、关联性、层次性等特点。

组织文化是组织内部环境的重要因素，组织一旦建立便会逐渐形成组织文化，这是客观和必然的，它影响着组织的成败。组织文化的理念层、制度与行为层、象征层三个层次具有客观性、独特性、相对稳定性、继承融合性、发展性等特征。由于组织文化对内对外可以发挥导向、凝聚、激励、调适、辐射等功能，故塑造组织文化就成为管理的一个重要内容。

随着社会的发展，管理者的管理道德与企业的社会责任渐渐成为管理关注的问题。管理道德作为一种特殊的职业道德，是从事管理工作的管理者的行为准则与规范的总和，会受管理者所处的道德阶段、管理者的个人特征、组织结构变量、组织文化以及道德问题的强度等因素的影响。培育管理者的管理道德就成为必要。

社会责任是指组织在遵守、维护和改善社会秩序，保护和增加社会福利方面所承担的职责和义务，与企业经营业绩存在着密切的联系。大量的实践表明，企业承担社会责任的大小与其经营业绩呈正相关关系。社会责任具体表现在员工、消费者、社区、社会发展等多个方面。

学习目标

通过对本章的学习，能够掌握管理环境的基本概念、特点及组织与环境的关系，区分不同类型的环境因素，熟悉管理环境分析的各种方法；概述组织文化的概念、构成、特征及基本内容，掌握组织文化的功能及塑造过程，管理道德的概念、特征及影响管理道德的因素，理解培育管理道德的途径；了解社会责任的概念、承担社会责任的原因，掌握两种不同的社会责任观，明确社会责任与经营业绩的关系，理解社会责任的具体表现。

关键概念

管理环境　一般环境　具体环境　组织文化　价值观　行为规范　管理道德　社会责任

第一节　管理环境概述

管理环境概述

一、管理环境的概念及重要性

（一）概念

组织的管理活动都是在一定的环境中进行的，它不可能脱离整个社会而独立存在，而总是与社会方方面面有着千丝万缕的联系，这个环境就是组织的管理环境。所以，管理环境就是指影响组织生存与发展的各种力量和条件因素的集合。

（二）重要性

（1）管理环境制约和影响着组织活动的内容和活动的开展。组织只有不断地与环境进行能量和信息交换，把投入转变为产出，才能生存发展，从而实现组织的目标。

（2）管理环境的变化要求管理的内容、手段、方式、方法等随之调整，以利用机会，趋利避害，更好地实施管理。

二、管理环境的分类

管理环境是由纷繁复杂的因素交织而成的，而且难以预测。因此，如果把管理环境区分成不同的部分，将十分有利于组织识别和预测环境。管理学界有许多管理环境的分类方法，常见的分类方法是把环境分成组织的外部环境与组织的内部环境。

（一）外部环境

外部环境是指存在于组织周边、影响组织经营行动及发展的各种客观因素与力量的组合。组织的外部环境错综复杂、变幻莫测，外部环境分析就是通过收集和处理环境因素的相关信息，分析组织面临的机遇和挑战。外部环境通常包括一般环境与具体环境两方面。

1. 一般环境

组织的一般环境是组织的大环境，是指可能对所有组织的活动产生影响的各种因素所构成的集合，故也称宏观环境。

一般环境具体包括政治环境因素、经济环境因素、社会环境因素、技术环境因素。

（1）政治环境因素。

政治环境因素是指对组织经营活动具有实际与潜在影响的政治力量和有关的法律、法规等因素，包括国家社会制度、政治形势、国际关系、执政党的性质、政府的方针政策、国家法律和法令等。政治环境不同的国家有着不同的社会制度，不同的社会制度对组织的经营管理活动有着不同的限制和要求。同一个国家在不同时期，由于执政党的不同，其政府的政策倾向也是不断变化的。

政治环境是一种强环境，对组织来说一般是不可控的，同时，它对组织的影响又往往是根本性的。任何组织只能适应政治环境，而不能改变它，所以，政治环境是管理环境因素中的重要因素。

（2）经济环境因素。

经济环境因素又分为宏观与微观两类因素：宏观经济因素主要指一个国家的经济制度、经济结构、产业布局、资源状况、经济发展水平以及未来的经济走势等，经济的繁荣显然能为组织的发展提供机会，而宏观经济的衰退则可能给所有组织带来生存的困难；微观经济因素主要指组织所在地区或所需服务地区消费者的收入水平、消费偏好、储蓄情况、就业程度等因素，这些因素直接决定着组织目前及未来的发展规模与结构。

经济环境不仅是营利性组织重点关注的因素，同时，对于非营利性组织来说也是至关重要的。例如，国家经济情况的好坏直接影响政府的购买力和政府对许多非营利性组织的财政支持。

（3）社会环境因素。

构成社会环境的要素包括人口规模、年龄结构、种族结构、收入分布、消费结构和水平、人口流动性等。社会环境中最为重要的是文化传统和教育程度。通常不同的国家（或地区）和民族，其社会文化传统和教育水平也不同，这会影响甚至改变人们的生活习惯和价值观念，而且会对企业的产品和服务提出不同的要求。

风俗习惯、文化传统、道德价值观念等对人们都具有约束力，管理的实质是对人的管理，所以，社会环境对管理的影响是显而易见的。

（4）技术环境因素。

技术环境因素不仅仅包括那些引起革命性变化的发明，还包括与企业生产有关的新技术、新工艺、新材料的出现和发展趋势以及应用前景。技术对组织及其管理具有重要的影响。在过去的半个世纪里，最迅速的变化就发生在技术领域，高技术公司的崛起改变着世界和人类的生活方式。同样，技术领先的医院、大学等非营利性组织，也比没有采用先进技术的同类组织具有更强的竞争力。现代技术手段的发展使管理手段、方法乃至管理思想和管理模式发生了巨大变化。信息技术使管理系统实现了集成化和一体化，提高了组织内外整体管理的水平。

2. 具体环境

具体环境也称特殊环境，是指对组织决策和行动产生直接影响并与实现组织目标直接相关的因素所构成的环境。不同组织的具体环境各不相同。对企业来说，主要包括供应商、顾客、竞争者、政府管理机构以及社会特殊利益代表等因素，这些因素直接影响着企业的竞争能力。

（1）供应商。供应商主要通过提高投入要素价格与降低单位价值质量的方法，来影响行业中现有企业的盈利能力与产品竞争力。

（2）顾客。顾客主要通过压低价格、要求较高的产品质量或更多的服务项目等手段，来影响企业的盈利能力。

（3）竞争者。在一个行业中，企业最先关注的应是竞争对手，以及竞争对手所采取的竞争行动、发展动向等，这是企业制订战略计划、调整经营策略，继而保证在竞争中时时处于主动和优势地位的重要条件。

（4）政府管理机构。即由政府设立，旨在保护公众和组织免受侵害的机构。如环保机构、食品与药品管理机构等。

（5）社会特殊利益代表。即对组织实现目标的能力有实际或潜在利害关系和影响力的团体或个人。如银行、报纸、杂志、电台、电视台、消费者组织以及其他群众团体等。

（二）内部环境

内部环境是指组织内部的物质、文化环境的总和，包括组织资源、组织能力、组织文化等因素，也称组织内部条件。内部环境是组织活动的基础，也同样是制订组织战略计划的出发点、依据和条件。

组织内部环境分析的目的在于掌握组织历史和目前的状况，明确组织所具有的优势和劣势。这有助于组织制订有针对性的战略计划，有效地利用自身资源，发挥组织的优势；同时避免组织的劣势，或采取积极的态度改进组织劣势，扬长避短。管理环境的层次如图 3－1 所示。

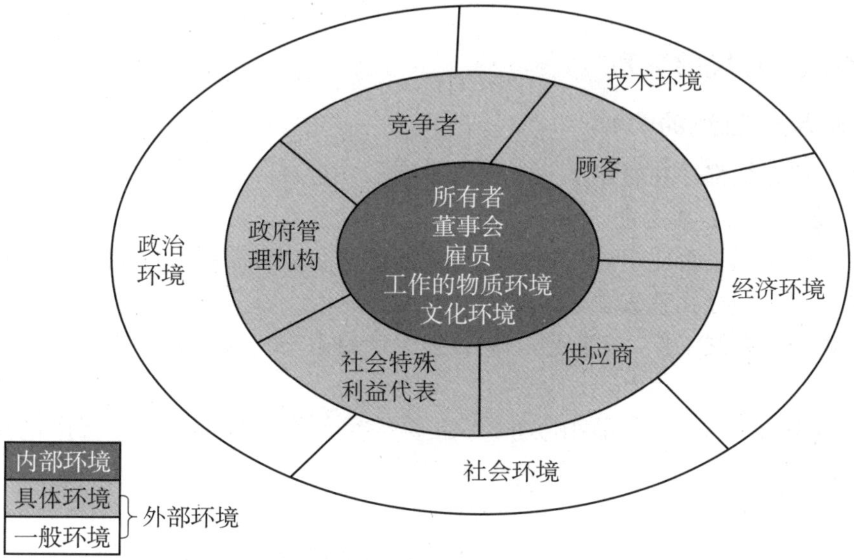

图 3－1　管理环境的层次

三、管理环境的特点

管理环境是由纷繁复杂的因素交织而成的，许多情况下，这些环境因素动态多变且相互影响、难以预测，因此，管理环境具有以下特点。

（一）客观性

管理环境是客观存在的，有着自己的运行规律和发展趋势。对管理环境变化的主观臆断必然会导致管理决策制定的盲目与失误。组织管理者的任务就是密切关注环境的变化，使组织活动与客观存在的环境相适应。

（二）复杂性

管理环境的复杂性不仅表现在环境因素的数量上，而且还表现在环境因素的多样化上。既包括人的因素，也包括物的因素；既有竞争对手和供应商等微观层面的因素，也有政治、经济、技术、文化和自然条件等宏观方面的因素。这些因素以不同的方式综合地影响着管理工作，影响或制约着组织行为。

（三）关联性

构成管理环境的各种因素和力量是相互联系、相互依赖的。

（四）不确定性

不确定性主要指外部环境的变化引起的外部环境的不确定性和不可预测性。表现为各种环境因素总是处于不断发展变化之中，变化成为不变的真理。

（五）层次性

即从空间上看，组织环境因素是个多层次的集合。由内部向外部构成三个层次，即内部环境、具体环境、一般环境。这些层次的环境因素与组织发生联系的紧密程度是不同的。

四、组织与环境的关系

（一）环境对组织的影响

环境对任何组织都存在着以下三方面的影响。

1. 环境是组织赖以生存的土壤

首先，一个组织是否应组建，要根据所在的环境、社会需要和可能的条件来决定。离开社会需要，组织的存在就失去了意义。

其次，组织要开展工作，就必须筹集各种生产要素——人、财、物，而这需要从外部环境中获得。

最后，组织的产出——产品和服务，又必须拿到组织的外部去进行交换，维持和扩大其生产经营活动。

2. 外部环境影响着组织内部的各种管理工作

管理环境中的外部环境对组织中的各种管理活动都会产生不同程度的影响。以法律环境为例，组织生活在庞大而复杂的法律环境之中，这些法律以一定的标准衡量组织进入市场运行的资格、合法性，制止和惩罚“犯规动作”。

3. 环境制约组织的管理过程和管理效率

组织管理工作质量的好坏和效益的大小与管理环境相关。如果国家政策稳定、总体教育水平高、市场发育健全、法律政策齐备，则会提高组织管理工作的质量和效益。否则，会给管理工作造成困难甚至混乱。

（二）组织对环境的影响

组织并不是单纯被动地适应环境，组织可以积极主动地适应环境，甚至影响和改变环境，使之朝有利于自己的方向发展。组织对环境的适应，主要是指组织对其管理环境的觉察和反应。

（1）适应环境，改变自己——当环境变化时，组织需要调整策略以适应新环境。

（2）影响环境——即通过改变给组织带来麻烦的要素，以威胁环境。

（3）选择新环境——如 IBM 从计算机终端供应商转变为网络咨询、服务商。

专栏 3-1

温水煮青蛙

温水煮青蛙的俗语，讲的是如果将一只青蛙放进沸水中，它会立即跳出来逃生，但如果将它放进冷水中慢慢加热，它就不会察觉到危险，最后无力逃脱。

启示：这个故事道出了从量变到质变的原理。

1. 大环境的改变能决定你的成功与失败。大环境的改变有时是看不到的，我们必须时时注意，多学习，多警醒，并接受改变。

2. 太舒适的环境往往潜藏着危险。习惯的生活方式，也许对你最具威胁。要改变这一切，唯有不断创新，打破旧有的模式。

3. 觉察到趋势的小改变，就必须“停下来”，从不同角度来思考。学习是能发现变化的最佳途径。

第二节 组织文化

组织文化

一、组织文化的产生与发展

组织文化也称企业文化，它于 1980 年在美国《商业周刊》中首次出现。企业文化孕育于日本，产生于美国。20 世纪 60—70 年代，日本企业在世界市场上的称雄令世界震惊，促使美国管理界对管理丛林阶段的管理思想进行了反思和多角度的比较研究。美国在 20 世纪 80 年代初的短短几年里连续出版发行了威廉·大内的《Z 理论——美国企业如何迎接日本的挑战》、帕斯卡尔和阿索斯合著的《日本的管理艺术》、迪尔和肯尼迪合著的《企业文化》、彼得斯和沃特曼合著的《成功之路》等一系列著作，发表了各种不同的见解。这些著作在反思西方的文化传统及管理风格方面的观点虽然有所不同，甚至存在比较大的分歧，但有两个共同点：

一是揭示了西方传统企业文化与传统管理的不足之处。如认为美国的企业管理忽视了人和人的感情因素，偏重吸取自然科学的研究成果而忽视吸收社会科学的研究成果，过分强调定量分析导致一种抽象无情的哲学等。

二是肯定企业文化在企业生存、发展中的关键作用，指出企业文化建设是日本经济腾飞的主要原因之一。受东方文化思想影响的日本企业管理，着眼于人的管理，着眼于人的情感和理智的协调，着眼于人与人之间的微妙关系。它并不完全以理性标准和普遍的要求来安置每一个人，而是尽力照顾到人的情感因素。因此，它是人性化的管理，产生了巨大的凝聚效应，为企业管理和企业发展展现了一种新的天地。就此在管理学界形成了一股

“企业文化热”，掀起了企业文化建设的热潮。

企业文化的兴起，就其重视人的作用来说，可以说是行为科学发展阶段的延续，但绝不是行为科学发展阶段的简单重复。行为科学阶段侧重于把心理学研究成果引入企业管理，企业文化阶段则侧重于把文化学的研究成果应用于企业管理，充分发挥文化的作用。

二、组织文化的概念

组织文化是组织在管理实践中逐步形成的，为全体员工所认同并遵守的，带有本组织特点的使命、愿景、宗旨、精神、价值观和经营理念，以及这些理念在生产经营实践、管理制度、员工行为方式与对外形象的体现的总和。简单讲，组织文化是一个组织的价值观、信念、仪式、符号、处事方式等组成的特有的文化形象。任何组织从筹备建立时便开始逐步形成某种特定的组织文化。组织文化在很大程度上决定了员工的看法和对周围世界的反映。

组织文化反映一个组织的精神风貌，决定着组织内在凝聚力的大小。在现代管理中，文化的作用已越来越为人们所认识。一个组织强大的核心就是组织文化。随着经济全球化进程的加快，越来越多的企业开始认识到文化的重要性，一个企业的动力及凝聚力都来自企业的文化，技术只是一个平台。

组织文化由三个层次构成，如图 3－2 所示。

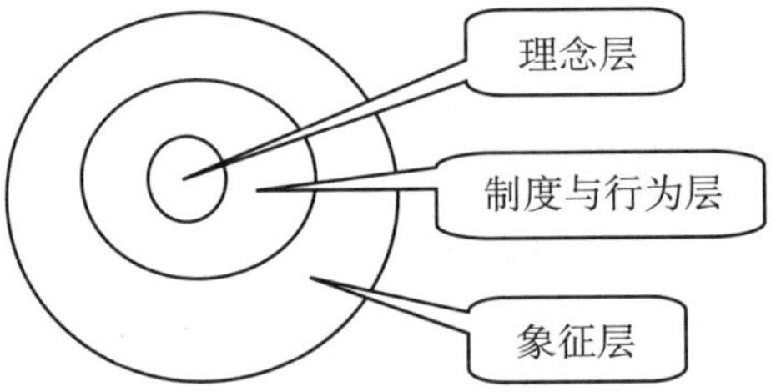

图 3－2　组织文化的层次

理念层：也可以称为精神层，是指组织的领导和员工共同信守的基本信念、价值观和道德观等，它是组织文化的核心和灵魂。

制度与行为层：是指对组织员工和组织行为产生规范性和约束性的部分，它规定了组织成员在共同的活动中应遵循的规章制度及行为准则。

象征层：又称物质层，是理念层的载体，是组织的思想、哲学、工作作风和审美观念的具体体现。它在组织的建筑物、产品或服务、文化设施、工作环境等方面显现出来，是组织文化最直观和最容易感知的部分。

三、组织文化的特征

组织文化具有以下几个主要特征。

（一）客观性

组织文化的产生和存在是不以人的意志为转移的。只要是一个组织，在组织中必然会形成组织文化，不管人们是否意识到，组织文化总是存在的，并发挥着积极的或消极的作用。成功的组织有优秀的组织文化，失败的组织有不良的组织文化。

（二）独特性

任何组织的组织文化都有鲜明的个性。从外部看，每个组织所处的国家、民族、地域、时代、行业等外部环境不同；从内部看，每个组织管理的特点、管理者的个人作风和员工的群体素质各不相同，因而没有完全相同的组织文化，每个组织都会形成各自独特的组织文化。

（三）相对稳定性

组织文化是在组织的长期发展过程中逐步形成的，是长期积淀的结果。组织文化一旦形成，它就会成为组织发展的灵魂，不会因为组织结构的调整、领导人的更换、产品的更新而发生根本性的变化，它会长期在组织中发挥作用。当然，稳定性是相对的，随着组织内外经济条件和社会文化的发展变化，组织文化也应不断得到调整、完善和升华。

（四）继承融合性

一方面，每一个组织都是在特定的文化背景之下形成的，国家和民族的文化传统和价值体系必然在组织文化中打下深深的烙印，如中国的企业文化深受儒家文化的影响；另一方面，组织文化也会吸收其他民族、其他组织的优秀文化，不断充实和完善。

（五）发展性

没有一劳永逸的组织文化。组织文化会随着社会的发展、环境的变迁以及组织的变革逐步演进和发展。

专栏 3－2

对企业文化的理解

曾有一位从事过业余合唱的公司中层经理，对企业文化的理解对我们颇有启发，她说：企业文化是什么？原来我也不懂，后来懂了。合唱里面有高音部，也有低音部。低音通常都是和弦，高音才是主弦。企业文化就是企业中的和弦，经营是主弦。和弦不能没有，否则音乐不够圆润；但和弦也不能抢主弦的风头，否则就跑调了。

启示：企业作为经济组织，其主体活动是经营。企业文化是伴随企业经营过程而产生和发展的，是从属于企业经营的。

四、组织文化的基本内容

组织文化是组织具有的特色的精神财富和物质形态。它包括共同价值观、企业使命、企业精神、企业道德、团体意识、企业制度、行为规范、企业形象等。其中共同价值观是企业文化的核心。

（一）共同价值观

共同价值观是指组织成员分享着同一价值观。价值观是组织全体成员对组织的生产经营、产品服务、公众形象、社会声望等总的观点看法，是组织长期形成的价值观念体系。共同价值观表现为一种共同的较稳定的心理定式或文化积淀，是任何组织文化的基础和核心。

（二）企业使命

企业使命是指企业在社会经济发展中所应担当的角色和责任。

（三）企业精神

企业精神要通过企业全体职工有意识的实践活动体现出来。因此，它又是企业职工观念意识和进取心理的外化。

（四）企业道德

企业道德是指调整该企业与其他企业之间、企业与顾客之间、企业内部职工之间关系的行为规范的总和。中华老字号同仁堂之所以长盛不衰，就在于它把中华民族优秀的传统美德融于企业的生产经营过程之中，形成了具有行业特色的职业道德。

（五）团体意识

团体意识是指组织成员的集体观念。团体意识是企业内部凝聚力形成的重要心理因素。

（六）企业制度

企业制度是在生产经营实践活动中所形成的，对人的行为带有强制性的，并能保障一定员工权利的各种规定。

（七）行为规范

行为规范是组织群体所确立的行为标准并通过公众舆论调整员工的行为。

专栏 3－3

猴子摘香蕉

猴子们对于笼子里挂着的香蕉垂涎三尺，但是每当一只猴子要去采摘时，都有人去敲打它，于是猴子们一一作罢，围在笼子边看着香蕉。这时，一只新猴子进来了，它也去摘香蕉，虽然这回没有人打它，但是这只猴子仍然没有吃到香蕉，因为在它刚想伸手摘香蕉的时候，其他的猴子竟然都去打它。

启示：在一定的组织或群体中，一旦规矩形成后，就成为其成员的行为准则与常规。

（八）企业形象

企业形象是企业通过外部特征和经营实力表现出来的，被消费者和公众所认同的企业总体印象。由外部特征表现出来的企业的形象称表层形象，如招牌、门面、徽标、广告、商标、服饰、营业环境等，这些都给人以直观的感觉，容易形成印象；通过经营实力表现出来的形象称深层形象，它是企业内部要素的集中体现，如人员素质、生产经营能力、管理水平、资本实力、产品质量等。表层形象是以深层形象为基础的，没有深层形象这个基础，表层形象就是虚假的，也不能长久地保持。

专栏 3-4

李宁公司的企业文化

李宁品牌是体操运动员李宁在1990年创立的专业体育品牌。经过30多年的发展，已成为以经营李宁品牌专业及休闲运动鞋、服装、器材和配件产品为主，拥有完善的品牌营销、研发、设计、制造、经销及销售能力，在中国建立了庞大的零售分销网络和供应链管理体系，并持续加码电商阵地、构建电商生态的公司。截至2020年10月，李宁公司市值已突破千亿港元。

李宁公司在发展中形成了自己独特的企业文化。

李宁品牌以“用运动点燃激情”为使命，激发人们突破的渴望和力量，致力于专业体育用品的创造，努力让运动改变生活，追求更高境界的突破。

“崇尚运动、诚信、激情、求胜、创新、协作”是李宁公司的核心价值观，这个核心价值观源于“李宁人”对体育精神的理解与崇尚，是“李宁人”日常行为的基本准则。

与生俱来的运动基因和“一切皆有可能”的品牌精神始终贯穿在李宁品牌的发展历程中。

李宁品牌秉承“赢得梦想”“消费者导向”“我们文化”“突破”的核心理念，力求将李宁公司打造成为源自中国并被世界认可的，具有时尚性的国际一流专业运动品牌。

五、组织文化的功能

（一）导向功能

作为观念形态的组织文化一经形成和确立，就会产生一定的导向作用。组织文化作为一种软约束，通过共同的价值观和行为规范，引导全体成员朝着组织的目标前进。

（二）凝聚功能

组织文化通过培育组织成员的认同感和归属感，使他们之间相互信任和相互配合，凝聚成一股无形的力量和巨大的向心力，自觉自愿地把自己的力量和智慧汇聚到组织目标的实现上。

（三）激励功能

一旦组织成员的行为符合组织要求的行为选择，他就会被这种文化所接受、认同和鼓励，久而久之，他的行为会更加符合组织的要求。组织文化应该是组织中每个员工都认同的一种观念、一种制度。好的组织文化能调动员工发挥最大的能量、承担最大的责任。

（四）调适功能

组织文化的影响力可以从根本上改变员工旧有的、不合时宜的价值观，建立起新的价值观。组织文化对组织中的全体成员有着潜移默化的影响，在文化“润物细无声”的作用下，人们的行为逐渐调整为组织所希望的，而不适应者则退出。

（五）辐射功能

组织文化具有学习性、分享性和传递性，它不仅在组织内部被全体成员所共享，而且还向外辐射，影响社会文化。

第三节　管理道德

管理道德

一、管理道德的概念与特点

（一）管理道德的概念

道德就是依靠社会舆论、传统习惯、教育和人的信念的力量去调整人与人、人与社会之间关系的一种特殊的行为规范，是规定行为是非的惯例和原则。

道德一般可分为社会公德、家庭美德、职业道德三类。其中职业道德，是与人们的职业活动紧密联系的符合职业特点所要求的道德准则、道德情操与道德品质的总和，是从事一定职业的人在职业劳动和工作过程中应遵守的与其职业活动相适应的行为规范。

管理道德作为一种特殊的职业道德，是从事管理工作的管理者的行为准则与规范的总和，是特殊的职业道德规范，是对管理者提出的道德要求。对管理者自身而言，可以说是管理者的立身之本、行为之基、发展之源；对企业而言，是对企业进行管理的价值导向，是企业健康持续发展所需的一种重要资源，是企业提高经济效益、提升综合竞争力的源泉，可以说管理道德是管理者与企业的精神财富。

（二）管理道德的特点

1. 普遍性

管理道德适用于各个领域的管理。无论是行政管理、经济管理、企业管理、文化管理，还是单位、部门、家庭和邻里的人际关系管理，都应当遵守管理道德的原则和要求。

2. 特殊性

管理道德不同于一般的社会道德，具有一定的特殊性，因为它所调整的关系是管理关系，规范的行为是管理行为。管理关系包括管理者与被管理者之间以及管理者相互间的特殊的职业关系。管理行为是管理者在从事管理活动中的行为，与一定的管理职权和管理责任联系在一起。

3. 非强制性

管理道德在内容上侧重于调整和约束组织管理者的管理行为，在社会作用上则侧重于依靠被管理者的舆论影响管理者的行为，所以管理道德没有强制性。

4. 变动性

人类的管理活动是随着人类的社会实践的发展而不断变化的，作为调整管理行为和管理关系的管理道德规范，也必然随着管理的变化和发展而不断改变自己的内容和形式。

5. 社会教化性

当代中国的社会主义管理道德，应当吸收中国传统文化中的合理的道德教化思想，高度重视管理道德的教化作用。尤其应当强调组织管理者的道德示范和引导作用，使管理道德的意识、信念、意志、情感更加深入人心，并内化为人们的自觉行为，这对于有效促进社会主义管理目标的实现具有非常重要的作用。

二、影响管理道德的因素

（一）道德的发展阶段

道德的发展要经历三个层次。

1. 前惯例层次

这是道德发展的最低层次。在这一层次，道德观受个人利益支配，按怎样对自己有利制定决策，并按照什么行为方式会导致奖赏或惩罚来确定自己的利益。在这一层次，行为者认为凡是对自己有利的行为就是道德的；对自己不利的行为就是不道德的。

2. 惯例层次

在这一层次，道德观受他人期望的影响，包括遵守法律、对重要人物的期望做出反应，并满足人们的期望。这种道德观，有良性的也有恶性的。一些真正为企业整体利益着想的道德观就是良性的。相反，以个别人期望为是非标准的道德观就是恶性的。

3. 原则层次

这是道德发展的最高层次。原则是指个人的道德原则，它们可以与社会的准则和法律一致，也可以不一致。这种管理道德观强调个性和个人英雄主义，认为人如果压抑自己，不充分施展和发展自我，违背自己内心的是非观，是不道德的。

（二）个人特征

管理者的个人特征对组织的管理道德有着直接的影响。这里所讲的个人特征主要是指管理者的自我强度和控制中心。

1. 自我强度

自我强度高的人更加可能会做他们认为正确的事。可以推断，对于自我强度高的管理者，其道德判断和道德行为会更加一致。

2. 控制中心

控制中心用来度量人们在多大程度上是自己命运的主宰。具有内在控制中心的人认为，其控制着自己的命运；具有外在控制中心的人则认为，其生命中发生的任何事情都是由运气或机会决定的。从道德角度看，具有外在控制中心的人不大可能对其行为后果负责，更可能依赖外部力量。相反，具有内在控制中心的人则更可能对行为后果负责，并依赖自己内在的是非标准指导其行为。与具有外在控制中心的管理者相比，具有内在控制中心的管理者的道德判断和道德行为可能更加一致。

（三）组织结构变量

组织的结构设计有助于管理者道德行为的产生。科学、合理的组织结构设计是提高管理者及组织成员道德品质、道德修养的根本途径。如有比较完善的内外制衡监督机制就可大大预防和制止不道德的管理行为，清晰的规章制度也可以有效预防不道德的管理行为。

（四）组织文化

组织文化的内容和强度会影响道德行为。组织文化创造了一个影响员工行为的环境。诚信做事、包容失败的组织文化必然会减少不道德的管理行为的产生。

（五）问题强度

问题强度是指管理者所面对问题的大小和严重程度。换句话说，是管理者对该问题采取不道德的处理行为可能产生后果的严重程度。采取不道德的处理行为可能产生的后果越严重，那么管理者采取道德的行为的可能性就越大。

三、培育管理道德的途径

改善管理道德行为、提升管理道德水平是综合性的、长期的工作，其培育途径主要包括以下几个方面。

（一）挑选高道德素质的管理者

管理者应该是具有高尚道德的人，他们直接影响着员工的行为，因此，培育高道德素质的管理者就非常重要。在选拔管理者的过程中，要通过严格的筛选，将高道德素质的人员招聘进来。

（二）做好管理道德的教育工作

对管理道德价值的认识是培育管理者管理道德的前提，要充分认识到管理道德对个人、企业乃至社会的重要性。只有提高了对管理道德的认识，才能在思想上重视、在行动上实施、在发展中提升。

（三）提炼规范管理道德准则

管理道德建设的过程，就是管理者管理道德素质形成和不断完善的过程，这需要管理者把管理道德认识、管理道德情感、管理道德意志和管理道德信念等与所从事的管理工作、企业的实际情况等结合起来，注重吸收西方道德观中合理的成分，广泛继承中华民族传统道德观的精华，提炼出体现管理特色的管理道德准则，使管理者了解、明确管理道德规范，认清管理道德的标准和行为准则，以便形成良好的管理道德。

（四）将管理道德行为列入岗位考核内容

要将管理道德建设纳入管理者岗位考核内容之一，加强检查、考核、奖惩，使每一个管理者不断地对照准则自我检查，不断地修正自己的行为方向，最终形成良好的管理道德。

（五）提供正式的保护机制

正式的保护机制可以使那些面临道德困境的员工在不用担心斥责或报复的情况下自主行事。例如，员工可以向上一级政府部门或纪律检查委员会进行信访或上访，接受信访或上访的部门应明确提出处理意见，而不是简单地转交原单位处理。这对保护检举人不受报复是十分必要的。

第四节 社会责任

社会责任

一、社会责任的含义

社会责任并非是个创新概念。这一概念是在 20 世纪 20 年代，随着资本的不断扩张而引起的如贫富分化、社会穷困，特别是劳工问题和劳资冲突等一系列矛盾激化的背景下提出的。在西方，从 20 世纪 60 年代对社会责任的纷争到 20 世纪 90 年代众多企业对社会责任的认同和支持，其间经历了 30 多年的时间，到 90 年代末期，社会责任才逐步进入制度化的发展轨道。

目前，社会责任的概念已经被广泛接受，但就国际社会而言，还没有一个统一的定义。许多重要的国际组织对企业社会责任给出的定义虽表述不一，但是其基本内涵和外延是一致的。

社会责任是指组织在遵守、维护和改善社会秩序，保护、增加社会福利方面所承担的职责和义务。例如，企业社会责任是指企业在创造利润、对股东利益负责的同时，还要承担对员工、消费者、社区和环境的社会责任，包括遵守商业道德、保障生产安全、维护职业健康、保护劳动者的合法权益、保护环境、支持慈善事业、捐助社会公益、保护弱势群体等内容。从企业社会责任的对象来看，企业社会责任除了传统的对企业股东负责外，还要对企业的利益相关者负责。利益相关者是指企业产品的消费者、员工、供应商、社区、民间社团和政府等。企业在经营的过程中，仅仅从经济因素上对股东负责是远远不够的，还必须考虑到环境和社会因素，同时承担起相应的环境责任和社会责任。

二、两种不同的社会责任观

在企业如何对待社会责任问题上，理论界存在两种不同的观点：古典观与社会经济观。

（一）古典观

这种观点认为，企业只应该对股东负责，企业只要使股东的利益得到满足，就是具有社会责任的表现，至于其他人的利益，则不是企业所要管的和所能管的，为此，也称“纯经济观”。

古典观是典型的反社会责任的观点，这种观点把企业自身的经济利益和社会利益对立起来。这一观点的核心思想就是，企业管理者唯一的社会责任就是实现利润的最大化，就是为股东谋求最大的投资回报。

（二）社会经济观

“社会经济观”与“古典观”是相对立的。它认为，企业除了要赚取合理利润以外，还应为相关利益群体（如债权人、供应商、消费者、员工、所在社区乃至政府等）承担其应该负担的社会责任。为此，企业必须履行社会义务以及由此产生的社会成本。它们必须以不污染、不歧视、不从事欺骗性的广告宣传等方式来保护社会福利，它们必须融入自己所在的社区及资助慈善组织，从而在社会进步的过程中扮演积极的角色。因为企业存在于社会之中，企业的发展受社会的影响。社会为企业的生存和发展提供了基本条件，企业是依托社会而存在的，企业只有承担自己的社会责任，才能获得社会的认可，树立良好的企业形象。

三、社会责任的实质与内容

（一）社会责任的实质

对于企业的社会责任，近几十年来人们的认识经历了较大的变化。随着企业的迅速发展和向社会各个领域的广泛渗透，人们提出企业与社会相互依存的观点。企业利益也必须服从社会利益，并为社会利益做出贡献。对社会责任认识的变化，反映了市场经济条件下社会组织结构利益关系高度的相关化和一体化的趋势。具有现代意识的企业应当充分认识到这一趋势的客观性和必然性。实践证明，自觉履行社会责任：

（1）可以为企业赢得社会各界的好评与信任，树立起良好的社会形象；

（2）可以建立有效的社会监督机制，促进企业不断改善内部管理，规范企业行为；

（3）可以督促企业主动协调与公众的关系，争取他们的理解、支持与合作，为企业的生产经营活动创造轻松和谐的环境，从而在推动社会利益实现的同时，更好地实现企业的经营目标。

（二）社会责任的内容

企业的社会责任涉及诸多方面，具体来说主要包括以下内容：

（1）对于股东，企业要保护股东及其他出资人的投资，并使之得到合理的收益。

（2）对于员工，企业要切实保障员工的生命安全与健康，保障员工的薪酬福利等权益，同时积极满足员工的发展需求。

（3）对于新闻媒介，企业要保证提供信息的准确及时性，维护新闻传播的真实性、客观性等，自觉接受社会舆论的监督。

（4）对于社区，企业应当经常参与公益活动，提供更多的就业机会，保护环境，为社区居民提供更好的生活场所。

（5）对于政府，企业要认真遵守政府的有关法令和政策规定，接受有关部门指导和管理，自觉履行作为公民应履行的各项义务。

（6）对于消费者，企业应当满足消费者的需要，尊重和维护其合法权益，担负起教育、引导消费者的职责。

（7）对于环境，党的二十大报告将“人与自然和谐共生的现代化”上升到“中国式现代化”的内涵之一，再次明确了新时代中国生态文明建设的战略任务，总基调是推动绿色发展，促进人与自然和谐共生。在这样的背景下，企业要关注经济与环境的协调发展，推进可持续发展，为此需要调整结构，优化工艺，生产环境友好产品；努力节能降耗，提高资源和能源利用效率；重视全过程的污染防治，全面推行清洁生产。

专栏 3-5

鳄鱼与牙签鸟

古希腊历史学家希罗多德发现了一种奇怪的现象。他注意到大理石水池中的鳄鱼，在饱食后常张着大嘴，任凭一种灰色的小鸟在那里啄食剔牙。这使他非常惊讶，他在著作中写道：所有的鸟兽都避开凶残的鳄鱼，只有这种小鸟却能同鳄鱼友好相处，鳄鱼从不伤害这种小鸟，因为它需要小鸟的帮助。鳄鱼离水上岸后，张开大嘴，让这种小鸟飞到它的嘴里去吃水蛭等小动物，这使鳄鱼感到很舒服。这种灰色的小鸟叫"牙签鸟"，又称"鳄鱼鸟"，它在鳄鱼的"血盆大口"中寻觅水蛭、苍蝇和食物残屑。有时，牙签鸟干脆在鳄鱼栖居地筑巢，为鳄鱼站岗放哨，只要一有风吹草动，它们就会一哄而散，使鳄鱼警醒。正因为如此，鳄鱼和牙签鸟才能和睦共处，形成互利共荣的良好合作局面。

启示：动物尚且懂得共赢互利，作为"万物之灵长"的人类更应该学会共赢思维。企业只有更多关注社会，承担更多的社会责任，才能实现共赢。

四、社会责任与经营业绩

企业社会责任与经营业绩之间的关系没有统一的结论。传统的公司理论认为，企业是以盈利为宗旨，最大限度地追求股东利益的社会组织。于是，现代社会中的企业，基于企业内部收益的计算，把最大限度地获取收益作为自己的活动目标，从而淡化了应履行承担社会责任的义务。

随着社会环境的变化和消费者意识的提高，企业承担社会责任已经成为企业长期发展的必备条件。研究企业社会责任与企业绩效的关系，对企业的所有利益相关者来说，其价值都是无法衡量的。企业社会责任与经营业绩的关系会影响企业利益相关者，而且会进一步影响企业的发展。企业的社会责任固然需要付出成本，但这样的成本是不是就不会带来收益呢？答案是否定的，正如英国学者约翰·凯教授所言，一个公司成功的核心因素是超越以赚钱为目的的。正是这个因素激发了员工的忠诚度，使企业有创造和革新的激情，最终使企业能够获得成功。

大量的实践表明：企业遵守严格的环境标准，从事环境公益事业，短期内无疑会增加经营成本，但从长期来看，企业承担社会责任的大小与其经营业绩呈正相关。企业承担社会责任有助于提升企业绩效，能够树立良好的公众形象，获得更多的外部支持，从而提高经济绩效。因此，企业在追求利润的同时，应主动为股东以外的利益相关者谋取一定利益，企业的经营者应以维护企业的长远利益和社会的可持续发展为目的。

当然，企业承担社会责任还有很多工作需要做：

第一，企业要充分发挥人力资源的作用，建立企业员工与管理层的沟通渠道，尊重员工的话语权，为员工创造自由的工作环境。

第二，企业应参加力所能及的公益活动、慈善活动，帮助社会上的困难群体。

第三，企业在生产中也要充分考虑到社会责任。例如，建立"绿色"发展道路，积极寻找清洁的能源替代传统的高成本、高耗能、高污染的能源等。这样，一方面可以降低企业的生产成本；另一方面可以节约社会资源，保护生态环境，有利于经济社会的可持续发展。

总之，每个企业必将通过承担社会责任，来树立良好的公众形象，建立高度的社会公众信任感，吸引更多的消费群体，从而使企业拥有更好的发展环境，获得新的竞争力。

复习思考题

1. 什么是管理环境？如何理解其重要性？
2. 管理环境有哪些特点？
3. 管理环境的构成有哪些？
4. 什么是组织的一般环境与具体环境？
5. 什么是组织文化？它有哪些特征？包括哪些内容？
6. 如何理解组织文化的功能？
7. 什么是社会责任？企业为什么要承担社会责任？
8. 简述两种不同的社会责任观。
9. 社会责任的内容包括哪些？

案例分析

案例 1：管理环境情景案例

情景 1：2020 年 11 月国务院办公厅印发《新能源汽车产业发展规划（2021—2035）》，对中国新能源汽车市场做全方位规划。到 2025 年，新能源汽车新车销售量达到汽车新车销售总量的 20%左右。2021 年起，国家生态文明试验区、大气污染防治重点区域的公共领域新增或更新公交、出租、物流配送等车辆中新能源汽车比例不低于 80%。在此背景下，我国新能源汽车异军突起，产销量呈现出快速增长的态势。

情景 2：随着中国在经济、生活水平、社会治理能力、社会文明程度等方面的不断进步，新一代的中国人越来越自信。国货越来越受到消费者的喜爱，具有家国情怀的企业和产品越来越受青睐。

分析与思考：

组织外部环境主要有哪几类？以上两个情景反映的是什么环境？对组织的作用有哪些？

案例 2：腾讯的企业文化

腾讯公司成立于 1998 年 11 月，是目前中国最大的互联网综合服务提供商之一，也是中国服务用户最多的互联网企业之一。自成立以来，腾讯一直秉承“一切以用户价值为依归”的经营理念，始终处于稳健发展的状态。

腾讯的愿景是成为最受尊重的互联网企业，而没有选择“成为最强最好”作为企业愿景，这充分说明了腾讯对于获得用户、内部员工、股东、合作伙伴等认可的重视度。例如腾讯重视员工利益，激发员工潜能，在企业价值最大化的前提下追求员工价值的最大化实现，体现了企业文化高关怀的一面。

腾讯的企业精神是锐意进取、追求卓越。其中追求卓越要求公司及员工能够在市场竞争中不断取胜，在反省中超越自我，在学习中超越平庸、不断进步。这体现了公司对于员工的严格要求。

腾讯的企业文化特征体现在了腾讯的管理理念上。首先就是关心员工成长。腾讯重视员工的兴趣和特长，以良好的工作条件、完善的员工培训计划、职业生涯通道设计促进员工个人职业发展。例如公司会针对入职新人的不同特点，安排不同系列的新人培训。腾讯员工可以根据自身的发展特点，选择走管理路线或者是技术、产品、市场等专业路线。腾讯对管理的要求是“关心员工成长”，即明确腾讯提升业务效率不是靠“监管”“管控”，而是真正尊重员工，信任员工，给予员工释放能力的空间，通过促进员工成长，进而实现企业同步成长。

除此以外，腾讯能够最大限度地激发员工潜能，让员工有自我奉献的精神和意识，以优秀的团队成就个人的优秀。这些方面都体现了腾讯在管理公司内部的高关怀方式，也一定程度反射在企业文化中。

除了对员工的高关怀外，腾讯更强调员工的执行能力。强化执行能力也是腾讯在管理上的核心原则之一。例如，用以保障员工执行力的有规范的制度、优秀的机制、有效的激励等，这些都直接或间接体现了公司的严格性。腾讯对员工行为的约束分为“阳光”“瑞雪”“荣誉”。“阳光”对应公司严禁的、零容忍的行为，与处罚相关，如贪污、舞弊等违法违规行为，一经发现严肃处理。“瑞雪”对应公司所不倡导的不良行为、不文明现象，如食堂占座、卫生间吸烟等。“瑞雪”在腾讯规范员工行为中有很重要的地位，但是，针对员工的不文明行为，腾讯往往采取文化引导的方式，让员工能够养成良好的习惯，使员工能够自觉地遵守公司所倡导的行为准则，而不是通过高压、强制执行来解决问题，用企业文化中“软”的部分，促进员工价值观的统一。“荣誉”则对应公司所鼓励的行为。

总的来说，腾讯公司有着明确严格的规章制度，也要求员工应该有对卓越目标的追求。例如，员工必须符合腾讯“正直、进取、协作、创造”的价值观，讲究品德为先，否则能力再大，对企业的发展只能是危害。若是有人违反了公司的规章制度，便会受到公司严厉的处罚。比如腾讯制定了《反舞弊举报制度》，清楚地向全体员工传递腾讯对贪腐和舞弊行为零容忍的信息，并鼓励所有员工及供应商/业务合作伙伴通过具体邮箱举报涉及腾讯员工的任何已经发生或可能发生的贪腐、舞弊及违规行为。

分析与思考：

结合组织文化的内容，分析腾讯公司的企业文化。

案例3：以责任显担当

2021年中国企业社会责任云峰会上，康师傅控股公司凭借推动绿色发展、助力乡村振兴、数字化快速响应急难救助的杰出表现，从众多企业案例中脱颖而出，最终获评“社会责任优秀案例”。

康师傅行政总裁表示，作为民族品牌企业，入选中国企业社会责任优秀案例是荣耀，更意味着责任。康师傅将继续秉持“弘扬中华饮食文化”的使命和“永续经营，回馈社会”的企业宗旨，以实际行动为经济发展和人民幸福做出积极贡献。

1. 创新惠农模式，助力乡村振兴

作为农产品深加工龙头企业，康师傅在助力乡村振兴方面探索了众多举措。一方面，康师傅通过每年数百万吨的农产品采购直接带动逾 4 000 万农民提高收入，在满足消费者对营养健康需求的同时，加大对农产品的采购量，让农民的“钱袋子”鼓起来；另一方面，康师傅也不断探索惠及“三农”的新模式：升级打造“企业＋基地＋农户”的产业链模式、启动内蒙古康巴诺尔国际农业产业园项目，通过辅导农户种植、严格控制产地端品质与检测监管，推动农业技术升级，拉动地方经济，成功带动当地近万农民就业。

2. 技术革新推动节能减排，绿色发展共保家园常青

按照国家提出的新发展理念，康师傅将可持续发展理念升级为“家园常青，健康是福”，并且根据全球首份由联合国机构发布的全面指导企业实现碳中和的报告《企业碳中和路径图》推荐的“3699”路径，在企业的碳中和战略上确定了“开展碳基线盘查”“设定减排目标”“设计减排举措”三步走的路线图。

2021 年，康师傅启动了集团全面碳盘查专项，目前已经完成了第一阶段的数据核查，为后续进一步科学减碳打下基础。同时康师傅也将碳盘查延伸到产业链上下游，希望能够成为行业减碳的标杆和典范。

康师傅率先洞察到消费者健康意识提升的趋势，创新研发了无糖茶等新产品，契合了大众消费升级新需求，满足消费者对营养健康饮食的追求，用“欢乐饮食”为创造美好生活服务，为健康中国建设贡献康师傅力量。在产业结构调整的同时，也明显减少了碳排放，根据测算，每生产 100 万瓶 500ml 无糖冰红茶，相比于传统的含糖冰红茶，在用糖方面的碳排放可减少约 29 吨，相当于 1 300 棵树一年的吸收量。

近年来，康师傅通过技术革新、数字化转型等方式切实有效地推动更绿色、低碳的可持续发展，并带动上下游伙伴实现共赢。2020 年康师傅每万箱产品温室气体比 2017 年下降 22%。康师傅开发的方便面蒸箱余热回收装置，每年可减少因能源消耗而产生的二氧化碳排放 17.3 万吨。康师傅旗下饮品事业的广州、西安和苏州工厂采用光伏发电的方式，每年发电 1 272 万度，减少温室气体排放相当于 34 万棵大树一年的碳吸收量。

为了进一步带动行业绿色低碳发展，打造绿色消费新时尚，2022 年，康师傅在行业内率先推出了无标签饮料，首次尝试瓶装产品去除瓶标，并以整箱多入包装形式为最小销售单元进行售卖，更方便回收再利用，在原材料上落实环保减碳。

未来，康师傅将不断依托自身优势资源，更好地将社会责任融入企业发展之中，服务人民美好生活，创造更多社会价值。

分析与思考：

什么是企业的社会责任？你如何看待康师傅控股公司的做法？

在线自测

扫一扫　练一练

第四章　决策与计划

本章导读

决策对管理者各方面工作的重要性不言而喻。不仅是因为决策几乎渗透于管理活动的全过程，更是由于决策正确与否是管理成败的关键。关于决策的定义，通行的看法是，决策活动是一个完整的过程，其中包括识别问题或机会、设计和拟订备选方案、比较和评价备选方案、选择方案、实施方案以及评价与反馈等主要步骤。受有限理性的限制，决策者往往追求的是一个满意的结果，而不是试图找到一种所谓的最好的方案。

依据不同的标准，我们可以将错综复杂的决策活动划分成若干种不同的类型。管理者所处层次不同，面对问题的种类也有差别，这就是为什么高层管理者通常所做的大多属于非程序化决策的原因所在。不同的决策类型，均具有自身相应的特点，把握这些不同决策类型的特点，是掌握科学决策方法和提高决策正确性及决策效率的重要保证。

计划是管理活动的首要职能，是管理活动的起点，是确定管理目标的首要步骤，也是实现管理目标，使管理由此岸到彼岸的桥梁，因此，计划职能对于管理活动具有至关重要的作用，与其他四个职能有密切的联系。只有确定了组织和部门的目标，主管人员才能围绕着计划规定的目标，去从事组织工作、人员配备、指导与领导以及控制工作等活动，以达到预定的目标。所以，从提高组织的效益来说，计划工作是十分重要的。

为了把计划工作做好，使编制的计划能够顺利实现，计划职能和其他职能一样，必须按基本原理、方法和技术去执行。实践表明，计划工作的许多失误，就是因为对这些基本的东西缺乏了解所致。

学习目标

通过对本章的学习，能够概述决策的定义以及决策在管理过程中的地位和作用；区分不同类型的决策；掌握决策应遵循的原则与方案优选的标准；理解决策的影响因素；熟悉决策过程所包含的基本步骤；了解并应用各种类型决策的基本方法；掌握计划的基本概念、特点、类型，理解计划的作用、工作原理及战略计划的重要性；了解计划制订的程序；熟悉计划的方法与技术并能够熟练运用这些方法。

关键概念

决策　程序化决策　非程序化决策　战略决策　战术决策　头脑风暴法　名义群体法　德尔菲法　电子会议　计划　目标　战略计划　目标管理

第一节　决策

决策

一、决策的概念与重要性

（一）决策的概念

“决策”是指人们在行动之前作出决定。人们任何有目的的行动，都要考虑如何决策的问题，决策的正确与否，是其行动成败的关键。

在组织管理工作中，决策就是组织为了实现某一特定目标，从两个以上的可行方案中选择合理方案并组织实施的全过程。也就是在组织对其内部条件及有关的外部因素进行综合的科学分析之后，确定组织活动的目标，并选择最佳的行动方案，然后付诸实施的全过程。

（二）决策的重要性

决策在管理活动中占据着非常重要的地位。美国卡内基·梅隆大学教授、1978 年度诺贝尔经济学奖得主西蒙认为：“管理就是决策”。这一论断使决策在管理中的地位和作用跃然而出，尽管我们不能就此从字面上把“管理”和“决策”两个概念等同起来，但是，很显然，西蒙之所以称“管理就是决策”，其目的和本意仍然是强调决策是管理的核心内容，决策贯穿于管理活动的全过程。管理的各种职能活动，是与决策密切联系的，如计划工作中，无论是确定发展的方向和速度，还是规定品种结构和产品质量，都需要做出周密的决策。在计划的执行、检查过程中，一旦发现偏离原定的要求时，必须采取合理措施加以纠正，这就要求及时做出决策。在组织管理方面，建立什么样的组织机构，制定什么样的规章制度，是否需要改进等，也都需要决策。在日常的工作中，人力物力的合理调配等，也需要灵活机动地及时做出决策。所以，决策在管理中占有特别重要的地位。

管理学上有一句名言：100 个行动也无法挽救 1 个错误的决策。决策不仅仅渗透于管理活动的各个方面，其正确与否还直接关系着管理活动的成败，关系着一个组织的生存与发展。不断的正确决策引导组织走向成功，相反，连续的决策失误必然导致组织毁灭。现实中许多正面的和反面的例子都已经证实，决策正确与否，是管理成败的关键。对于实际管理者而言，一旦决策失误，尤其是一些重大战略性决策的失误，往往导致全盘皆输的结局。

二、决策的类型

管理中的问题千差万别，因此，决策也就多种多样。依据特定的标准，我们可以将决策区分为不同的类型。了解各种不同类型的决策可能具有的共同点，有助于管理者把握决策活动的规律性，从而提高决策的效率和效果。

（一）按照性质的不同，决策可以分为战略决策、战术决策和业务决策

1. 战略决策

战略决策是指与企业发展方向和远景有关的重大问题的决策。战略决策对组织而言是最重要的，通常包括组织目标与方针的确定、技术革新和技术改造、产品的更新换代等，

这些决策涉及组织的方方面面，具有长期性与方向性的特点。

2. 战术决策

战术决策是为实现战略目标所采取的决策，也称管理决策。其主要内容涉及企业组织机构的设计和变更、各种规章制度的建立和改革、企业内部人力、物力、财力的协调与控制等。

3. 业务决策

业务决策是为提高日常生产经营活动的工作效率而作出的决策。其涉及的范围相对较窄，只对组织的局部产生影响。业务决策的主要内容有生产决策、存货决策和销售决策。在企业外部环境变化较少时，业务决策特别重要。但在企业外部环境不断变化时，战略决策就显得特别重要。

（二）按照决策活动表现形式的不同，决策可以分为程序化决策和非程序化决策

1. 程序化决策

程序化决策是指常规的、重复的、例行性的，当问题发生时，不必重新做出决策，可以按原来设立的方式进行工作的决策，属于定型化、常规化的决策。例如，订货程序、材料与工具出入库制度、工资发放等。由于这些活动经常地、重复地进行，积累了一套经验，人们把这些不断重复的工作方法和顺序，编成固定的工作规则和程序，使这类工作有章可循。这种经常性的业务工作管理所作的决策被称为程序化决策。这种决策工作，主要由企业中、下层管理人员来承担。

2. 非程序化决策

非程序化决策通常是指那种独一无二的、不重复发生且无先例可循的决策。在现实中，管理者面对新的问题或机会需要采取行动时，他们对某一行动是否会带来预期的结果并不能确定，在此情形下，不可能形成处理相关问题的程序和规则。在无规则可遵循的非程序化决策过程中，管理者必须尽可能地搜集相关信息，并借助于个人的直觉和判断从各种备选方案中做出选择。

（三）按照决策方法的不同，决策可以分为确定型决策、风险型决策和不确定型决策

1. 确定型决策

确定型决策是指一种方案只有一种确定的结果，即无论这个决策存在多少种备选方案，每一种备选方案都只有一种确定无疑的结果。如某企业可向三家银行借贷，但利率不同，分别为8%、7.5%和8.5%，企业需决定选择哪家银行。很明显，选择利率最低的为最佳方案，这就是确定型决策。此外，企业中确定状态下的库存管理、生产日程计划或设备计划的决策也都属于确定型决策。

2. 风险型决策

风险型决策是指由于存在不可控制的因素，一种方案有可能出现几种不同的结果，每一种结果出现的概率可以预先做出估计。由于概率的估计可能是基于个人的经验与判断，存在一定的风险。例如，某一企业要生产一定数量的某种产品，由于无法控制市场的变化

情况，销售量难以预测。因此，盈利与亏本这两种可能性都存在，到底生产还是不生产，管理者很难做出决策，需要承担风险。风险型决策更接近现实的情况。

3. 不确定型决策

不确定型决策与风险型决策所面对的自然状态的情况是相同的，不同之处是：该类型的决策对各种可能的结果无法确定一个概率，只能是靠管理者的经验和心理因素来确定。因此，决策的选择受管理者心理导向的影响也较明显。

在上述分类中，一般来讲，高层的、战略性的决策问题非程序化、不确性的特征较明显，决策中定性分析的程度较高；相反，基层的、战术性的作业决策问题程序化、确定性的特征较突出，定量决策应用较多。

（四）按照决策主体的不同，决策可分为群体决策与个人决策

群体决策是指多个人一起做出决策。个人决策就是单独一个人做出决策。

1. 群体决策

相对于个人决策，群体决策有以下特点：

（1）能在更大范围内汇总信息。

（2）能撰写更多的备选方案。

（3）能得到更多的认同。

（4）能进行更好的沟通。

（5）能做出更好的决策。

群体决策也存在一些缺点，如花费较多的时间与金钱，易相互推诿、责任不清晰等。

2. 个人决策

和群体决策相比较，个人决策的优缺点是：

（1）从决策进度看，个人决策快，而群体决策慢。

（2）从决策质量看，个人决策较差，而群体决策较好。

（3）从决策成本看，个人决策低，而群体决策较高。

（4）从责任明确程度看，个人决策高，而群体决策较低。

（5）从决策的一贯性看，个人决策差，而群体决策较好。

专栏 4-1

克服群体思维

所谓群体思维，是指集体成员为了达成一致，以对决策相关信息不做准确评价为代价，从而导致决策有缺陷的现象。当管理者们陷于群体思维的时候，他们会绕过适当标准对备选方案进行评估，从而形成不适当的行动方案。通常情况下，群体成员会围绕着如 CEO 这样一个权威人物，形成一个权威人物所倾向的决策方案。群体成员对方案的盲从是出于对该方案感性的而不是理性的评价。

克服群体思维的两种常用的方法是魔鬼的争辩和辨证的质询。

所谓魔鬼的争辩，是对于选择出的决策方案进行的一种关键分析，目的是在实施之

前明确其优点和不足。通常由群体中的一员扮演魔鬼争辩的角色，目的是确定所有可能导致决策方案最终不可接受的理由，从而使管理者能够认识到所选择的方案可能存在的危险之处。

辨证的质询则更进一步，它针对一个决策问题安排两组管理者，每一组都要对决策的备选方案进行评价，并从中选择一种方案。每一组成员对其选择的方案进行说明，同时对另一组成员选择的方案进行批评。在这样的争论过程中，高层管理者听取每个小组的观点并提出质疑，发现潜在问题和风险，以达到寻找更好方案之目的。

三、决策的原则与标准

（一）决策的原则

管理者应在科学的理论指导下，通过科学的方法作出有依据的、经过优选的、符合客观规律的决策。决策遵循的基本原则有以下几点。

1. 信息原则

信息是决策的物质基础，而信息充足是科学决策的必要条件，只有掌握大量信息，才可能系统地对信息进行归纳、整理、比较、选择，为决策服务。

2. 预测原理

决策正确与否，取决于对未来后果所做判断的正确程度。因此，进行科学预测，为决策提供依据，是决策的又一重要原则。

3. 可行性原则

决策必须可行，而要保证其可行，就必须使决策符合客观规律发展的要求，使决策建立在可靠、可行的基础上。

4. 系统原则

决策一是要有整体思想，统筹兼顾、全面安排，以全体目标的最优化为准绳；二是强调系统中各部门、各层次、各项目之间的相互关系、先后关系、主次关系，实现系统完整、配套齐全、系统平衡，构成最大的综合能力；三是需要建立反馈系统，实现动态平衡。

5. 对比择优原则

对比择优是从比较到决断的过程，是决策的关键步骤。它要求经过系统的分析和综合，提出种种不同的方案、途径和办法，然后用择优决策方法，从种种不同的方案中选定最佳的方案，做出最后的决策。

6. 反馈原则

根据决策所产生的行动后果，对决策进行反馈，即用实践来检验决策，以便决策在经过反馈之后加以调整，以确保决策的科学性。

7. 群体决策原则

随着社会的发展和科学技术的进步，决策的问题越来越复杂，已不是个人或少数人所能胜任的。实行群体决策或者智囊团决策，是决策科学化的重要保证。

（二）决策的标准

决策的标准是指什么是有效的和正确的决策，有判断的标准。管理理论中对决策的判断标准有以下三种观点。

1. 最优标准

最优标准是由泰勒提出的。在泰勒看来，任何一项管理工作都存在一种最佳工作方式，而追求最佳决策是管理者一项非常优秀的心理品质。事实上，由于主客观条件的限制，这样的标准并不总是能达到。

2. 满意标准

满意标准是由西蒙提出的。从实际情况来看，满意往往成为决策所依据的标准，而不是所谓的最优标准。这是因为对管理者而言，要使决策达到最优，需要同时具备以下条件：能够获得有关决策的所有信息；能够判断所有信息的价值所在，并据此拟定出所有可能的备选方案；能够准确预测每一种方案在未来的执行结果。但是，现实的情形通常是不可能完全满足上述条件的。因此，现实中的管理者在有限理性的前提下，通常难以做出最优决策，只能遵循满意标准做出相对满意的决策。

3. 合理性标准

合理性标准是由美国管理学家哈罗德·孔茨提出的。合理性标准就是以符合目的为根本标准，其实质是强调各决策阶段的效果与工作质量。

四、决策的影响因素

任何决策都是在一定的条件下进行的，都要受到一些因素的影响和制约。一般来说，影响决策的因素主要有环境因素、组织文化因素、决策者的个人因素、时间因素以及过去的决策。

（一）环境因素

环境影响着组织决策的频率、内容和组织的活动选择。在其他条件相同的情况下，环境的不同会导致不同的决策。如组织面对的环境是相对稳定的，还是复杂多变的，对其决策过程与决策的实施等都会产生影响。

（二）组织文化因素

组织文化因素影响着组织及其成员的行为和行为方式，它对决策的影响也是通过影响人们对组织、对改革的态度而发挥作用的。

（三）决策者的个人因素

在决策活动中起决定作用的是决策者，决策者的个人能力、知识与经验、战略眼光、民主作风、偏好与价值观、对风险的态度、个性习惯、责任和权力等都会直接影响决策的过程和结果。

（四）时间因素

时间对于组织中那些必须迅速而尽量准确作出的决策是非常重要的因素。战争中军事指挥官的决策多属于此类，这种决策对速度的要求远甚于质量。例如，当一个人站在马路当中，一辆疾驶的汽车向他冲来时，关键是要迅速跑开，至于跑向马路的左边近些还是右边近些，相对于及时行动来说则显得比较次要。

（五）过去的决策

过去的决策总是有形无形地影响现在的决策。这种影响有利有弊，利是有助于实现决策的连贯性和维持组织的相对稳定，并使现在的决策建立在较高的起点上；弊是不利于创新，不适应剧变环境的需要，不利于实现组织的跨越式发展。过去的决策对现在的决策的影响程度，取决于它们与决策者的关系，关系越紧密，现在的决策受到的影响就越大。

五、决策的程序

正确的决策是建立在科学程序基础上的，西蒙认为科学的程序既包括决策每项工作所应进行的顺序和步骤，同时也包括在每个步骤上所应解决问题的范围和要求。实践证明，决策虽然不一定按固定的程序实施，但不按程序决策，常常是决策失败的重要原因。

（一）识别机会或诊断问题——决策的始点

决策的第一步是意识到需要进行决策，因此，决策过程开始于一个存在的问题，或者是为了利用一个潜在的机会。这是建立在对内外环境因素分析基础上，发现并找出关键问题，这成为决策的首要步骤。

（二）确定目标——决策的前提

目标体现的是组织想要获得的结果。决策目标是根据所需要解决的问题确定的。因此，必须把需要解决的问题的性质及问题产生的原因分析清楚，目标才能确定。

（三）拟订可行方案——决策的基础

在目标确定之后，就要探索和拟订各种可行的方案。为了更好地达到解决问题或充分利用机会的目的，需要设计出尽可能多的备选方案以供评价和筛选。如果备选方案只有一个便谈不上选择，也就无所谓决策了。管理学家认为，没有推出不同的备选方案并对它们进行比较分析，是管理者做出错误决策的重要原因之一。

（四）方案选优——决策的关键

在拟订方案工作完成之后，就要对这些方案进行比较评价，从各种可供选择的方案中权衡利弊，选择其一。因此，管理者必须具备评价各种备选方案的能力，也就是识别每一种备选方案的优点和缺点的能力。一些较差的管理决策产生的原因，可能是由于对备选方案不良的或错误的评价。

（五）典型实验——决策的试点

方案选定后，要进行典型实验，以验证方案的可靠性。典型实验也称“试点”，是一种科学的步骤，但必须科学地进行才有实际效果。

（六）普遍实施——决策的落实

通过上一阶段的实验，如果证实可靠，即进入执行决策阶段。这就是把决策目标落实到每一执行单位，明确各自的责任，并及时掌握执行过程中的具体情况。

（七）追踪控制——决策的检查

决策付诸执行以后，在执行过程中可能会发生这样或那样的与目标偏离的情况，因此，必须注意跟踪检查。如果偏离了原定的目标，就应及时反馈并进行控制，不断修正方案，以便实现原定的目标。如果有的方案几经修订仍达不到预期结果，就要对决策本身进行分析，发现问题，及时改正，重新进行决策追踪。

决策是一个动态过程，并非一定机械地按顺序一步接着一步地实施各步骤，这中间会有反馈，这种反馈不仅存在于各个大步骤之间，而且在各个大步骤之内的各个小步骤之间也同样存在，结果就会形成大大小小的反馈环，以及大环套小环的复杂情况。决策的程序如图 4－1 所示。

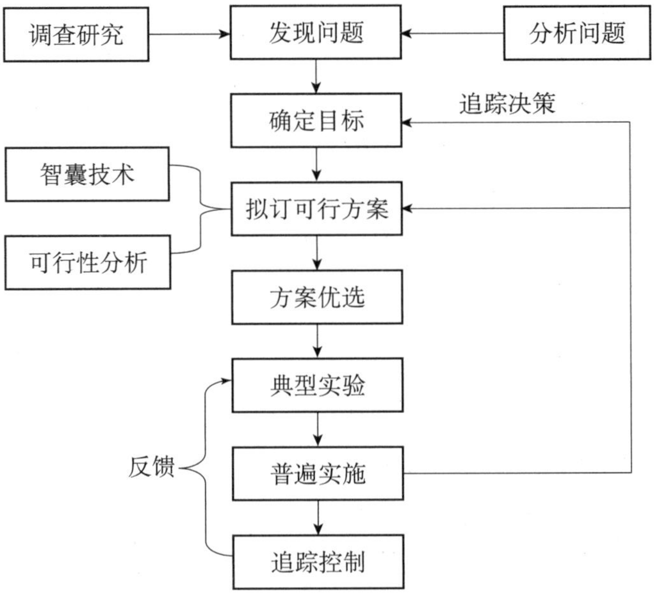

图 4－1　决策的程序

专栏 4－2

布里丹选择

丹麦哲学家布里丹讲了一个故事：他的驴饿得肚子咕咕叫，于是他就牵着驴到野外去吃草。他看到左边的草很茂盛，便带驴到了左边，又觉得右边的草颜色嫩绿，他就又带驴跑到右边，后来又觉得远处的草品种更好，他便牵着驴到了远处。布里丹带着他的驴一会儿左一会儿右，一会儿远一会儿近，始终拿不定主意。结果，驴被饿死在途中。

如何避免“布里丹选择”？关键是要对方案的优劣进行排序，在排序之前首先要明确自己的取向：如果“颜色”优先，就应该吃右边的草；如果“数量”优先，就应该吃左边的草；如果“品种”优先，就应该吃远处的草……布里丹因为没有排序，才造成决策失败。

启示：没有最优的决策，只有次优的决策。

六、决策的方法

（一）定性决策方法

定性决策是一种较早出现的决策方法，这种决策方法更多地依靠决策者的直觉、经验和主观判断，因此，定性决策也被称为决策的“软”技术。其特点是通过定性的推理过程，求得解决问题的方法。其优点是方法灵便、通用性大、容易运用，特别适合于非程序化决策，但定性决策有其局限性，因为它是建立在专家个人直观基础上的，缺乏严格的论证，容易产生主观性。定性决策方法具体包括以下几种。

1. 头脑风暴法

头脑风暴法是一种群体决策方法，其特点是，针对需要解决的问题，相关专家聚集在一起，在一种宽松的氛围中，敞开思路，畅所欲言，以利于形成多样化的决策思路和方案。该方法强调以下四个基本原则：

(1) 勿评优劣——各自发表自己的意见，任何人不得对他人的建议发表评论或提出批评。

(2) 畅所欲言——建议越多越好，而各种建议不必是经过深思熟虑的。

(3) 大胆创新——鼓励独立思考和奇思妙想。

(4) 集思广益——所有的建议都当场记录下来，留待稍后通过进一步讨论和分析加以补充和完善。

头脑风暴法至今仍然是一种被广泛运用于群体决策的有效方法，其最大的特点在于鼓励创新思维。

2. 名义群体法

名义群体法又称名义小组技术。在群体决策的过程中，如果群体成员对问题的了解存在较大差异，或彼此的意见有较大分歧，直接用小组会议的方式进行面对面的讨论，可能争执不下，也可能会出现附和权威人士意见的情况，难以形成高质量的决策。在这种情况下，可以采取名义小组法进行决策。名义小组法要求参与决策的所有小组成员都必须参加会议，但他们的思考是独立的。具体来说，名义群体法应遵循以下步骤：

(1) 针对特定的问题，将对此问题有研究或有经验的人员组成一个决策小组，并事先向他们提供与决策问题有关的信息资料。

(2) 小组成员在各自独立思考的基础上提出决策建议，并将自己的建议或方案写成文字材料。

(3) 每个成员在小组会议上宣读自己的建议或方案，在所有成员的想法未表达完并被记录下来之前，不进行任何形式的讨论。

(4) 群体成员开始进行讨论，以便将每一种想法或方案都搞清楚，并做出评价。

(5) 每个成员独立地对所有意见或方案进行排序，最终选择综合排序最高的方案。

这种决策方法的优点是，在不限制小组成员独立思考的前提下进行会议交流，克服了传统会议的某些缺陷和弊端。

3. 德尔菲法

德尔菲法又名专家意见法或专家函询调查法，是采用背对背的通信方式征询专家小组成员的决策意见，经过几轮征询，使专家小组的意见趋于集中，最后做出选择并得出结论。所以，德尔菲法是一种利用函询形式进行的集体匿名思想交流过程。其基本步骤如下：

(1) 根据特定的问题，选择并确定一组具有相关经验的专家名单。

（2）针对问题仔细设计调查问卷，将问卷分发给所有专家，并要求每一个专家独立地、以匿名的方式完成问卷。

（3）收回问卷并对问卷的结果进行编辑和汇总，并将第一轮问卷的结果反馈给所有专家，以激发他们的创意或促使他们调整和改变原有的看法。

（4）再次请求专家提出新一轮的意见或方案，并重复前面的步骤至第三轮、第四轮甚至更多，直到获得相对一致的意见。

与其他专家决策方法相比，德尔菲法有以下明显的特点：

第一，匿名性。即专家组成员不直接见面，只是通过函件交流，这样就可以消除权威的影响。

第二，反馈性。即需要若干轮信息反馈，使得最终结果基本能够反映专家的想法和对信息的认识，所以结果较为客观、可信。

第三，统计性。即对诸多专家的意见进行统计学处理，并以概率的形式反映专家意见的集中度。

德尔菲法的优点主要是简便易行，具有一定科学性和实用性，可以避免会议讨论时产生随声附和等弊病，同时也能较快形成易被接受的结论，在一定程度上具有综合意见的客观性。

这种方法的缺点是：第一，由于决策主要依靠专家，因此仍属专家的集体主观判断；第二，在选择合适的专家方面较困难；第三，决策速度太慢。

4. 电子会议

电子会议是一种新的群体决策方法，它是将群体法与计算机技术结合起来的一种方法。参与会议的所有人拥有一个计算机终端，通过大屏幕将问题显示给所有参会者，每一名成员都将自己的意见打在计算机屏幕上，个人意见和评论以及票数统计结果都适时显示在会议室大屏幕上，由此进行决策讨论。

电子会议的主要优点是匿名、诚实和高效。它鼓励群体成员大胆地表达自己的想法而不必担心会受到惩罚，同时也避免了闲聊和讨论偏题，并且不需要担心打断他人的“讲话”。电子会议的缺陷可能是，那些打字速度快的人使得那些打字速度慢的人相形见绌。另外，电子会议方法缺乏面对面的口头交流所传递的大量丰富的信息。可以预见，随着电子技术的日益成熟，电子会议在群体决策领域将得到越来越广泛的运用。

专栏 4－3

第一次世界大战期间，法国军队曾和德国军队交战。法军在前线构筑了一座极其隐蔽的地下指挥部，不幸的是，他们只注意了人员的隐蔽，而忽略了一位长官养的一只猫。当时，德军的一名参谋人员在观察战场时发现：每天早上八九点钟，都有一只小猫在法军阵地后的一座坟包上晒太阳。他立刻向主要指挥官做了汇报。主要指挥官召开了高级参谋会议，会上有几个人认为这里大有文章，但一名高级指挥官却认为这是小题大做，为一只猫开会讨论不值得，他发言后，其他人什么都不说了。主持会议的主要指挥官没有办法，只好让参加会议的人都写一份自己的看法，他将这些材料整理出来，并做出了如下分析：(1) 这只猫不是野猫，野猫白天不出来，更不会在炮火隆隆的阵地上出没。(2) 猫的栖身处就在坟包附近，很可能是一个地下掩蔽部，因为周围没有人家。(3) 这只猫是相当名贵的波斯品种，在打仗时还有条件养这种猫的绝不会是普通的下级军官。据此，他断定那个掩蔽体一定是法军的高级指挥部。随后，德军集中6个炮兵营的火力对那里实施突袭。

事后查明，德军的判断完全正确，这个法军地下指挥部内的人员全部阵亡。

启示：正确的决策与决策的方法、形式有关，细节决定成败。

（二）定量决策方法

随着信息技术的发展和计算机应用的普及，特别是各种定量分析软件和工具的使用与推广，定量决策方法逐步从专业咨询机构扩展到企业、政府和其他实际应用部门。典型的定量决策方法如下。

1. 确定型决策方法

正如前文所述，确定型决策是一种最理想的决策状态，求解相对比较容易。现实中完全确定的决策是不存在的，但如果主要因素或者关键因素是确定的，就可以忽略那些次要的或非关键性因素的不确定的方面，将问题简化成确定型决策问题加以解决。

确定型决策的具体方法有很多，比如盈亏平衡分析法、内部投资回收率法、价值分析法等。这里主要介绍比较常用的盈亏平衡分析法。

盈亏平衡分析法也称保本分析或量本利分析，是通过分析生产成本、销售利润和产品数量三者之间的关系，掌握盈亏变化的规律，从而指导企业以最小的成本生产出最多的产品，并获得利润最大化的经营方案。图4-2为量本利关系图，它表示一定时期企业利润、销售收入（价格乘以销售数量）以及生产成本（固定成本和变动成本之和）之间的关系。

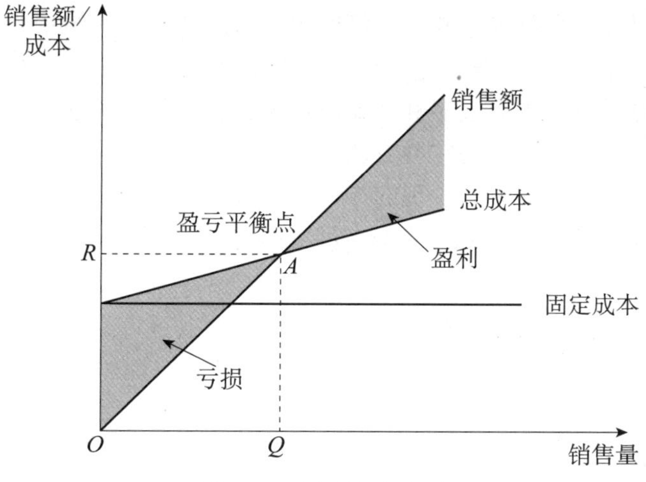

图4-2 量本利关系图

一般来说，企业收入＝成本＋利润，成本包括固定成本与变动成本，如果利润为零，则有收入＝成本＝固定成本＋变动成本，而收入＝销售量×价格，变动成本＝单位变动成本×销售量，这样有销售量×价格＝固定成本＋单位变动成本×销售量，由此可以推导出按实物单位计算和按金额计算的盈亏平衡点的基本计算公式。

（1）按实物单位计算的基本公式。

盈亏平衡点＝总固定成本/（单位产品销售收入－单位产品变动成本）

即 $$Q=\frac{C}{P-V}$$

（2）按金额计算的基本公式。

由于保本收入等于保本产量乘以销售价格，因此，上述公式两边同乘以 P，得到

盈亏平衡点销售额＝固定成本/（1－变动成本/销售收入）

即 $$R=\frac{C}{1-\frac{V}{P}}$$

式中：Q——盈亏平衡点产量（销量）；

R——盈亏平衡点销售额；

C——总固定成本；

P——单位产品销售收入；

V——单位产品变动成本。

例题：某企业决定生产一批产品。基建与机器设备投资等固定成本为 380 000 元；单位产品售价 26 元；单位变动成本为 18 元。

问题：生产该产品的盈亏平衡点产量和销售额各是多少？

解答：依照盈亏平衡点的基本计算公式可知：

生产该产品的盈亏平衡点产量＝380 000÷（26－18）＝47 500（件）

生产该产品的盈亏平衡点销售额＝380 000÷（1－18÷26）＝1 225 806（元）

2. 风险型决策方法

风险型决策的目标大多是经济性的，可以用货币来计量。决策依据的标准是使净收益达到最大化，或者使净损失减至最小。

风险型决策的评价方法也有很多种，如收益表法、边际分析法、决策树法和效用理论法等。其中，决策树法是最常用的一种方法。

决策树法是一种用图形的方式表现的方法，把可行方案、可能的结果以及决策所冒的风险等直观地表示在图形上。决策树的基本形状如图 4－3 所示。

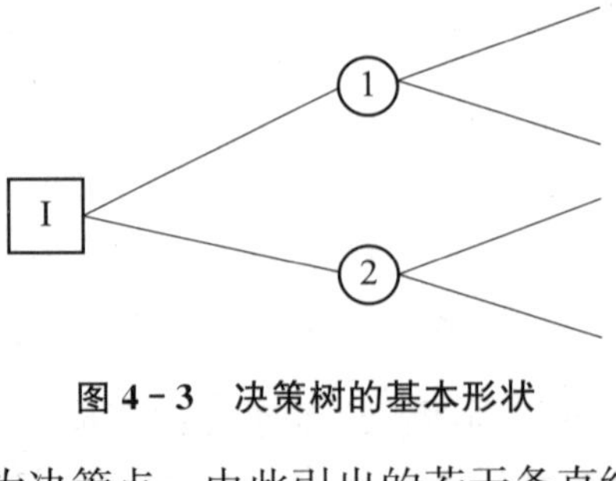

图 4－3　决策树的基本形状

图 4－3 中，矩形结点 I 为决策点，由此引出的若干条直线称作方案枝，表示决策可采

用的方案有几种；圆形结点 1 和 2 称作自然状态点，由状态点引出的若干条直线称作概率枝或状态枝，表示各种方案在未来可能出现的不同的自然状态。决策树法的基本步骤如下：

第一步：根据已知条件绘制决策树，如可替换方案的数量、每种方案未来的自然状态及其概率、损益值等。

第二步：计算各种方案的期望值。

第三步：比较不同方案的期望值大小，删除期望值较小的方案，保留最大期望值方案作为备选的实施方案。

3. 不确定型决策

常用的不确定型决策方法有以下五种。

（1）悲观决策法。

悲观决策法也称华德准则。决策者对未来持一种悲观的态度，认为未来可能会出现最差的结果。因此，决策者倾向于从各种方案可能带来的最小收益出发，然后从各种方案的最低收益中选择收益最大的方案，决策的原则是小中取大。

（2）乐观决策法。

乐观决策法也称赫威斯准则。决策者对未来持一种乐观的态度，认为未来会出现最好的状况，前景一片光明。在决策时，决策者倾向于从各种方案可能带来的最大收益出发，最终从各种方案的最大收益值中选择收益值最高的方案，决策的原则是大中取大。

（3）折中决策法。

折中决策法是介于乐观决策法和悲观决策法之间的一种决策方法，既不过于冒险，也不过于保守。具体是在悲观和乐观中取中值，先确定折中系数 α，α 的取值区间为 [0，1]（$\alpha=0$ 为悲观决策，$\alpha=1$ 为乐观决策）。然后找出各个方案在各种自然状态下可能取得的最大收益值，用它乘以 α，再加上最小收益值乘以 $1-\alpha$，即可计算出每种方案的折中收益值，通过对其比较选择折中收益值最大的方案。计算公式为：

折中收益值＝最大收益值×折中系数＋最小收益值×(1－折中系数)

（4）最大最小后悔值法。

假设决策者在选择了某种方案以后，发现客观情况并未像自己预想的那样发展，他们会为自己的决策而感到后悔。把可能产生的后悔值降到最低，就成为该方法的决策原则。那些希望最小化其“后悔”的决策者，将采用最大最小后悔值法进行决策。

后悔值＝该情况下的各方案中的最大收益－该方案在该情况下的收益

（5）同等概率法。

在决策过程中，当不能肯定哪种自然状态容易出现，哪种自然状态不容易出现时，可以一视同仁，认为各种自然状态出现的可能性是相等的，即有 n 个自然状态，那么每个自然状态出现的概率即为 $1/n$，然后求出各种方案的损益期望值，以此作为依据进行决策。同等概率决策法带有一定的主观性。

下面我们通过举例进一步说明不确定型决策的基本方法。

例：某公司决定生产某种新产品，通过市场预测分析，新产品未来销售情况将出现三种可能性：销路好、销路一般和销路差。生产新产品的可行性方案有三种，即对公司现有生产线进行改进、投资建设全新的生产线、与其他公司合作采取生产外包的方式进行生产。三种方案在不同市场条件下的收益值估算如表 4-1 所示。

表 4-1　决策收益表

方案	自然状态收益值		
	销路好（万元）	销路一般（万元）	销路差（万元）
改进生产线	220	140	−60
新建生产线	260	120	−100
生产外包	120	80	28

针对上表列出的决策问题，我们无法简单地做出选择，因为三种方案都面临三种不同的结果，三种情况出现的概率即可能性也无从知晓，由此可以得出该决策问题属于不确定型决策。可以依据不确定型决策的五种方法分别对这一问题进行决策。

（1）悲观决策法。

三种方案的最小收益值分别为−60 万元、−100 万元和 28 万元，依据悲观决策小中取大原则，从三个方案最小收益值中选取最大值，即 28 万元。它对应的方案即通过生产外包的方式生产新产品就是决策方案。

（2）乐观决策法。

三种方案的最大收益值依次为 220 万元、260 万元和 120 万元，其中第二种方案对应的数值最大。根据乐观原则，应该选择第二种方案，即新建生产线生产新产品。

（3）折中决策法。

设 $\alpha=0.7$（依据经验设定），则：

方案一（改进生产线）的折中收益值$=220\times0.7+(-60)\times(1-0.7)=136$（万元）

方案二（新建生产线）的折中收益值$=260\times0.7+(-100)\times(1-0.7)=152$（万元）

方案三（生产外包）的折中收益值$=120\times0.7+28\times(1-0.7)=92.4$（万元）

依据折中决策原则，应选方案二即新建生产线，其收益值最高，为 152 万元。

（4）最大最小后悔值法。

计算的具体步骤如下：

第一步：计算不同自然状态下各种方案可能产生的后悔值，并将计算结果填入表 4-2。

表 4-2　后悔值表

方案	自然状态后悔值			
	销路好（万元）	销路一般（万元）	销路差（万元）	最大后悔值
改进生产线	40	0	88	88
新建生产线	0	20	128	128
生产外包	140	60	0	140

第二步：找出各方案的最大后悔值。三种方案在不同状态下的最大后悔值分别是 88、128 和 140（见表 4-2 中的最后一列）。

第三步：在最大后悔值中选出最小的数值，即最小后悔值88，其所对应的方案即为拟实施的决策方案，因此，公司应该选择改进生产线的方式生产新产品。

（5）同等概率法

因为有三种自然状态，即销路好、销路一般、销路差，故在无法预测各种状态发生的概率的情况下，可假设三种状态发生的概率是等同的，即均为1/3，由此，各方案的收益值可计算如下：

方案一（改进生产线）的收益值$=1/3\times[220+140+(-60)]=100$（万元）

方案二（新建生产线）的收益值$=1/3\times[260+120+(-100)]=93.33$（万元）

方案三（生产外包）的收益值$=1/3\times(120+80+28)=76$（万元）

依据同等概率决策原则，应选方案一即改进生产线，其收益值最高，为100万元。

第二节　计划

计划

一、计划的含义与特点

（一）计划的含义

计划是对管理进行预先筹划和安排的一项活动。具体而言，计划就是明确管理的总体目标和各分支目标，并围绕这些目标对未来活动的具体行动任务、行动路线、行动方式、行动规则等方案进行规划、选择、筹谋的活动。

计划有广义与狭义之分。广义计划指制订计划、执行计划和检查计划的执行情况等整个计划工作的全过程；狭义计划指制订计划，即通过一定的科学方法，为目标的实施做出具体的安排。

无论是广义概念还是狭义概念，计划的内容都可以概括为“5W1H”，计划必须清楚地确定和描述这些内容：

What to do it——做什么？目标与内容。要明确计划工作的具体任务和要求。

Why to do it——为什么做？原因。要明确计划工作的宗旨、目标和战略，并论证可行性。

When to do it ——何时做？时间。规定计划中各项工作的开始和完成的进度，以便进行有效的控制和平衡能力及资源。

Where to do it——何地做？地点。规定计划的实施地点或场所，了解计划实施的环境条件限制，以便合理安排计划实施的空间组织和布局。

Who to do it——谁去做？人员。要明确规定每个阶段由哪个部门负主要责任，哪些部门协助，在各阶段交接时，由哪些部门组织哪些人员参加鉴定审核等。

How to do it——怎么做？方式、方法、手段。制定实现计划的措施，以及相应的政策和规则，对资源进行合理分配和集中使用，对人力、生产能力进行平衡，对各种派生计划进行综合平衡等。

（二）计划的特点

1. 目的性

任何组织和个人制订计划都是为了有效地达到某种目的。计划工作是最明白地显示出管理的基本特征的主要职能活动。

2. 首位性

计划工作相对于其他管理职能处于首位。这是因为从管理过程的角度来看，一方面，计划工作一般要先于其他管理职能而发生；另一方面，计划工作影响和贯穿于组织工作、人员配备、领导工作和控制工作中。图 4－4 描述了计划的首位性。

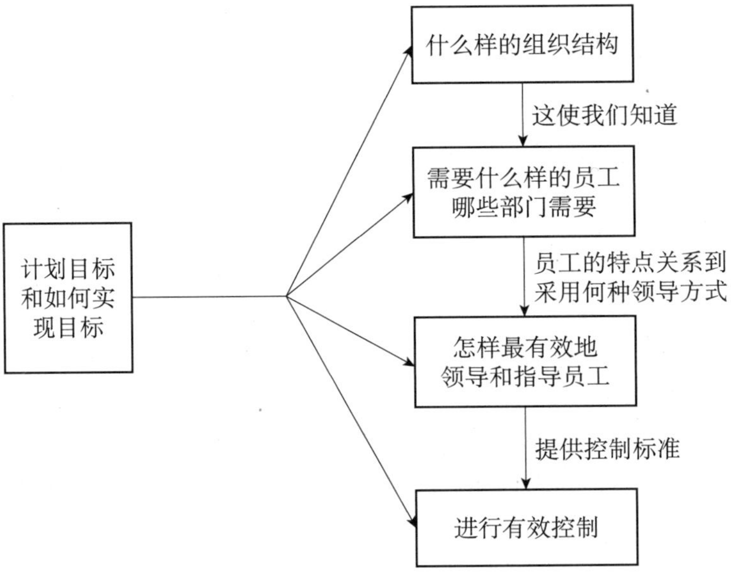

图 4－4　计划的首位性

3. 普遍性

计划的普遍性强调计划是各级管理人员都应履行的一项工作职能，不论是处于哪一层次的管理者或哪个部门的管理者，都需要制订计划。计划工作是各级管理者的一个共同的职能。

4. 适应性

计划一经确定，在一定时期内应尽可能地保持稳定，以保证计划工作的开展。但由于影响计划的各种环境因素是复杂多变的，这就导致计划本身并不是一成不变的。因此，在制订计划时要留有充分的余地，使计划能够灵活地适应变化着的客观环境。

5. 经济性

计划的经济性要求计划能够保证以最少的成本投入获得最大的收益产出。一个科学的计划常常可以带来巨大的经济效益和社会收益。相反，一个错误的计划往往会造成巨大的损失。因此，在制订计划时，那种既不考虑“投入”，又不考虑“产出”的做法是完全错误的。

二、计划的作用

（一）有利于明确工作目标，提高工作效率

计划是实施管理活动的依据，计划制订的目标为各级员工指明了组织发展方向，可以

使人们的行动对准既定目标。同时，计划又便于管理者协调各部门的工作，进行合理的分工与合作，指导管理活动按计划有步骤地进行。

（二）有利于增强管理的预见性，规避风险

计划作为预测未来变化、设法消除变化对组织造成不良影响的一种有效手段，可以帮助管理者清晰地预见和认识未来可能出现的问题，进而做到有准备地迎接未来的机遇和挑战。

（三）有利于减少浪费，取得最佳经济效益

计划工作一是可消除不必要的、盲目的活动所带来的浪费；二是有助于用较短的时间完成工作，减少迟滞和等待时间；三是促使各项工作均衡稳定发展，使各项资源充分发挥作用，从而取得最佳效益。

（四）有利于控制工作的开展

计划不仅是组织实施的纲领，而且与控制功能紧密相连。计划对管理工作的目标、措施、步骤、时间的要求具体明确，为控制工作提供了标准。管理者可以通过计划对管理活动进行控制，检查实际执行情况与计划之间的差距，并及时进行调整，达到控制的目的，从而保证目标的实现。

三、计划的类型

计划的种类很多，可以按不同的标志进行分类。其主要分类标志有：按计划的表现形式分类、按计划的职能分类、按计划的期限分类和按计划的性质分类。

（一）按计划的表现形式分类

按照不同的表现形式，计划可分为宗旨、目标、战略、政策、程序、规则、规划和预算等几种类型。这几类计划的关系可描述为一个等级层次，如图 4-5 所示。

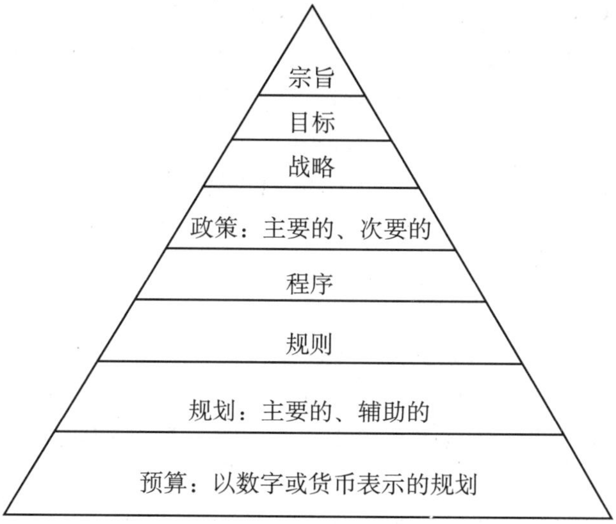

图 4-5 计划的层次图

1. 宗旨

宗旨即表明组织是干什么的，应该干什么。它指明一定的组织机构在社会上应起的作用和所处的地位。例如：工商企业的基本宗旨是向社会提供有经济价值的商品或服务；法院的宗旨是解释和执行法律；大学的宗旨是培养高级人才；等等。

2. 目标

一定时期的目标或各项具体目标是在宗旨的指导下提出的，它具体规定了组织及其各个部门在一定时期应取得的成果。目标不仅是计划工作的终点，而且也是组织工作、人员配备、领导工作和控制活动所要达到的结果。

3. 战略

战略是为实现组织的长远目标而采取的总计划，是组织选择发展方向、确定行动方针，以及分配资源的纲领性文件。战略不是要具体地说明组织如何实现目标，而是要指明方向、重点和资源分配的优先次序。

4. 政策

政策是组织对成员做出决策或处理问题所应遵循的行动方针的一般规定。政策有助于将一些问题事先确定下来避免重复分析，并给其他派生的计划以一个全局性的概貌，从而使管理者能够控制住全局。制定政策还有助于管理者把职权授予下级。

组织为了促使目标的实现，就要使其政策保持连续性和完整性，这样能使政策深入员工的思想，形成一种持久作用的机制。政策多变，前后不连贯，只会促使员工和基层管理者追求眼前利益的短期行为。

5. 程序

程序也是一种计划，它规定了一个具体问题应该按照怎样的时间顺序来进行处理。因此，程序也是一系列工作步骤。制定程序的目的是减轻管理者决策的负担，明确各工作岗位的职责，提高管理活动的效率和质量。

6. 规则

规则是指在程序的每个阶段开展各项工作时必须遵循的原则和规章。规则也是一种计划，只不过是一种最简单的计划。

规则与政策不同。政策的目的是指导行动，并给执行人员留有酌情处理的余地；而规则虽然也起指导行动的作用，但是在运用规则时，执行人员没有处理权。

规则与程序的区别在于：一是规则用于指导行动而不规定时间顺序；二是可以把程序看成一系列规则的总和。但一条规则可能是也可能不是程序的组成部分。如“禁止吸烟”是一条规则，但和程序没有关系。

7. 规划

规划是为了实施既定方针所必需的目标、政策、程序、规则、任务分配、执行步骤、使用的资源等而制订的综合性计划。规划一般是粗线条的、纲要性的。通常情况下，一项大的规划往往会派生出许多小的规划，它们相互依赖、互相影响。

8. 预算

预算是以数字表示预期结果的一种报告书，是“数字化”的计划，能使计划工作做得更细致、更精确。预算可以帮助组织各级管理者从资金和现金收支的角度，全面、细致地了解管理活动的规模、重点和预期成果。

（二）按计划的职能分类

计划还可以按其职能进行分类。这里的“职能”是指组织的职能，而不是管理的五项职能。例如，可以按职能将某个企业的经营计划分为销售计划、生产计划、供应计划、新产品开发计划、财务计划、人事计划、后勤保障计划等。这些职能计划通常就是企业相应的职能部门编制和执行的计划。所以按职能分类的计划体系，一般是与组织中按职能划分管理部门的组织结构体系并行的。

将计划按职能进行分类，有助于人们更加精确地确定主要作业领域之间的相互依赖和相互影响关系，有助于估计某个职能计划执行过程中可能出现的变化，以及对全部计划的影响，并有助于将有限的资源更合理地在各职能之间进行分配。

（三）按计划的期限分类

按计划的期限分类，计划可分为长期计划、中期计划和短期计划。划分计划期限的时间标准是一个相对的概念。一般来说，长期计划是指 5 年以上的计划，短期计划是指 1 年以内的计划，介于二者之间的为中期计划。

1. 长期计划

长期计划指的是组织在较长时间内的发展目标和方向，它属于纲领性和轮廓性的计划。由于计划的期限较长，不确定因素较多，因此，长期计划一般以综合性指标和重大项目为主，还必须有中、短期计划来补充，把计划目标具体化。

2. 中期计划

中期计划往往是按照长期计划的执行情况和预测到的具体条件变化而进行编制。由于中期计划规划的期限较短，人们可以比较准确地预测计划期内各种因素的变化及其影响。因此，中期计划的内容比长期计划更为详细和具体。它既赋予了长期计划具体内容，又为短期计划的编制提供了基本框架，具有衔接长期计划和短期计划的作用。

3. 短期计划

短期计划的期限一般在 1 年左右，以年度计划为主要形式。它是在中期计划的指导下，具体规划组织本年度的工作任务和措施的计划。短期计划由于时间比较短，各因素容易预测。因此，短期计划比较详细和具体。它通常对执行计划的人力、财力、物力等资源做出具体的分配，从而为检查计划的执行情况提供了依据，保证了中期计划和长期计划的落实。

（四）按计划的性质分类

按计划的性质，我们可以将计划划分为战略计划与战术计划。

1. 战略计划

战略计划是应用于整个组织，为组织设立总体的、较为长期的目标，寻求组织在环境中的地位的计划。战略计划的计划周期较长，涉及面也较广，计划目标具有较大弹性。

2. 战术计划

战术计划是为了服从、实行战略计划而制订的计划。目的是解决实际操作过程中存在的问题，时间相对较短。

战略计划与战术计划的区别在于：战略计划的一个重要任务是设立目标，而战术计划则是假设目标已经存在，是提供一种可按照一定程序来实现目标的方案。战略计划是战术计划的依据，战术计划是战略计划的落实。

四、计划制订的程序

计划职能是一个管理过程，这一过程一般由若干相互连接的步骤有机构成，主要包括估量机会、确定目标、确定前提条件、拟订可供选择的方案、评价各种备选方案、选择方案、拟订辅助计划、编制预算等，具体如图 4－6 所示。

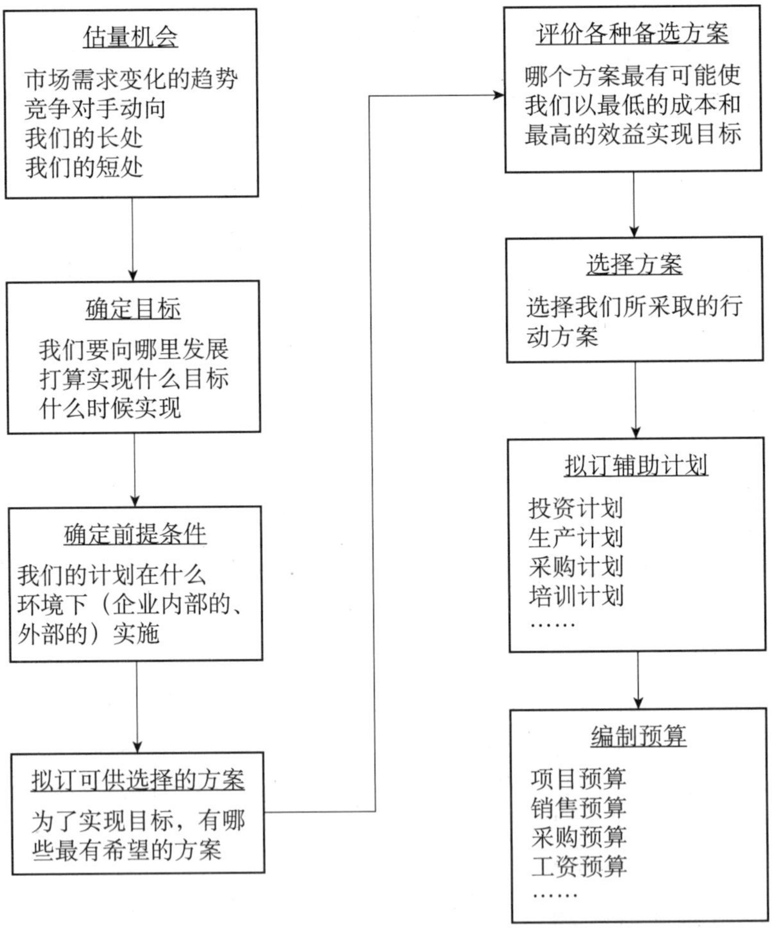

图 4－6　计划工作的程序

（一）估量机会

对机会的估量，要在实际的计划工作开始之前就着手进行，它虽然不是计划的一个组成部分，但却是计划工作的真正起点。

其内容包括：对未来可能出现的变化和预示的机会进行初步分析，形成判断；根据自己的长处和短处搞清自己所处的地位；了解自己利用机会的能力；列举主要的不确定因素，分析其发生的可能性和影响程度；在反复斟酌的基础上，下定决心，扬长避短。

（二）确定目标

计划工作的第一步，是在估量机会的基础上，为组织及其所属的下级单位确定计划工作的目标。在这一步上，要说明基本的方法和要达到的目标，说明制定战略、政策、规则、程序、规划和预算的任务，指出工作的重点。

（三）确定前提条件

计划工作的第二步是确定一些关键性的计划前提条件，换言之，确定计划实施时的预期环境。对前提条件了解得越细越透彻，则计划工作也就有可能越协调。然而，要把一个计划的预期环境中的每个细节都做出假设是不切实际的。因此，前提条件实际上只限于那些对计划起关键性作用的假设条件。

（四）拟订可供选择的方案

计划工作的第三步是调查和设想可供选择的行动方案。“条条大路通罗马”“殊途同归”，这些说法表明一个道理，即同一目标会有不同的途径。目标的实现也同样会有不同的方案。所以，要尽可能多地制订备选方案。这一步工作需要发挥创造性。

（五）评价各种备选方案

计划工作的第四步是按照前提和目标来评价、比较各个备选方案的利弊。评价实质上是一种价值判断。它一方面取决于评价者所采用的标准，另一方面取决于评价者为各个标准所赋予的权数。在评价方法方面，可以借助运筹学、数学方法和计算机技术等进行。

（六）选择方案

计划工作的第五步是选择方案。这是在前四步工作基础上迈出的关键一步，也是决策的实质性阶段——抉择阶段。在这一步可能遇到的情况是：同时有两种可取的方案。在这种情况下，必须确定先采取哪种方案，而将另一种方案也进行细化和完善，并作为后备方案。

（七）拟订辅助计划

辅助计划就是总计划下的分计划，因为总计划要靠辅助计划来支持，而辅助计划又是总计划的基础。例如：企业发展战略中的投资计划、生产计划、采购计划、培训计划等，就是为了保证与落实企业总目标的实现的。

（八）编制预算

计划工作的最后一步是把计划转化为预算，使之数字化。编制预算一方面使计划的指标体系更加明确，另一方面也更便于对计划的执行进行控制。

第三节　目标管理

目标管理

一、目标管理的含义及作用

（一）目标管理的含义

目标管理（简称 MBO）是美国著名管理学家德鲁克首创的，1954 年他在《管理实践》一书中，首先提出“目标管理与自我控制”的主张，随后在《管理：任务、责任、实践》一书中对此做了进一步阐述。德鲁克认为，并不是有了工作才有目标，而是相反，有了目标才能确定每个人的工作，所以“组织的使命和任务，必须转化为目标”。

所谓目标管理，就是以目标的设置和分解、目标的实施及完成情况的检查、奖惩为手段，实行员工“自我控制”，确保目标实现的一种管理办法，或者说目标管理是以目标为导向，以人为中心，以成果为标准，而使组织和个人取得最佳业绩的现代管理方法。目标管理的基本含义在于：一切管理行为的开始（确定目标）、执行（以目标为指针）、结束（以目标的达成度来评价优劣），都以目标为准绳，让目标无时无地不存在于管理者的思想与行为中。

（二）目标管理的作用

目标管理对任何组织的重大作用在于以下方面：

（1）方向标。能为组织管理活动指明工作方向，也就是我们所说的“日心说”的作用，让每位员工心中有了一盏指路明灯。

（2）助推器。由于目标管理注重全员参与和自我管理，这一做法契合当代员工的特点，因此能激发他们的工作热情。

（3）调控阀。管理者与被管理者可以自觉调控和规范自己的工作行为，建立完善的责任制。目标的层层分解并逐级落实把每个人的工作职责规定得清清楚楚，明确自己应该做什么、做多少、做到什么程度。

（4）刻度尺。目标的完成情况，可以作为衡量组织工作的重要尺度，具体而明确的责任和任务划分，能确保组织各项工作保质保量地完成。正是由于这些重要作用，目标管理才得到众多管理者的高度认可。

二、目标管理的特点

（一）重视人的因素

目标管理是一种参与的、民主的、员工自我控制的管理制度。它通过工作的目的性、管理的自我控制、个人的创造性来进行管理，强调由管理者与下属共同确定目标和建立目标体系，下属不再只是执行命令，他们本身就是目标的制定者，目标由上下级共同商定。在实现目标的过程中，员工通过自我管理，不断修正自己的行为，以实现目标。

（二）强调目标体系

目标管理通过专门设计的过程，将组织的整体目标逐级分解转换为各单位、各员工的分目标，即组织目标—部门目标—个人目标。在目标分解过程中，这些目标方向一致，环环相扣，相互配合，形成协调统一的目标体系。与此同时，权、责、利三者已经明确且相互对称。只有每个员工完成了自己的分目标，整个组织的总目标才有完成的希望。

（三）重视成果

目标管理以制定目标为起点，以目标完成情况的考核为终结。工作成果是评定目标完成程度的标准，也是人事考核和奖惩的依据，成为评价管理工作绩效的唯一标志。至于完成目标的具体过程、途径和方法，上级并不过多干预。

三、目标管理的程序

实施目标管理要从确定目标开始，经过目标展开、目标实施到目标成果评价，其中的每一个环节，都是动态管理和控制的具体体现。

（一）确定目标

确定目标是目标管理的第一步，所谓确定目标，就是根据外部环境和内部条件提出（确定）在一定时期内（通常为一年）所要取得的成果。这实际上是一个完整的决策过程，包括收集掌握情报信息、拟订目标方案、评估目标方案等方面的活动。

（二）目标展开

将组织目标从上到下层层分解落实的过程，称为目标展开。它主要包括以下内容：

1．目标分解

目标确定之后，要把它分解为部门、层次、个人等各个层次的分目标和目标最小单位，以便采取措施实现目标。

2．目标对策

通过诊断分析和掌握现状，找出各部门实际情况与目标（或分目标）之间存在的差距，对这些差距进行归纳、整理、分类，可以找出实现目标所必须解决的重要问题，针对问题制定具体对策或措施。

3．目标责任

根据每个岗位的工作目标或成员的个人工作目标定责任，使每个岗位、每个人都明确自己在实现组织目标过程中所担负的责任。同时努力使责任指标化，便于执行、考核和检查。

（三）目标实施

组织目标一经确定和展开，组织从上到下，方方面面都要按照目标体系的要求，同心协力、分工协作，努力为实现共同目标而尽职、尽责、尽力，这就是目标的实施过程。目标实施得好坏与否，直接关系到预期目标能否稳步实现。因此，实施目标在目标管理中处于极其重要的地位。

（四）目标成果评价

在实施目标的基础上，应对实施目标的成果进行客观的评价，以总结本期目标管理的经验教训，发扬成绩，克服缺点，为开展下一期目标管理，进行新的循环做好准备。

专栏 4－4

一群登山者迷失了方向，找不到回家的路，正当大家垂头丧气的时候，有一个人从自己的背包里找到了一张地图。大家马上讨论自己可能身处何方，以及路在哪里。最后，大家认定了一个方向，朝着这个方向走了下去。过了很久很久，他们终于发现了一处灯光，顺着灯光，他们找到了一户农家，他们知道自己得救了。在他们庆贺自己得救的时候，农民问他们如何找到了生路。他们把地图拿给农民看，农民一看哈哈大笑起来。

所有的人都不明白这张地图有什么可笑的。农民解释说：让你们得救的地图不是这里的地图！

启示：即使是一张错误的地图也比没有地图好，至少它鼓励我们继续尝试，不轻易放弃。在管理手段里，目标、使命、价值观等都是类似地图的工具，我们需要它们指明方向，即使它们并不完全正确。

复习思考题

1. 什么是决策？其地位与作用是什么？
2. 决策的类型有哪些？
3. 决策过程中需要遵循的原则是什么？
4. 决策方案优选的标准是什么？为什么满意原则更为科学？
5. 影响决策的因素有哪些？
6. 决策的程序是什么？有哪些方法？
7. 什么是计划？它有何特点？其作用是什么？
8. 如何理解各种不同类型的计划？
9. 计划制订的程序是什么？
10. 目标管理的含义是什么？有何特点？
11. 举例阐述目标管理的作用。

案例分析

案例 1：决策问题

决策 1：一辆邮车要从一个城市到另外十个城市巡回一次，其路线就有 $10\times9\times8\times\cdots\times2\times1=3\ 628\ 800$ 条，需要从中选出最短路线，这是最基本的决策问题。

决策 2：某企业可向 3 家银行借贷，但利率不同，分别为 8%、7.5%和 8.5%。企业需决定选择哪家。很明显，利率最低的为最佳方案。

决策 3：现代汽车工业，在面临能源危机的情况时，想要发展不用石油的汽车，就需要投入较高的研究实验费用。根据判断，如果能有很广的销路，那么就可以在投入市场几年之后收回投资成本并获得较高利润，这是成功的估计。如果因这种汽车造价高，使用不便，没有市场需求，那就会失败。对于这两种可能性应该如何判断，怎样做出选择？

分析与思考：

依据决策方法分类，上述三种决策问题分别属于什么类型的决策？

案例 2：S 纺织厂的计划

S 纺织厂受外部经营环境急剧变化的影响，产品销量不好，资金十分紧张，预计在往年销售旺季的 11 月和 12 月也将会出现“旺季不旺”的局面。面对这样的形势，赵厂长压力很大。该如何做才能扭转局势呢？经过调研，赵厂长认为应该把工作的重点放在营销上。他提出以下几种方案：

第一种方案：在当下国内毛纺织品价格居高不下，并且继续酝酿上调之时，公司要降低产品价格，分品种下降5%～8%，个别品种下降10%以上，使产品价格处于较低水平。通过这种方法可以减少产品积压带来的贷款利息和罚息损失。这样做，预计下一年的第一季度可回收货款2 088万元，其中3月份可回收1 200万元，但经计算这种降价方式，将会减少销售收入800万元。

第二种方案：企业过去基本上是做大宗买卖的，现在要改变经营战略，在保留原有经营方向的同时，增加向中小城市、农村、国家重点工矿企业推销产品，这样大宗和小笔生意都不放过，双管齐下。预计年底销售、回收货款可达1 086万元，约占同期货款回收额的42%，下一年上半年预计销售实现回收货款1 250万元，占同期货款回收额的39%。但是，这样做存在销售人员（商品推销员和售货员）严重缺乏的问题。

第三种方案：为提高市场占有率，可以组成由产品设计人员、经销人员参加的调研队伍，深入市场，走访用户和销售网点，研究消费者习惯及心理变化，筛选和处理产品需求信息，及时开发和生产适销对路的产品，提高市场占有率。还可以在生产中从原料到产品及售后服务，通过道道工序把关，提高产品质量，做到不合格的半成品不流入下道工序，不合格产品不出厂，同时，增加新产品的开发力度。这样做可以提高产品在市场上的美誉度，从而扩大市场占有率，多销售产品，多回收货款。但是，由于重点技术力量薄弱，迅速开发新产品存在一定难度。另外，新产品从开发到投放市场需要一个过程。预计采取这种方案第二年年底才能看到效果，远水解不了近渴，仍不能很好地解决企业资金紧张这一问题。

上述三种方案各有利弊，当务之急是赵厂长需要审时度势、权衡利弊做出决策。

分析与思考：

1. 结合案例分析如何制订计划。
2. 这属于什么类型的计划？
3. 假如你是赵厂长，你将如何选择计划的备选方案？为什么？

案例3：公司的会议

佳爽公司是近年来快速发展起来的一家饮料公司。几年前，经理王刚力排众议，果断决策购买了其他企业淘汰的二手生产设备，使得佳爽饮料销路大开，公司也因此跻身国内同行业强手之林。

一天，王经理召集各部门主管及负责人开会，他说："我们公司比起4年前已经有了很大的发展，可是，比起行业头部企业的生产技术、生产设备，我们还差得很远。我想，我们不能满足于现状，我们应该力争达到世界一流水平。当然，我们的技术、我们的人员等诸多条件还差得很远，为了达到上述目标，我们必须从硬件条件入手，即引进世界一流的先进设备，这样一来，就会带动我们的人员、带动我们的技术等一起前进。我想这也并非不可能，4年前我们不就是这样做的吗？现在厂子规模扩大了，厂内外事务也相应地增多了，大家都是各部门的领导及主要负责人，我想听听大家的意见，然后再做决定。"

会场一片肃静，大家都清楚地记得，4年前王经理宣布引进二手设备的决定时，有近70%的部门主管反对，尽管王经理详细介绍了他历时三个月对市场、政策、公司技术人员、公司资金等内外环境的一系列调查研究结果，但仍有半数以上的人持反对意见，10%的人持保留态度。因为当时很多厂家引进设备后，由于不配套和技术难以达到等因素，均使高价引进的设备成了一堆闲置的废铁。但是王经理在这种情况下仍采取了引进二手设备的做法。事实表明这一举措使佳爽公司摆脱了由于当时设备落后、资金短缺所陷入的困境。当时二手设备的价格已经很低，但尚未被淘汰。佳爽公司也由此走上了快速发展的道路。

王经理见大家犹豫不决的样子，便说道："大家不必顾虑，今天这一项决策完全由大家决定，我想这也是民主决策的体现，如果大部分人同意，我们就宣布实施这一决策；如果大部分人反对的话，我们就取消这一决策。现在大家举手表决吧。"

会场上有近70%的人举手表示赞成。

分析与思考：

1. 王经理的两次决策过程合理吗？为什么？
2. 如果你是王经理，你在两次决策过程中会做哪些工作？
3. 影响决策的主要因素是什么？

在线自测

扫一扫 练一练

第五章　组织

本章导读

组织是管理的基本职能之一，是人类社会最常见、最普遍的现象之一。人们通过各种组织集合各种资源，从事政治、经济、文化等活动。

组织是人们为了实现共同的目标而组成的有机整体。组织的含义可以从静态的组织和动态的组织两方面来理解。根据不同的划分标准，组织可以分为不同的类型。组织的特征表现为有明确的目标、拥有资源、有一定的权责结构。组织的目标是要实现组织的效率与效益，提升组织成员的士气，使组织持续发展。

组织设计就是根据组织目标对组织的结构和活动进行的筹划和考虑。进行组织设计是组织工作的重要内容。很多因素会影响组织设计，如环境、战略、技术、规模和生命周期的发展阶段。组织设计应遵循一定的原则。横向设计组织就是部门设计，较常见的部门划分方式是按职能、按产品、按地区、按流程和按顾客划分。纵向设计组织就是层级设计。组织层级设计要处理好管理幅度与管理层次的关系。组织还需要进行职权设计。直线与参谋是两类不同的职权关系，组织权力的纵向分配表现为集权与分权，实行分权的主要手段是授权。组织结构的类型主要有直线制、直线职能制、事业部制、矩阵制、委员会制、团队结构等。

人员配备是组织工作的逻辑延续。人员配备是指为了实现组织的目标对人员进行恰当而有效的招聘、甄选、培训、绩效考核等，从而确定合适的人员去充实组织机构中所规定的各项职务，保证组织活动的正常进行。人员配备要以组织的目标和战略为指导，要与组织的长期发展规划相适应。人员配备是以人为中心的管理，是管理最复杂的环节。人员配备要遵循因事择人、因材选用、动态平衡等原则。人员配备管理的主要内容是招聘、甄选、培训、绩效考核。

组织必须根据内外环境的变化进行改革和适应，这一过程就是组织变革。推动组织变革的因素既有外部因素，也有内部因素。组织变革可以是渐进式变革，也可以是激进式变革。组织变革在内容上主要有人员变革、结构变革、技术变革和组织文化变革。变革是“解冻—变革—再冻结”的完整过程。有效的组织变革是一个增强变革动力和降低变革阻力的过程。

学习目标

通过对本章的学习，能够掌握组织的含义、分类、特征及目标；掌握组织设计的含义、任务、原则，以及部门设计、层级设计及职权设计的内容；熟悉组织结构的基本类型及其优缺点；掌握人员配备的概念、特点、过程及原则，了解招聘、甄选、培训和绩效考核的主要内容；掌握组织变革的动因、方式、内容及过程，了解克服组织变革阻力的方法。

关键概念

组织　组织设计　部门化　管理幅度　直线职权　参谋职权　集权　分权　授权　人员配备　组织变革

第一节　组织概述

组织概述

一、组织的含义

组织是人们为了实现共同的目标而组成的有机整体。从管理学的角度看，组织有以下两种含义。

（一）静态的组织

静态的组织是指为实现一定目的而建立起来的人与单位的有序结构，使人能在这种结构里进行有效的协同工作。管理者在组织中开展组织工作的结果就形成了一种体现分工和协作关系、权力和责任关系的框架，这种框架通常称作组织结构，有时也简称组织。如企业、政党、军队、学校、工会等都是组织的类型。

（二）动态的组织

动态的组织是指把分散的人或事物进行安排，使之具有整体性、连续性和比例性，形成一个协调系统。这是管理者所开展的组织行为、组织活动过程，即组织工作。组织工作是一个组合和配置的过程。组织工作的重要内容就是进行组织结构的设计与再设计，前者通常称为“组织设计”，后者称为“组织变革”。

二、组织的分类

根据不同的划分标准，组织可以分为多种不同的类型。

（一）按照组织的规模划分

按照组织规模大小的不同，组织可划分为小型组织、中型组织、大型组织。

（二）按照组织的性质划分

按照组织性质的不同，组织可划分为政治组织、经济组织、文化组织、群众组织、宗教组织等。

（三）按照组织的目标划分

根据组织目标的不同，组织可划分为营利性组织、非营利性组织和公共组织。营利性组织是指以获利为主要目标的组织，如工厂、商店、酒店、旅行社、银行等。非营利性组织是指除公共组织外，一切不以营利为主要目标的组织，如各类社团、宗教组织、慈善机构等。公共组织是指负责处理国家公共事务的组织，如立法机构、司法机构、政府机构、军事机构等。

（四）按照组织的特性划分

按照组织特性的不同，组织可划分为机械组织与有机组织。机械组织也称官僚行政组织，具有高度专业化、高正规化和集中化等特征。有机组织也称适应性组织，具有低复杂性、低正规化和分权化的特征。

（五）按照组织是有意建立还是自发形成划分

按照组织是有意建立还是自发形成，组织可划分为正式组织和非正式组织。正式组织是组织设计形成的，这种组织有明确的目标、结构、职能以及由此决定的成员之间的权责关系，对个人具有某种程度的强制性，以成本和效率为主要标准。非正式组织是伴随着正式组织的运行而自然形成的，是人们在共同的工作中所形成的靠情感和非正式规则联结的群体，主要以感情和融洽的关系为纽带，其成员遵守共同的、不成文的行为规则。

（六）按照组织的形态划分

按照组织形态的不同，组织可划分为实体组织和虚拟组织。实体组织就是一般意义上的组织。虚拟组织是一种区别于传统组织的、以信息技术为支撑的人机一体化组织。虚拟组织是信息时代的组织创新形式。在形式上，虚拟组织没有固定的地理空间，也没有时间限制，组织成员通过高度自律和共同的价值取向实现团队目标。

三、组织的特征

（一）具有明确的目标

没有目标就不是组织，而仅是一个群体。目标是组织的愿望，只有确立了目标后，组织才能确定方向，才能有号召力和吸引力去组建一支队伍。

（二）拥有资源

这种资源主要包括人、财、物、信息和时间等。其中人是组织最重要的资源，是组织创造力的源泉。资源是组织运行和发展所必需的，同时，组织通过管理活动的配置整合，能够促进资源增值，为组织及其成员带来利益。

（三）具有一定的权责结构

人们在职、责、权等方面的划分与互相联系形成一定的结构体系，这个结构体系简称权责结构。权责结构表现为层次清晰，任务有明确的承担者，并且权力和责任是对等的。

四、组织的目标

组织的存在是为了实现组织的目标。综合而言，组织的目标主要有以下几点。

（一）实现组织的效率与效益

组织活动把个体力量集合在一起，完成个体力量简单相加所不能完成的任务，形成组织的放大力量，从而取得“产出”大于“投入”的“正确地做事”的效率，及“做正确事”的效益，这是组织的根本目标。

（二）提升组织成员的士气

合理的组织过程和组织结构，可以使人们各司其职，人尽其才，上下级关系融洽，平级之间相互配合，员工士气高昂，身心愉悦，积极性高涨，形成良好的工作氛围。

（三）使组织持续发展

组织工作不是一劳永逸的，需要根据内外环境的发展变化不断进行调整、变革和重组，以实现组织的持续发展。某一时期合适的组织结构，经过一段时期后可能不再适应组织的发展，这时就必须用一种新的、适合的组织结构来取代旧的组织结构，否则组织将会停滞不前。因此，组织工作的目标应当面向未来，关注组织的持续发展。

第二节　组织设计

组织设计

一、组织设计的任务与原则

（一）组织设计的任务

组织设计就是根据组织目标对组织的结构和活动进行的筹划和考虑。组织设计是组织工作的重要内容。

组织设计的任务是设计清晰的组织结构，横向设计部门，纵向设计层次，规划和设计组织中各部门的职能和职权，确定组织中直线职权、参谋职权、职能职权的活动范围并编制职务说明书。

（二）组织设计的原则

组织设计应遵循以下基本原则。

1. 目标统一原则

目标统一一方面是指层次的设置和组织结构的建立要以实现组织目标为导向，另一方面是指各层次都要以组织总目标为目标，把各自的目标统一置于总目标之下。

2. 专业化分工的原则

专业化分工就是要把组织活动的特点和参与组织活动的员工的特点结合起来，把每个员工安排在适当的领域积累知识、发展才能，从而不断提高工作效率。

3. 统一指挥原则

统一指挥原则是组织层级设计的重要原则。它是指组织的各级机构及个人必须服从唯一上级的命令和指挥，只有这样才能保证政令统一，行动一致。否则，下级面对多个上级，就会造成多头领导，令出多门，导致下级无所适从、推卸责任。

专栏 5－1

某天一上班，某公司杨总经理就平息了一起“火情”。张平是一车间热处理组组长，也是公司的技术骨干，一向工作积极性挺高，但今天一上班就气呼呼地来到总经理办公室递上了一份辞呈。经过了解，张平并非真的想辞职，而是觉得受了委屈。原因是前一天车间主任让他去参加展览中心的热处理新设备展销会，而未能完成公司张副总交办的一批活，因而受到了张副总的批评。经过杨总劝说后，张平解开了心里的疙瘩，收回了辞呈。

启示：一个人应当服从唯一上级的命令和指挥，只有这样才能保证行动一致。否则，一个人面对多个上级，就会造成多头领导，令出多门，导致无所适从。

4. 责权对等原则

责权对等原则要求组织中的各层次、各岗位的责任和权力相一致，在权力范围内对所承担的任务负完全责任。有权力就要承担责任，既不使权力失去制约，又不使责任无法履行。高层管理人员权力大，责任也大；基层管理人员权力小，责任也小。

5. 有效管理幅度原则

由于一个人的知识、经验、时间、能力、精力等是有限的，一个管理者直接有效领导与指挥下属的人数也是有限的，因此管理幅度既不能太小，也不能太大。管理幅度太小，必然导致人的知识、经验、时间、能力、精力的浪费，使管理者无法达到满负荷工作，或者对下属管得太严，束缚了下属的手脚，降低了下属的积极性和主动性；而管理幅度太大，也会产生管不过来、管不到位的问题。因此，管理幅度应是合适的、有效的。

6. 集权与分权相结合原则

组织要根据实际需要决定集权与分权的程度。权力的集中与分散应根据组织的特性、组织所处的环境、管理人员的状况而定。集权与分权是一个连续统一体的两极，没有绝对的集权，也没有绝对的分权。在某些情况下集权程度高一些更有效，而在某些情况下分权程度高一些更适合。但无论是集权还是分权，都应当有利于保证决策的迅速和准确，有利于决策的执行，有利于调动各方面的积极性。

7. 稳定性与适应性相结合原则

稳定性与适应性相结合原则要求组织结构在稳定性与适应性之间取得平衡，从而保证组织的正常运行。一味地要求稳定会使组织不适应环境的变化，而为了适应环境过于频繁变动则会使组织中的人们缺乏安定感，导致人心不稳。

8. 精简高效原则

精简高效原则要求所设机构及整个组织结构都必须与其所承担的任务和规模相适应，使组织确实发挥它的效能，既不人浮于事，又不无人管事。要做到机构简单，人员精干，有利于提高组织效率。

二、部门设计

部门设计是根据专业化原则把性质类似或有密切关系的活动划分在同一部门内，以提高工作效率。“部门”在不同的组织中有不同的称呼：企业组织称分公司、部、车间、班组等；军队称军、师、旅、团、营、连、排、班等；政府单位称部、厅、局、处、科等。

部门划分的方法有很多，一般依据以下标准划分部门。

（一）按职能划分部门

按职能划分部门是最普遍采用的一种部门划分方法。它是根据管理的不同作用或功能进行的部门划分，在一个职能部门里执行一个特定的工作。如：企业按职能划分为生产部、营销部、财务部、研发部、人力资源部等，如图 5－1 所示。

1. 按职能划分部门的优点

（1）可以有效地利用资源。完成同样工作的员工集中在一个部门里，例如所有研发人员都在研发部门，就可以充分利用实验室等设备，充分发挥研发人员的人才资源优势，而

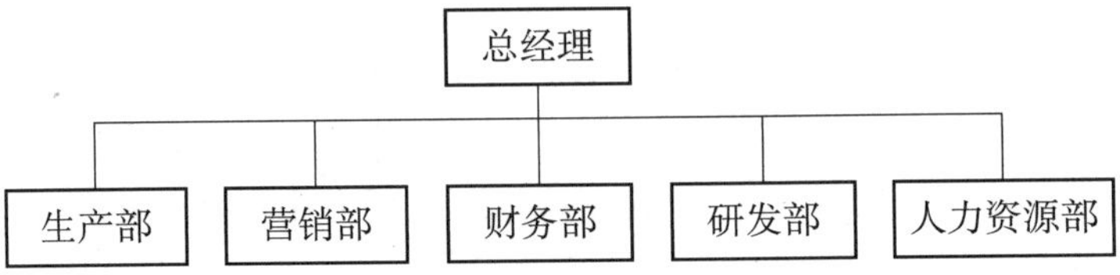

图 5-1　按职能划分部门

在生产、营销等部门不仅资源的优势非常明显，而且可以实现规模经济。

（2）符合专业化原则。专业的职能部门有利于深入开发专业知识和专业技能，形成一支训练有素的专家队伍。

（3）有利于员工职业生涯发展。专业的职能部门有利于员工职业技术的提高和发展，也有利于对员工的专业培养。

2. 按职能划分部门的缺点

（1）协调困难。由于人们分散在不同的部门，各部门各有专责，各自独立，各部门有各自的利益，容易形成隔阂，缺乏跨职能的沟通和协作，增加高层协调的困难。

（2）各部门易产生本位主义。员工在部门里倾向于部门目标而不是组织目标，他们往往看到的是自己负责的任务而非整体目标。

（3）适应性差。环境变化和创新要求组织的部门间要彼此合作，而缺乏合作就意味着对环境变化的反应迟钝、阻碍创新。

（4）不利于培养综合管理者。基于狭窄的任务划分，员工会被训练成某个领域的专家，有专长但不全能，不利于培养全能管理者。

按照职能划分部门的方式，在稳定的技术和环境下比较有效。

（二）按产品划分部门

按产品划分部门是指根据生产经营的不同产品或产品系列进行的部门划分，适合于多元化经营的大型企业。如汽车公司的小汽车部、中型车部、工程车部等，如图 5-2 所示。

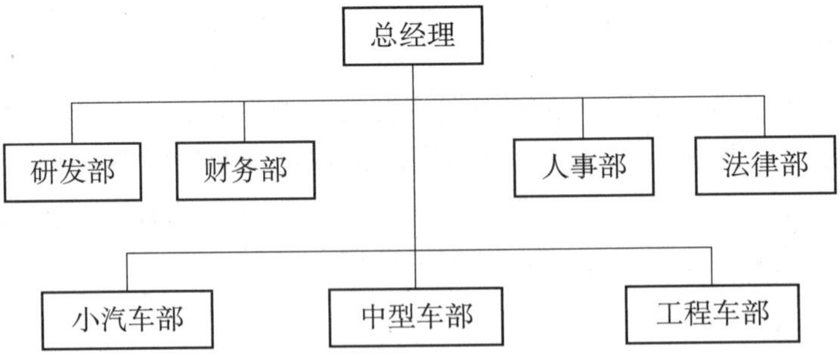

图 5-2　按产品划分部门

1. 按产品划分部门的优点

（1）有利于深入研究各业务或产品的特点，提高产品质量和增加产品功能，促进业务的改进，更好地满足顾客的需要。

（2）有利于部门内协调。例如，在生产小汽车的业务部门内部，生产、市场、研发、人力资源、财务等活动统一在一起，有利于跨职能部门的合作和部门内协调。

(3) 便于对绩效进行测评。按产品划分部门，每个部门都是自主的单位，以产品部为利润中心，便于对部门的成本、利润和绩效进行测评，也便于部门间的横向比较，有利于调动各部门的积极性。

(4) 有利于培养综合管理者。每个部门的管理者都是进行全面管理和协调的全能管理者，有利于培养综合管理者。

2. 按产品划分部门的缺点

(1) 可能造成机构重叠。例如，每个业务部门都有生产、研发、营销、人力资源管理等部门，就造成这些活动的重复，增加费用，降低效率。

(2) 各部门易产生本位主义。各部门关注部门内的工作，部门内具有良好的合作，但部门间的合作较差，各自为政。

(3) 需要较多具有全面管理能力的人。每个事业部的负责人都需要对事业部的工作全面负责，他应该是一个具有全面管理能力的人，是个多面手。多个事业部就需要多个具有全面管理能力的人。

按产品划分部门的方式适合于环境多变的情况。

(三) 按地区划分部门

按地区划分部门是指根据地理因素设立管理部门，把某一地区的业务集中于某一部门全权负责。例如：企业按地区划分为中国市场部、美国市场部、德国市场部等，如图 5-3 所示；政府机构按区域划分某省、某市、某县等。对于一个地域分布较广或业务区域涉及较广的组织来说，按地区划分部门是必要和有效的。它的特点与按产品划分部门类似。

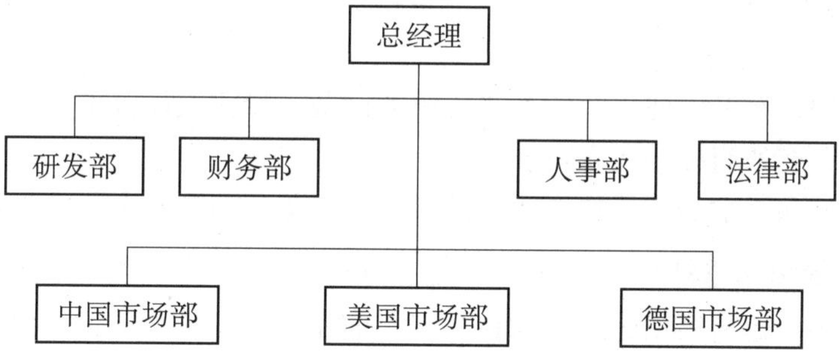

图 5-3 按地区划分部门

1. 按地区划分部门的优点

(1) 针对性强，能对本地区环境变化迅速作出反应。

(2) 地区内有很好的协作，易于协调各种活动。

(3) 便于对绩效进行测评。

(4) 有利于培养综合管理者。

2. 按地区划分部门的缺点

(1) 可能造成某些活动的重复和机构的重叠。

(2) 地区间会相互竞争，争夺组织资源，易形成地区的本位主义。

(3) 总部协调困难。

(4) 需要更多具有全面管理能力的人。

按地区划分部门的方式适合于地区差异明显、环境多变的情况。

（四）按顾客划分部门

按顾客划分部门是指根据不同顾客群而进行的部门划分。当某一顾客群的需求与其他顾客群大相径庭时，常常会采用按顾客划分部门的方式。例如：某一服装企业把其部门划分为老年人市场部、青年人市场部、女性市场部、儿童市场部等；一家办公用品公司的市场部分为零售部、批发部、法人团体部（见图 5-4）。

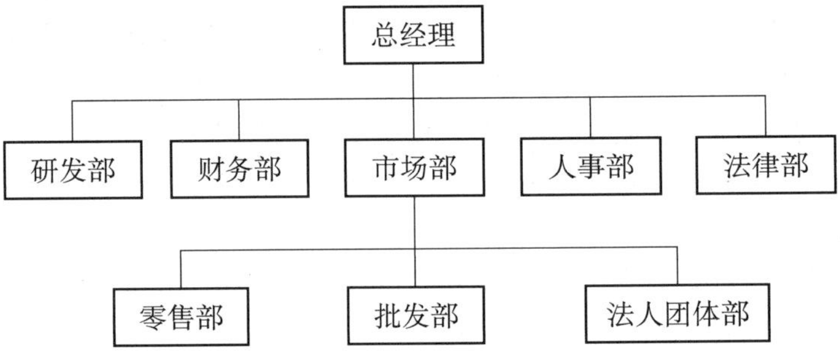

图 5-4　按顾客划分部门

1. 按顾客划分部门的优点

(1) 有利于深入研究特定顾客的需求。

(2) 对顾客更了解，针对性强，服务更到位。在明确规定的服务项目方面更能满足顾客特殊的和广泛的需求。

2. 按顾客划分部门的缺点

(1) 忙闲不均，有可能使企业的某些资源如设备、专业人员等不能得到充分利用。

(2) 有时对顾客的明确分类有难度。

(3) 顾客类型和需求的变化往往要求部门进行变化，而有些变化是组织难以适应的。

（五）按流程划分部门

按流程划分部门是指根据组织活动在时间上的先后次序进行的部门划分。如某企业将生产部门划分为铸造部、冲压部、焊装部、涂装部、总装部等。又如某企业将生产部划分为纺纱车间、织布车间、印染车间等，如图 5-5 所示。

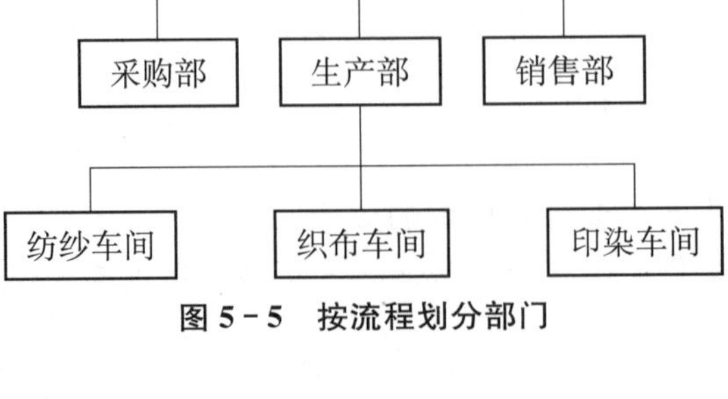

图 5-5　按流程划分部门

1. 按流程划分部门的优点

（1）符合专业化原则，能够有效利用专业技术和特殊技能，简化员工培训。

（2）部门间的关系清晰，责任明确。

（3）工作效率高。

2. 按流程划分部门的缺点

（1）不适合培养全面的综合管理人才。

（2）各部门都只对本流程或环节的生产和质量负责而不对最后成果负责，易产生部门本位主义。

（3）易产生连锁反应。一个部门发生问题将直接影响到整个组织目标的完成。

（4）需要部门间的紧密协作和高层的严格控制。

除以上几种划分方法外，还有按时间、按人数等进行的部门划分。

需要指出的是，几乎所有组织的部门划分都不是只采用一种方法，而是同时采用多种方法，是多种划分方法的组合，例如，一家公司按产品划分为若干事业部，在事业部内部按职能划分为制造部门、销售部门等，制造部门又按流程划分，销售部门又按地理区域划分。另外，部门划分会随着各种情况的变化不断调整。

三、层级设计

层级设计是组织的纵向设计。要建立良好的组织结构，从纵向看必须科学设置管理层次与管理幅度，这是相互联系、具有因果关系的两个问题。

（一）管理层次

1. 管理层次的概念

管理层次是指从最高层管理人员到最底层工作人员中间所设置的级数。

管理层次是纵向的组织环节。层次多与少的优缺点不同，效力也就不同。但无论如何，管理层次过多和过少都是不行的。过多的管理层次需要过多的管理人员，既增加了他们之间的协调工作，又增加了管理费用，同时会导致从最高层到最底层的信息传递速度减慢，信息传递容易出现遗漏和失真。而过少的管理层次又使上级意图不能得到准确贯彻，使上级把过多的精力用于对下级的协调中，难以集中精力处理大的决策问题。

2. 管理层次的确定

究竟多少管理层次合适，要视具体情况而定。当组织规模较小时，管理层次一般不超过两个；当组织规模较大时，一般分为高、中、低三个层次；一些超大型企业，可能存在三四个中间管理层。

良好的层次在于既能使信息顺畅流通，真正准确地做到上情下达、下情上达，又能实现有效的控制，还要使下级人员的积极性和主动性得到充分的发挥。

（二）管理幅度

1. 管理幅度的概念

管理幅度也称管理宽度、管理跨度，是指一个管理者直接有效领导与指挥下属的人数。管理幅度是有限的，管理者所管理的下属超过了一定的限度，就会降低管理的效率。

2. 管理幅度的确定

管理幅度受多种因素影响，不存在普遍的适用数。一般来说，高层主管的管理幅度宜小些，基层主管的管理幅度宜大些。一般而言，管理幅度受下列因素的影响：

（1）管理人员的素质及领导风格。在其他条件相同的情况下，管理人员素质越高，管理的人数就越多，其管理幅度就越大；反之则小。不同的领导风格对管理幅度的影响也很大。

（2）下属人员的素质。同样，下属人员若素质高，其工作的主动性、积极性、责任心和能力强，则上级管理者的管理幅度就可以大；反之则小。

（3）管理工作的复杂程度。如果管理工作都是一些简单的问题，重复性大，则管理幅度就可以大一些；相反，如果存在较多的专业性问题，工作又多具有创新的性质，则管理幅度就要小。

（4）管理的规范性。如果管理是规范的，授权明确、责任清楚、考核具体，则管理幅度可以大一些；相反，如果目标不明，责权不清而又无从考核，则管理幅度要小。

（5）沟通和联络技术。如果沟通方便或实行了先进的沟通技术和联络手段，信息传递效率高，上下左右沟通快捷，各种关系可以很好地协调，则管理幅度可以大一些；相反，如果信息传递渠道不畅，传递方式不当，沟通技术和联络手段落后，上下左右沟通困难，则管理幅度要小。

（6）授权的程度。如果管理者善于把管理权限充分地授予下属，让下级有充分的自主权，则管理者本人需要处理的问题相对减少，管理幅度就可以大一些；如果不能授权或不愿意授权，则管理幅度要小。

（7）空间距离的远近。如果管理者与下属在空间上距离较近，直接沟通很方便，管理的幅度就可以大一些；反之，如果管理者与下属在空间上距离较远，或者处于不同的城市，甚至处于不同的国家，上下级的沟通就有一定的难度，管理幅度就必须小一点。

（8）外部环境。当外部环境变化很快、变化程度很大时，组织遇到的新情况、新问题就很多，管理人员需要花费较多的时间关注环境的变化，考虑应变的措施，能够给予下属的指导就少，管理幅度就小；反之，当外部环境比较稳定时，各方面工作简单有序，管理幅度就可以大一些。

专栏 5－2

刘先生是南方某家制药公司天津办事处的主任，办事处主要进行药品销售。

刘先生招聘了 40 名员工，他们是清一色的销售员。如何管理这 40 个人，让刘先生着实费了些心思。

刚开始，考虑到员工的工作性质相同，精力充沛的刘先生决定不设中间层次，由他直接领导，每个员工直接向刘先生汇报。由于刘先生的工作量太大，应接不暇，这样的状况持续了不长时间，刘先生就做出了调整，他把员工平均分成两组，每组选出一名优秀的员工作组长，由组长向他汇报工作。运行一段时间后，刘先生有两种明显的感受：一是觉得无事可干，有时甚至情不自禁地帮助组长做事情；二是由于小组规模较大，刘先生经常提心吊胆，担心一旦有一个组出错，就可能产生较大的影响。

在充分调查分析之后，刘先生对办事处的组织结构又做了调整，他把员工平均分成5个组，还是采用直接管理5个组长的方式。调整后，刘先生感觉这种做法非常适合他的办事处。

启示：管理幅度的确定没有固定的模式，管理者要根据具体情况确定合适的幅度，既要保证下属有一定的工作自主性，又要达到有效管理的目的。

（三）管理层次与管理幅度

在组织规模一定的条件下，管理层次与管理幅度成反比关系。在其他条件相同的情况下，管理幅度越大，管理层次越小；相反，管理幅度越小，管理层次就越多。这样就形成了两种基本的组织结构形态：垂直结构和扁平结构。

1. 垂直结构

垂直结构即多层次结构，最高层与作业层之间存在较多的管理层次，而每个管理层次的管理幅度小，垂直结构组织属于集权型组织。垂直结构如图 5-6 所示。

图 5-6 垂直结构

（1）垂直结构的优点。

1）可以严密监督控制。管理人员所管辖的下属人数较少，有充足的时间和精力对下属进行深入、具体的指导，并对其工作进行严密监督和控制。

2）能体现上级意图。垂直的纵向关系十分明确，有利于统一指挥，充分体现上级意图。

3）组织的稳定性高。这种结构层次分明，管理严密，纪律严明，组织成员职责分明，分工明确，组织的稳定性高。

4）提供了较多的晋升机会。这种组织结构从高到低有较多的层次，因而有较多的管理岗位，为下属提供了较多的晋升机会。

（2）垂直结构的缺点。

1）妨碍下属主动性的发挥。下属在决策中的参与程度低，只能被动服从，自主权和决策权都很小。

2）增加管理费用。管理层次增加，管理人员增加，管理费用增加。

3）信息传递渠道长。管理层次增加，从最高层到最基层或从最基层到最高层的信息传递渠道很长，信息在传递过程中会发生遗漏和曲解，造成信息沟通不畅或失真。

4）管理效率低。管理层次多，信息传递慢，决策迟缓，使组织缺乏应变力和弹性。

在相对稳定的市场环境中，垂直结构是效率较高的一种组织结构。

2. 扁平结构

扁平结构是指管理层次少而管理幅度大的一种组织结构形态。扁平结构组织属于分权型组织。扁平结构如图5－7所示。

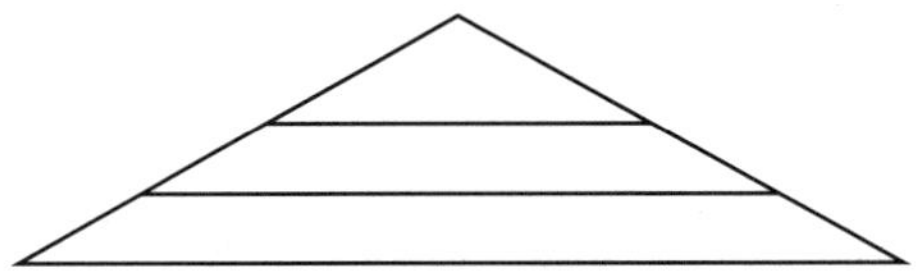

图5－7　扁平结构

（1）扁平结构的优点。

1）有利于下属主动性的发挥。由于管理幅度较大，上级对下级的指导与监督减少，下属被授予更多的权力，需要自己做出决策，并承担更多的责任。因此，下属有较大的自主性、积极性和满足感，有利于下属主动性的发挥，加速下属的成长和成熟。

2）管理费用低。扁平结构由于层次少，管理人员少，各种管理费用的支出少，可以节约管理费用。

3）信息纵向流通快。管理层次少，纵向信息传递渠道短，可以加快信息的传递速度，减少信息失真。

4）有利于密切上下级关系。扁平结构缩短了上下级距离，可以克服机构臃肿、人浮于事、公文旅行、官僚主义等弊病，管理效率高。

（2）扁平结构的缺点。

1）不能严密地监督下级。管理幅度的加大，一个管理者所管理的下属较多，有可能发生管不过来的情况，对下属的监督指导较少。

2）沟通困难。管理幅度的加大，直接上下级的沟通有时不够快捷；同一部门、同一层次的人员众多，同级间相互沟通变得困难。但在信息技术条件下，这个问题已较好地解决。

3）协调工作量增加。部门之间、部门与生产业务单位之间的相互依赖性和交叉作用提高，领导及管理部门的协调工作量必然大幅度增加。

4）难以进行有效的控制。管理人员管的人太多，工作负荷重，难以在较大的管理幅度内进行有效的控制。

5）晋升机会不多。管理层次的减少、中间管理岗位的大量消失，使组织中晋升机会不多，直接影响员工在组织中的事业持续健康发展。同时，扁平化组织结构往往要求员工具有较高的素质。

在变化的市场环境中，扁平结构是效率较高的一种组织结构。目前市场上的组织结构有向扁平化发展的趋势。

专栏 5-3

1999 年以前，海尔和大多数企业一样，实行的是垂直的金字塔式组织结构。后来，海尔压扁金字塔，对内部的管理和结构进行了全新的调整和改造。例如，海尔的冰箱二厂原来有 6 级管理层次，厂长下面有生产厂长、生产调度、车间主任、组长和工人。现在的层次减为 2 个，厂长直接对操作工负责。管理人员由 23 个缩减为 9 个，结构一下子扁平化了。结构的改变使工人和市场的距离被拉近了，每个部门、每个员工直接对市场负责，海尔可以最快的速度适应市场的要求。

启示：面对瞬息万变的市场环境，企业必须做出快速反应和迅速决策，以保持企业的竞争优势。组织结构的扁平化无疑增强了组织快速反应的能力。

四、职权设计

（一）职权的概念

职权是组织设计中赋予某一管理职位的权力。这种权力是组织授予的，拥有职权的人在职责范围内对相应的事情发布命令并希望命令得到执行。

（二）职权的分类

职权的形式有直线职权、参谋职权与职能职权。

1. 直线职权

直线职权是按照等级原则和指挥链由上级对下级逐级发布命令和进行指挥的权力。直线职权给予一位管理者指挥其下属工作的权力，也就是通常所说的指挥权。直线职权关系是组织中的主要关系。

2. 参谋职权

参谋职权是一种服务和协助的关系。参谋职权是承担参谋职能的人所拥有的职权。

参谋职权存在的原因如下：第一，直线领导某些专业知识的缺乏，需要参谋提出建议；第二，组织规模扩大，事务繁杂，需要参谋人员提供帮助；第三，直线领导缺乏有效的监督控制能力，需要参谋进行协助。参谋人员所拥有的是建议权。

3. 职能职权

职能职权是根据高层管理者的授权，参谋人员拥有的对其他部门或人员的直接指挥权。

在纯粹参谋的情形下，参谋人员所具有的仅仅是辅助性职权，并无指挥权，但是，由于管理活动日益复杂，主管人员仅依靠参谋的建议还很难做出最后的决定，为了改善和提高管理效率，主管人员就可能将职权关系做某些变动，把一部分原属于自己的直线职权授予参谋人员或某个部门的主管人员，这便产生了职能职权。

（三）集权与分权

集权与分权是指职权的集中程度和分散程度。集权与分权都是相对的，没有绝对的集权，也没有绝对的分权。

1. 集权

集权即职权的集中化，是指决策权在很大程度上向处于较高管理层次的职位集中的组织状态和组织过程。

集权有利于集中领导和统一指挥，有利于部门与整体的协调一致，有利于加强控制，形成统一意志。但集权又限制了下属人员积极性、主动性和创造性的发挥，它使领导过多地关注具体事物而不是重大问题，使组织缺乏必要的灵活性和适应性，易于死板僵化。

专栏 5－4

杜邦公司在19世纪的亨利时代，公司决策无论大小都是亨利拍板，所有支票都得由他开，所有契约也得由他签订，利润分配他一人决定，公司在全国的几百家经销商，也是靠他一家一家去监督。亨利在任职期间写了25万封信，72岁时仍不要秘书帮助。亨利死后，他的侄子尤金全盘继承他的管理风格，自己处理细枝末节事务，最终心力交瘁，公司也一度陷入困境。

启示：管理者过分集权，事无巨细，亲力亲为，将使企业陷于困境。

2. 分权

分权即职权的分散化，也就是决策权在很大程度上分散到处于较低管理层次的职位上。

分权有利于发挥下级的主动性和创造性，能够使下级自主工作，便于领导关注组织的重大问题，使组织有较强的灵活性和适应性。但分权不利于实行集中统一的指挥，容易导致各部门的本位主义倾向，影响整体利益，增加了协调和控制的难度，造成分散和各自为政。

集权与分权各有利弊，过分的集权和过分的分权都有碍于组织目标的实现。在组织中，职权应当在多大程度上集中或分散，要根据具体情况而定。

3. 影响集权与分权程度的因素

（1）决策的代价。某一项决策，如果其失误的时候影响很大，它可能由高层做出；而当影响较小时，则可能由低层做出。

（2）政策一致性的愿望。如果高层认为政策的一致非常重要，要求一致性的愿望强，则管理更多的趋于集权，即权力的集中程度较高；相反，如果高层认为要保持政策的灵活性和适应性，则更趋向于分权。

（3）组织的规模和经营特点。如果组织规模较大，则问题相对较多，为了提高效率，需要多人负责，就需要分权；相反，则倾向于集权。如果经营的特点是技术不复杂、连续性不强，则可以分权；相反，就需要集权。

（4）管理人员的个性素质。如果管理人员是专制型的或不放心别人决策，则更多地倾向于集权；相反，则只能分权。

（5）控制技术。如果管理人员有较好的控制技术和工具，能够及时地了解职权的使用情况，避免重大失误，则分权程度就会高；相反，则更趋向于集权。

（6）组织的历史和文化。如果组织是从小到大逐步发展起来的，则更多地倾向于集权；相反，如果组织是几家合并的，那么多少会保持一定的“独立性”，则倾向于分权。如果组织在最初创立时就习惯于分权，则趋向于分权；相反，则倾向于集权。

（7）组织变革的速度。变革速度快的组织，遇到的问题更多、更新、更复杂，因此，不得不进行分权；相反，变革速度慢的组织，则集权的程度会高一些。

（8）环境的变化。如在经济高速增长的环境中，市场活跃，机会增多，为了抓住时机，可能分权多一些；相反，在宏观紧缩的环境中，为了集中力量摆脱困境，则可能集权多一些。

专栏 5-5

T公司是一家大型联合公司，下属有450个分公司，经营着9 000多种产品，公司每年的销售额达90多亿元。多年来，T公司都采用购买其他公司来发展自己的战略，因而取得了迅速的发展。公司的传统做法是：购买一家公司或工厂以后，一方面持续生产其原来的产品，使其成为联合公司的一个下属部门；另一方面是对下属各分公司或工厂都采用分权的形式，允许新购买的分公司或工厂保持其原来的生产管理结构，这些都不受联合公司的限制和约束。由于实行了这种战略，公司变成由许多没有统一目标，彼此又没有什么联系的分公司或工厂组成的联合公司。公司专门设有一个财务部门，但是这个财务部门根本就无法控制这么多分公司或工厂的财务活动，因此造成联合公司总部甚至无法了解并掌握下属部门支付支票的情况。

启示：分权过度，会造成组织对下属部门的失控。

（四）授权

1. 授权的含义

授权是指上层管理人员将适当的权力授予下属，让下属在指定的职责范围内做出决定和支配资源。授权是实行分权的主要手段。授权者对被授权者有指挥权、监督权，职权委派给了下属之后，下属可以在其职权范围内自由决断、灵活处理问题，同时被授权者对授权者有报告和完成任务的责任。授权一方面是向下属分派任务，并授予其权力；另一方面也要明确责任。

2. 授权的要求

（1）明确职责。授予下属权力，要把所承担的职责及要求完成的任务讲清楚。

（2）根据预期成果授权。授权要根据所承担的任务、所负的责任和要实现的预期成果进行。权力要和任务相适应，以使接受权力的人能使用权力去完成任务，实现预期目的。

（3）授权对象适合。权力要授予那些真正愿意接受该权力的人，被授予权力的人要有运用权力完成任务的能力。

（4）有顺畅的沟通渠道。必须建立顺畅的信息沟通渠道，上下级之间能有效沟通。

（5）有适当的控制。管理者的责任不会因为授权而消失，所以必须确保所授出的职权确实是在为实现组织目标而使用。要能通过控制，及时地发现和纠正被授权者在使用职权时出现的问题，以免发生大的错误。

专栏 5－6

孔子的学生子贱有一次奉命担任某地方的官吏。他到任以后，时常弹琴自娱，不管政事，可是他所管辖的地方却治理得井井有条，民兴业旺。这使那位卸任的官吏百思不得其解，因为他每天即使起早摸黑，从早忙到晚，也没有把地方治好。于是他请教子贱："为什么你能治理得这么好？"子贱回答说："你只靠自己的力量去进行，所以十分辛苦，而我却是借助别人的力量来完成任务。"

启示：一个聪明的领导人，应该正确地利用下属的力量，充分发挥下属的积极性，不仅能使下属很快成长起来，同时，也能减轻管理者的负担。

五、组织结构的基本类型

组织结构是指组织的基本架构，是对完成组织目标的人员、工作、技术和信息所做的制度性安排。

组织结构的基本类型如下。

（一）直线制

直线制组织结构是指高层领导不通过或只通过一个或少数的中间层次直接指挥下属，不设职能机构，实行上下垂直领导的一种组织结构形式，如图 5－8 所示。

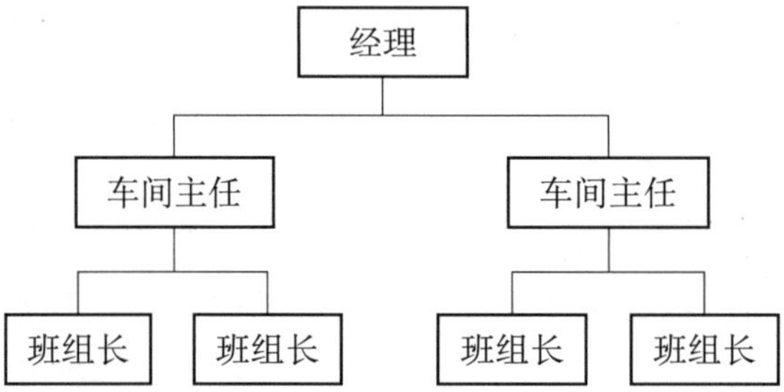

图 5－8　直线制组织结构

直线制的优点在于，领导隶属关系简单、明确，结构简单，指挥统一，上下信息传递迅速。缺点是组织的最高领导人必须通晓各种知识和业务，必须自己处理各种具体工作，负担过重，无暇顾及组织长远的大问题，在组织规模扩大时便无力应付，管理方式简单粗放。因此，这一组织结构只适用于比较简单的小型组织。

（二）直线职能制

它是以直线领导为主，同时辅以职能部门的参谋作用的一种组织结构，如图 5－9 所示。

这种组织结构既能实现统一命令和集中指挥，又能发挥职能管理和职能参谋的作用，形成有机的领导隶属、分工协作和指导监督关系，是一种良好的组织结构。

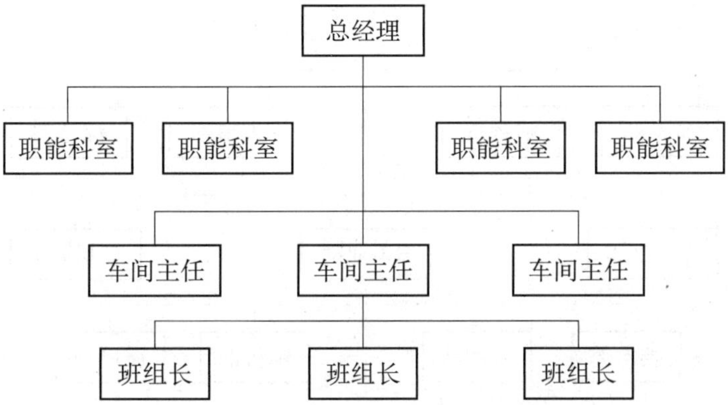

图 5-9 直线职能制组织结构

1. 直线职能制的优点

(1) 分工精细，任务明确。

(2) 有较高的效率。

(3) 稳定性较高。

(4) 保证集中统一的指挥。

(5) 可发挥各类专家的专业管理作用。

2. 直线职能制的缺点

(1) 各部门缺乏全局观点。

(2) 不易从组织内部培养综合型的管理人才。

(3) 由于分工很细，因而手续繁杂，反应较慢，不易迅速适应新的情况。

直线职能制结构适合于环境比较稳定的中小型组织。

专栏 5-7

胜利电子公司是一家拥有 200 多名员工的小型电子元器件制造企业。除了三个生产车间之外，企业还设有生产技术科、购销科、财务科和办公室四个部门。总经理杨兴华任现职已有四年，他直接领导三个车间主任、三个科长及一个主任。几年来，公司的经营呈稳定增长的势头，职工收入在当地遥遥领先。

启示：直线职能制组织结构适宜中小型企业，有较高的效率。

（三）事业部制

事业部制组织结构是在一个企业内对具有独立产品市场、独立责任和利益的部门实行分权管理的一种组织结构形式，如图 5-10 所示。

总公司是投资决策中心，有人事决策、预算控制、战略决策等大权，主要利用利润指标对事业部进行控制；在总公司下按产品或地区分为许多个事业部或分公司，它们独立核算、自负盈亏。

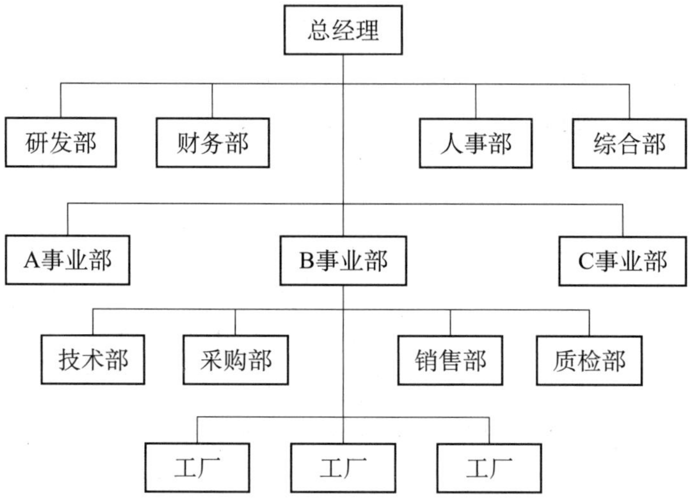

图 5-10　事业部制组织结构

1. 事业部制的优点

（1）专业化管理和集中统一领导的有机结合。

（2）有利于最高领导层集中精力考虑战略性决策。

（3）各个事业部具有独立的利益，有利于调动其积极性。

（4）有利于培养综合型高级管理人才。

2. 事业部制的缺点

（1）集权与分权敏感，容易使各事业部只考虑本部门的局部利益，影响事业部之间的协作和公司的整体利益。

（2）机构相对重叠。总公司与事业部都设置一套职能机构，机构重叠，管理人员过多。

（3）对事业部经理的素质要求较高。

（4）总公司对各事业部协调任务较重。

事业部制适合环境比较复杂、从事多元化经营的、规模较大的组织。

（四）矩阵制

在直线职能制垂直形态组织系统的基础上，再增加一种横向的指挥系统，就形成具有双重职权关系的矩阵制组织结构，如图 5-11 所示。

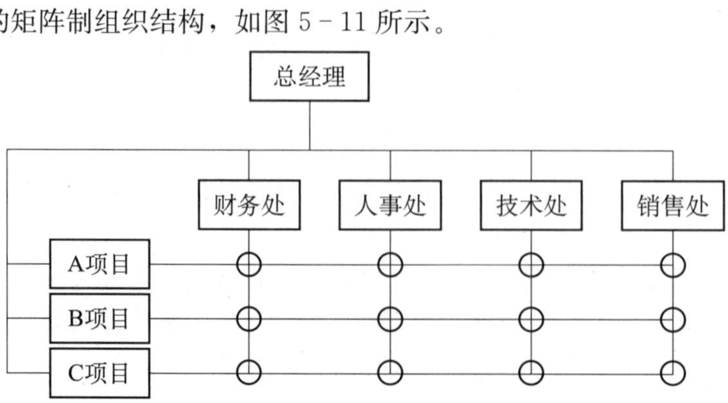

图 5-11　矩阵制组织结构

从系统的观念出发，解决问题，需要各方面人员的共同协作。这种协作既有项目和组成人员的临时性，即任务完成后就解散，其成员又回到原单位去执行别的任务；又有任务和组织机构的固定性。参加项目的成员既接受某项目小组的领导，又不能脱离原来的职能机构，从而形成了矩阵结构。

1. 矩阵制的优点

（1）可以把集权与分权、纵向和横向管理结合起来，提高管理效率。

（2）灵活机动，专业设备和人员得到了充分利用，适应性强。

（3）促进各种专业人员互相沟通、互相帮助，培养合作精神和全局观念。

2. 矩阵制的缺点

（1）稳定性差。成员位置不固定，有临时观念，影响对工作的责任心。

（2）违背统一指挥原则。小组成员既接受项目小组负责人领导，又要接受原职能部门的领导，当这两个负责人意见不一致时，小组成员无所适从。

矩阵制组织结构适合于需要多部门相互配合或工作具有临时性的组织。

（五）委员会制

委员会制也是一种常见的组织形式，是集体工作的一种形式。委员会是由若干人组成的群体，委员会中各个委员的权力是平等的，依据少数服从多数的原则处理问题。它的特别之处在于委员会以处理组织业务以外的特别事项为主，而一般会议主要处理组织的业务问题。另外，参加委员会会议的必须是委员会成员。委员会的特点是群体决策、集体行动。

1. 委员会制的优点

（1）可以充分发挥集体的智慧，能够提供更多、更完整的信息，避免个别人的判断失误。

（2）少数服从多数，防止个人滥用权力。

（3）委员会成员地位平等，有利于沟通和协调。

（4）更多地参与，可激发组织成员的积极性和主动性。

2. 委员会制的缺点

（1）作出决定往往需要较长时间，有时议而不决。

（2）受某人或少数人主导。

（3）易发生从众现象或折中调和现象。

（4）责任模糊。集体负责易导致大家都不负责。

（六）团队结构

团队是指完成相互依存的任务，实现共同使命的一群人。团队成员由拥有不同背景、不同技能及不同知识的人员所组成，组成团队后，他们共同为某一特定的任务而工作，共同实现与组织目标相关的某一目标。团队中通常有一人为领导人，但所谓领导，乃是按工作的逻辑而领导，在团队中并没有主管与部属之分。

团队结构是指整个组织由执行组织各项任务的团队组成的组织结构。组织由各种各样的团队组成。

1. 团队结构的优点

（1）每个成员始终都了解团队的工作并为之负责。

（2）团队有很强的适应性，能接受新的思想和新的工作方法，迅速分享信息，协调工作。

（3）团队能够给顾客提供更卓越的服务。

2. 团队结构的缺点

（1）团队的领导人如果不提出明确要求，团队就缺乏明确性。

（2）稳定性差。

（3）团队必须持续不断地注意管理。

（4）团队成员虽然了解共同任务，但不一定对自己的具体任务非常了解，甚至可能因为对别人的工作过于感兴趣，而忽略了自己的工作。

团队结构适合两种情况：一种是小型组织，以团队作为整个组织形式；二是大型组织，以团队结构作为正规化结构的补充，以弥补正规化结构的僵化和刻板。

第三节　人员配备

人员配备

一、人员配备的概念

人员配备是指为了实现组织的目标对人员进行恰当而有效的招聘、甄选、培训、绩效考核等，从而确定合适的人员去充实组织机构中所规定的各项职务，保证组织活动的正常进行。

人员配备的主要任务是通过分析人与事的特点，谋求人与事的最佳组合，将合适的人放在合适的岗位上，实现人与事的不断发展。

人员配备是为组织的每个岗位配备适当的人，它不仅要满足组织的需要，同时也必须关注组织成员个人的特点、爱好和需要，以便为每个人安排适当的工作。因此，从组织角度看，人员配备的任务是保证位得其人，提高组织的效率，不断培养和准备后备干部，建立和提高员工对组织的忠诚，从而有效地实现组织的目标；从个人角度看，人员配备的任务是使每个人的知识及能力得到正确的评价和公平的对待，得到一份报酬合理的工作，使每个人能力得到不断的发展和提高，有较好的职业发展前景。

二、人员配备的特点

（一）人员配备以组织的目标和战略为指导，与组织的长期发展规划相适应

人员配备要根据组织长期发展战略的要求，制订出自己的战略计划；当组织的长期发展规划及目标和战略发生变化时，人员配备的计划也要作相应的调整。

（二）人员配备是以人为中心的管理

在组织的各要素中，人是具有决定性的关键因素。不同经济组织之间的竞争，归根到底是人才的竞争。因此，人员配备工作必须以人为中心，关心人、尊重人、理解人、依靠人，发挥人在组织各项工作中的积极性、主动性和创造性。

（三）人员配备是管理最复杂的环节

人员配备不仅仅是选择人、评价人和调配人，而且包括如何使用人和如何留住人；人员配备也不仅仅是让员工有工作可干，而是要最大限度地发挥员工的潜力。因此，人员配备涉及组织的各个方面，要把员工的招聘与甄选、培训与发展、绩效考核、奖惩、调职、离职等环节相互衔接、协调配合，进行全面的系统管理。所以说，人员配备是管理中最复杂的环节。

三、人员配备的原则

（一）因事择人

因事择人是指根据岗位要求来选拔具备相应知识与能力的人员。要使工作卓有成效地完成，就要求在保证工作效率的前提下安排和设置职位，同时要求在此职位上的人应具备相应的知识和工作能力。因此，因事择人是实现人事匹配的基本要求。

（二）因才选用

要根据人的不同特点来安排工作，使人的潜能得到最充分的发挥。人尽其才，物尽其用，既不要学非所用、大材小用，也不要强人所难、小材大用。

（三）动态平衡

这一原则要求以发展的眼光看待人与事的配合关系，不断根据变化了的情况进行适时调整，最终实现人与工作的动态平衡。组织不断发展变化，组织对其成员的要求也在变化，同时，人的能力和素质也在不断提高，因此，人与事的配合需要不断地协调和平衡。

专栏 5－8

某作家著作颇丰，知名度很高，上级领导派他去报社办报。上任以后，由于作家对报社工作不熟悉，做起来不仅显得吃力，也很被动。他不懂怎样把报纸办得受读者欢迎，感觉办报比写小说还累。报纸没办好，既浪费了自己的时间，也给报社带来了不必要的经济负担。于是，作家辞职，继续拿起他的笔写小说。

启示：一个优秀的领导，应该清楚地了解其下属的所长，让他们各就各位、各司其职。在这种情况下，领导最理智的办法就是让这个人回到他该去的地方，做他做得好的事情。

四、人员配备的管理

（一）招聘

招聘是指组织寻找、吸引符合条件的求职者来填补职位空缺的过程。

招聘的方式有内部招聘和外部招聘。

员工招聘的外部来源是多方面的，如学校、人才市场等。

一般来讲，组织可以通过以下渠道来获得所需要的员工：广告招聘、员工或关联人员推荐、职业介绍机构推荐、大专院校就业机构推荐等。

（二）甄选

甄选是指从应聘者的资格审查开始，经过初选、笔试、面试、测试、体检、个人资料核实到人员录用的过程。

甄选的主要方法有以下几种。

1. 申请表分析

将收集到的应聘者的申请表进行初步分析，评价应聘者是否符合招聘岗位的要求。

2. 资格审查

对申请表资料中所填写内容进行核实，为是否录用提供决策依据。资格审查主要从两方面做出判断：一是判断应聘者是否符合所应聘岗位的基本任职条件，如年龄、学历、专业要求等；二是通过分析和调查，确定应聘者所提供的个人信息是否真实。

3. 测试、面试及情景模拟

通过各种技术手段，对应聘者的智力水平、知识面、能力结构、个性特征、兴趣爱好等进行全面的考察与评价。

（三）培训

1. 培训的概念

培训是组织为改善内部员工的价值观、工作能力、工作行为和工作绩效而进行的有计划的、有针对性的学习活动和过程。培训是提高员工素质，培养员工适应环境变化的能力，从而有效实现组织目标的重要措施。

培训的目标是让员工掌握新的知识和技能、发展各方面的能力、形成统一的价值观，并增强员工之间的信息交流。

2. 培训的方式

员工培训包括岗前培训、在职培训和脱产培训三大类。

（1）岗前培训。也称职前引导，是对新员工进行的导向性的培训。其目的是减少新员工在开始新的工作之前的担忧和焦虑，帮助员工了解和掌握组织的基本信息。

（2）在职培训。即在工作岗位上的工作与学习同步进行的培训。

（3）脱产培训。也称离职培训、脱岗培训，即让员工离开工作岗位，集中时间和精力参加培训活动。

随着计算机和互联网的发展，基于计算机的培训或者基于网络的培训得到广泛的采用，它是接受培训的员工和计算机相互合作的一个学习过程，员工可以随时随地接受培训，打破了时间及地域的限制，使培训变得更为方便和快捷。

专栏 5－9

东京迪士尼乐园负责扫地的员工，有些是暑假工作的学生，虽然他们只工作两个月时间，但是培训他们扫地要花 3 天时间。

1. 学扫地

第一天上午要培训如何扫地。怎样扫树叶才不会让树叶飞起来？怎样刮纸屑才能把纸屑刮得很好？怎样掸灰才不会让灰尘飘起来？这些看似简单的动作都要经过严格培训。扫地时间还另有限制性规定：开门时、关门时、中午吃饭时、距离客人15米以内等情况下都不能扫。这些规范都要认真学习，严格遵守。

2. 学照相

第一天下午学照相。十几台不同品牌的、性能先进的数码相机摆在一起，员工要学习如何使用每台相机，因为客人会叫员工帮忙照相，可能会遇到各种各样的照相机。如果员工不会照相，不知道怎么使用相机，就不能照顾好顾客，所以学照相要用一个下午的时间。

3. 学抱小孩、包尿布

第二天上午，学怎么抱小孩、包尿布。孩子的妈妈可能会叫员工帮忙抱一下小孩，但如果员工不会抱小孩，动作不规范，不但不能给顾客帮忙，反而会给顾客添麻烦。员工不但要会抱小孩，还要会给小孩换尿布。这些技能都会认真培训，严格规范。

4. 学辨识方向

第二天下午学辨识方向。有人要上洗手间，"右前方，约50米，第三号景点东，那栋红色的房子"；有人要去餐厅，"左前方，约150米，第七号景点东，那个灰色的房子"；有人要去礼品店，"前面约20米，第十一号景点，那个蓝白相间的房子"……顾客会问各个景点的位置，所以每一名员工要把整个迪士尼乐园的地图都熟记在脑子里，对迪士尼乐园的每一个方向和位置都要非常明确。

训练3天后，员工才开始正式工作。

启示：即使是一个简单的工作，也需要对从事这一工作的员工进行系统的、深入的培训，这样他才能把工作做到位。

（四）绩效考核

绩效考核是指组织定期测量、评估和检验个人或群体小组的工作及业绩的一种正式制度。绩效考核影响员工的工作意愿和态度。因此，客观、公正的绩效考核制度对一个组织来说至关重要。

传统的绩效考核方法主要有：个人自我评价法、小组评议法、工作标准法、业绩表评估法、排列评估法等；现代的绩效考核更多采用目标管理法、关键绩效指标考核法、360度考评法、平衡计分卡等。

专栏5-10

领导安排三名工人种树，搞绿化工程：第一名工人负责挖坑，第二名工人负责往坑里放树苗，第三名工人负责填土。有一天，第二名工人因其老婆生孩子而请假没来上班，第一名工人照样挖坑，第三名工人照样往没有树苗的坑里填土。

启示：员工不会在意企业的目标是什么，只会关注考核的指标。考核什么，员工就关注什么。

第四节　组织变革

组织变革

一、组织变革的含义及动因

（一）组织变革的含义

在当今社会，组织面临着内外部的各种变化，固执于以往的做事方式几乎是不可能的，变革是常态，所以人们常说“唯一不变的就是变革”。

组织变革是组织根据内外环境的变化而进行的调整、改革和适应的过程。任何组织，无论过去多么成功，都必须随着环境的变化而不断调整自己，以求与环境相适应。不变革，组织终将被环境所淘汰。组织变革的根本目的是提高组织的效能。

（二）组织变革的动因

推动变革的动因可从内部和外部两大方面进行分析。

1. 变革的内部动因

导致组织变革的内部动因是多方面的。

（1）战略的调整。组织战略的改变要求组织结构做相应的调整，以适应战略的要求，否则战略就得不到有效的实施。

（2）设备引进与技术的变化。技术进步对组织结构提出了不同的要求。如信息技术使沟通更为方便直接，中层领导者不像过去那么重要，促使组织结构更具柔性和有机性。

（3）员工受教育程度的提高。员工受教育程度提高，知识型员工的比例越来越高，他们对工作的自主性和能力发展的需要会增加，要求更多地参与到组织的活动中，更多地体现自主性，集权型组织就会变革为分权型的组织。

（4）组织规模和范围扩大。组织规模和范围的扩大，要求适时调整组织结构，对组织进行局部或全方位变革。

2. 变革的外部动因

一般环境及特殊环境中的要素都有可能促使组织进行变革。

（1）宏观政治经济环境的变化。诸如政治经济政策的调整、经济体制的变革以及市场需求的变化，都会引起组织内部深层次的调整和变革。

（2）科技进步的影响。当今科技发展日新月异，新产品、新工艺、新技术、新方法层出不穷，使组织原有的运行机制面临严峻的挑战。

（3）环境资源的影响。组织发展依赖一定的环境资源，如原材料、资金、能源、人力资源、专利使用权等，它们对组织的发展发挥着重要的支持作用。组织一方面要克服对环境资源的过度依赖，另一方面要及时根据环境资源的变化顺势进行组织变革。

（4）竞争观念的改变。未来，市场竞争将会越来越激烈，竞争的方式也多种多样，组织要想适应未来竞争的要求，就必须更新竞争观念。竞争观念的改变，必然也要求组织不断调整和变革。

（5）全球化。随着世界经济的全球化，每个组织都面临复杂多变的全球化环境。所以组织必须通过变革来适应全球化的环境，并在其中生存和发展。

二、组织变革的目标

（一）使组织更具环境适应性

组织要想在动荡的环境中生存并得以发展，必须顺势变革自己的任务目标、组织结构、决策程序、人员配备、管理制度等，才能有效地把握各种机会，识别并应对各种威胁，使组织更具环境适应性。

（二）使管理者更具环境适应性

一方面，管理者需要调整过去的领导风格和决策程序，使组织更具灵活性和柔性；另一方面，要能根据环境的变化要求重构层级之间、工作团队之间的各种关系，使组织变革的实施更具针对性和可操作性。

（三）使员工更具环境适应性

组织通过不断进行再教育和再培训，在决策中更多地重视员工的参与和授权，使员工充分地认识到变革的重要性，顺势改变员工对变革的观念、态度和行为方式等。

三、组织变革的方式

按照变革的程度与速度的不同，组织变革方式可以分为渐进式变革和激进式变革。

（一）渐进式变革

渐进式变革是管理者逐步地修正和改正一些事情，以渐进的方式对变化作出反应。这种方式强调循序渐进，逐步深入，一步一个脚印，不急于求成。每解决一个问题，就向变革目标迈进了一步。这种变革步子迈得比较小，每一次的改变幅度都不是很大，变革的阻力较小，变革较稳妥。

（二）激进式变革

激进式变革是管理者快速地抛弃传统的习惯做法，以激进的方式对变化作出反应。这种方式强调速战速决，快刀斩乱麻，以迅雷不及掩耳之势进行变革，在较短的时间内全面出击，以求达到变革的目标。这种变革速度快，能够抓住机会彻底改变局面，但变革的幅度较大，阻力较大，组织会承担较大风险。

现实中，当环境变化缓慢的时候，组织可以采取渐进式变革；当环境变化多端的时候，组织可采取激进式变革。当然也不能一概而论。

四、组织变革的内容

组织变革可以是某一方面的改变，也可以是全方位的变化，当然，某一方面的改变也会影响到别的方面。总的来看，组织变革的内容包括以下几方面。

（一）人员变革

人员变革是指组织成员在工作态度、期望、认知和行为上的改变。人员变革一般可以通过学习、培训、改变组织中的人员构成和组织发展等途径实现。人员变革的重点在于组织成员之间对权力与利益等资源的重新分配。

（二）结构变革

一定的组织结构总是与相应的组织规模、市场环境相联系并随之改变。结构变革是对组织模式、权力关系、协调机制、集权程度、职务与工作再设计等方面进行的变革。管理者可以对组织结构要素的一个或多个加以变革。例如，可将几个部门合并在一起，或者减少管理层次、拓宽管理幅度使组织扁平化，或者通过提高分权化程度使决策更快速。管理者也可以对组织结构做出重大的改变。例如，由直线职能制结构向事业部结构转变，或者形成矩阵结构，或者改变工作流程等。

（三）技术变革

组织的任何活动都需要利用一定的技术和反映一定技术水平的特殊手段来进行。技术变革是对组织所使用的设备、工具、技术、工艺、方法等方面进行的变革。管理者可以对上述要素中的一个或多个加以改变。例如企业由以人为主进行生产转变为以机器为主进行生产就是一种技术变革，这一变革必然要求改变生产设备。近几年来最明显的技术变革是网络技术在组织中的普遍推行，从而在很多方面改变了组织内外部的运作模式。

（四）组织文化变革

当组织文化变得与组织不适应时，就要对组织文化进行变革。从某种意义上说，组织文化变革是难度最大、耗时最长的变革。一种文化的形成需要很长一段时间，而一旦形成后又不易改变。组织文化变革的核心是要确立新的价值观来取代旧的、落伍的价值观。一般情况下，当大规模危机出现、新的领导人上任、组织新创立且规模较小时，有利于组织文化的变革。

五、组织变革的过程

心理学家库尔特·卢因提出了一种三步骤变革过程分析方法，他的“解冻—变革—再冻结”模型被许多管理者采用。

（一）解冻

解冻就是对现有状态的否定，打破旧习惯，与传统决裂，克服对过去的留恋，营造必须变革的气氛。解冻是变革的前奏，管理者对此不可掉以轻心，良好的铺垫将使变革顺利进行，否则变革的阻力足以使变革夭折。

专栏 5－11

如果你将一只青蛙丢进滚烫的热水中，它会立即跳出来以免一死。但是，如果你把青蛙放进冷水锅中逐渐加热，则青蛙直到死亡都不会挣扎，因为当它感受到水烫得实在受不了时，已无力逃脱。

启示：企业面临困境时，需要打破现状，使组织觉醒，让全体员工感到变革的必要性。

（二）变革

变革就是建立新习惯，进入新状态，实施具体的变革行动。这是实质性的阶段。这一阶段管理者要积极利用变革的动力，减少变革的阻力，变消极因素为积极因素，鼓励全体员工参与变革，为变革出谋划策。

（三）再冻结

再冻结就是巩固新习惯，强化变革的成果。这一阶段管理者要采取措施巩固和强化变革的成果。比如对实施变革有贡献的员工进行奖励，对有新习惯的员工加以肯定，形成新的制度或规则等。

六、组织变革的阻力及其克服方法

（一）组织变革的阻力

组织变革从来就不是一帆风顺、轻而易举的，变革总会面临阻力，即反对、阻挠、对抗变革的制约力。这些阻力包括以下几个方面。

1. 个体的阻力

个体对组织变革的阻力，主要是因为其固有的工作和行为习惯难以改变、安全就业需要、经济收入变化、对未知状态的恐惧以及对变革的认识存有偏差等而引起。

2. 群体的阻力

群体对变革的阻力，可能来自群体规范的束缚，群体中原有的人际关系可能因变革而受到改变和破坏等。

3. 来自组织层次对组织变革的阻力

这一阻力包括现行组织结构的束缚、组织运行的惯性、变革对现有责权关系和资源分配格局所造成的破坏和威胁，以及追求稳定、安逸和确定性甚于革新和变化的保守型组织文化等，这些都可能是影响和制约组织变革的因素。

4. 外部环境的阻力

外部环境的阻力是指来自外部环境各种因素的影响，如市场竞争的激烈程度可能会影响企业的变革进程等，这些外部环境的阻力可能会影响企业对组织变革的决策和实施，从而对变革过程形成阻力。

专栏 5－12

某制造公司是一家小型制造企业，它正尝试通过打造自己的特色，适应新的竞争格局。公司的总经理与总工程师合作，制订出了一项计划。该计划旨在通过安装六个数字化机械加工设备取代传统手工操作的设备，为公司的制造能力带来突破性的变革。这个计划顺利开始实施，但三车间拒绝参与。该车间包括公司里声望最高的几名车工明确表示他们不想使用新的设备。

启示：组织在发展过程中，需要通过技术变革提高生产效率，但技术变革也会面临阻力。

（二）组织变革阻力的克服方法

变革是破旧立新的过程，有效的组织变革是一个增强变革动力和降低变革阻力的过程。克服组织变革阻力的方法主要有以下几种。

1. 开诚布公地与员工沟通

通过沟通特别是双向的沟通，使员工了解变革的原因和变革的必要性，减少他们对变革的顾虑，建立相互信任、相互依赖的关系。

2. 让员工参与到变革中

让员工发表他们的看法，参与变革的策划和实施，让他们发挥主动性，就能降低阻力。

3. 利用成功的变革模式

例如，把对变革持怀疑态度或有代表性的人组成一个小团队去参观变革成功的典型，往往会很有帮助。

4. 减少不确定性

当组织发起一个重大变革时，组织会出现很多混乱和不确定性，关于变革的谣言对变革是非常不利的，因此对变革内容进行公开的交流，可以减少员工由于变革所感受到的不确定性，谣言的减少往往意味着变革阻力的减少。

5. 谈判

在变革阻力较大时，也可通过谈判的方式来解决，使某些人或某些组织的利益得到满足，有时要做必要的妥协，从而消除阻力。

复习思考题

1. 什么是组织？你认为组织有何作用？
2. 组织设计的原则有哪些？
3. 组织设计的影响因素有哪些？
4. 几种部门划分的优劣表现在哪些方面？
5. 什么是管理幅度和管理层次？它们之间有何关系？影响管理幅度的主要因素有哪些？
6. 什么是集权？什么是分权？影响集权和分权程度的因素有哪些？
7. 什么是授权？授权有哪些要求？
8. 有哪些常见的组织结构类型？它们各自的优缺点是什么？
9. 什么是人员配备？

10 人员配备有何特点？

11. 人员配备的原则是什么？
12. 培训的目标是什么？
13. 培训类型有哪些？
14. 什么是绩效考核？
15. 什么是组织变革？
16. 组织变革的动因与目标是什么？
17. 组织变革的内容有哪些？
18. 组织变革的过程包括哪些？
19. 克服变革阻力的方法主要有哪些？

案例分析

案例 1

王总经理总结自己多年的管理实践经验，提出改革企业的管理机构。他认为，一个人应只有一个直接领导，即全公司只有一个人对他下达命令，其他人的命令都是无效的。如董事长有什么事只能找总经理，不能找副总经理。下面的处长只能听从一个副总经理的指令，其他副总经理的指令对他是不起作用的。这样做使中层干部很高兴。原来公司有 13 个公司级领导，每个公司级领导的命令都要求下级执行会导致下级吃不消。

上下级领导界限要分明。副总经理是总经理的下级，总经理作出的决定他们必须服从。副总经理和处长之间也应如此。总经理对董事会负责，所以要向董事会打报告，把计划、预算决算完成后，一经批准就按此执行。所以总经理跟董事长有时一周一面也不见，与副总经理一周只见一次面，王总经理认为这样做是正常的。公司报忧不报喜，公司一切正常就不用汇报，有问题才找领导汇报，否则就各忙各的事。

王总经理认为，一个人的管理能力是有限的，所以领导人的直接下级只有 5～6 个人。他现在的下级有 7 个人（5 名副总经理，2 名顾问）。这 7 个人由他直接布置工作，有事可直接找他，除此以外，任何人来找一律不接待。

分析与思考：

1. 你如何评价王总经理的做法？
2. 王总经理在管理中遵循了哪些原则？

案例 2

三年前，某计算机公司招聘录用了两名刚刚毕业的计算机专业大学生张强和李佳。公司人事经理决定让他们从事市场营销工作。两个人都愿意从事该项工作，但两个人性格不同，张强个性外向、热情、开朗，善于交际且主动，而李佳则与之相反。一年后，张强完全适应了销售工作，且成绩出色，被提升为部门副经理，而李佳表现一般，仅能完成上级交给的任务。过了一段时间后，李佳找人事主管谈话，说他对营销工作早已不感兴趣，准备辞职。经了解，人事主管得知李佳有极强的创新精神，高中时就获得过科技发明奖。人事主管和公司总经理找李佳进行了一番长谈后，将李佳调到公司研究开发部工作。李佳到新的工作部门不到一年，他的两项发明就为公司创利 50 多万元。

分析与思考：

1. 如果你是公司的管理者，你会如何解决李佳提出辞职的问题？
2. 从这一案例中你得到了什么启示？

在线自测

扫一扫　练一练

第六章　领导

本章导读

领导是管理活动过程中的一项重要而独特的职能，与管理既有联系也有区别。领导工作具有与人互动的性质，领导者正是通过与被领导者的双向互动过程，促使组织成员更有效地实现组织的目标，这一点使领导职能明显区别于其他管理职能。

领导的本质就是影响力，而影响力形成的基础是权力。按来源不同，权力可分为法定权力、奖赏权力、强制权力、专家权力、个人影响力。前三种主要与领导者所处的职位相关，其他则与领导者的个人因素相关，所以前者被称为职位权力，后者被称为个人权力。正式组织中的有效的领导者应该是兼具职位权力和个人权力的领导。

领导工作能否产生预期的效果，主要取决于领导者自身的素质、领导方式（领导风格）、领导工作所面临的情况这三大因素，据此可以将有关领导工作及其效能的研究划分为领导特质理论、领导方式理论和领导权变理论三类。领导特质理论主要研究领导者与非领导者以及有效的领导者与无效的领导者之间的素质或特质差别。领导方式理论则将研究重点从领导者可能具有哪些特质转向了领导者行为的方面，并对领导的方式或风格做了各种角度的区分。领导权变理论则认为有效的领导方式是因不同情况而变化的，只有与特定情境相适合的领导方式才可以成为有效的领导方式。

领导工作具有较强的艺术性，它涉及领导活动的各个方面。领导者灵活地、创造性地、有技巧地应用领导艺术是提高领导效能的重要方式。

学习目标

通过对本章的学习，能够概述领导职能的基本内容、作用及领导与管理的不同；掌握领导的本质及领导特质理论、人性假设理论、领导方式理论和领导权变理论；了解领导艺术在现代管理中的重要性及基本的领导艺术。

关键概念

领导与领导者　权力　领导特质　X 理论与 Y 理论　管理方格理论　菲德勒模式　领导生命周期理论　领导艺术

第一节 领导的概念

领导的概念

一、领导与领导者

（一）领导的定义

有关领导的概念迄今为止还没有一个为大家所接受的权威定义。目前，最具代表性的定义是由美国管理学家孔茨、奥唐奈和韦里奇给出的，他们认为领导是一种影响力，是对人们施加影响的艺术或过程，从而使人们心甘情愿地、热心地为实现组织或群体的目标而努力。

这个概念强调领导的本质是一种影响力，正是依靠这种影响力，领导者在组织或群体中才能实施领导行为。

（二）领导者的定义及作用

领导者，就是在组织中发挥领导作用的人。在整个组织的管理活动中，领导者所发挥的作用主要有以下几种。

1. 协调作用

组织的目标是通过许多人的集体活动来实现的。组织的战斗力、竞争力在很大程度上取决于其内部的维系力。组织中的每一成员为完成共同目标承担着不同的任务与职责，他们之间由于个人知识、能力、观念等的不同而不可避免地在完成任务过程中会出现分歧，为此，需要领导者来协调人们之间的关系和活动，以使组织内部趋向协调而产生巨大的“组织效应”。

2. 指挥作用

在组织的集体活动中，需要有头脑清醒、胸怀全局、高瞻远瞩、运筹帷幄的领导者帮助成员认清所处的环境和形势，指明组织活动的目标和达到目标的途径。领导者只有站在群众的前面，用自己的行动带领群众为实现企业目标而努力，才能真正起到指挥作用。

3. 激励作用

领导工作的作用在很大程度上表现为调动组织中每个成员的积极性，使其以高昂的士气为组织作出贡献。如果领导不具备激励、鼓舞士气的能力，即使组织拥有再多的优秀人才，也很难发挥其整体作用。

（三）领导者影响力的来源

领导者的影响力主要来源于两个方面：一是来源于组织赋予的权力，称为正式权力或职位权力；二是源自领导者个人的权力，称为个人权力或非职位权力。

1. 法定权

法定权指组织内各领导职位所固有的合法的、正式的权力，它来自人们在组织中的地位，是以组织职位的高低为基础的。组织职位越高，法定权就越大。

2. 奖赏权

奖赏权指决定提供报酬、奖赏的权力。如经理可以根据情况给下级增加工资、提升职务、提出表扬等。下属认识到服从上司的意愿会带来奖励，由此会产生服从行为。

3. 强制权

强制权源于被领导者的恐惧，是在运用惩罚手段时产生的，是建立在人们的这种认识基础上的，即领导者有能力将被领导者不愿做的事情强加于他，如果被领导者不执行，会受到相应的处罚。由于强制权容易引起不满，因此必须谨慎对待。

4. 专长权

这种权力是知识力量的表现。拥有这种权力的人一般具有某方面的专业知识或特殊技能。拥有较多知识和技能的人会赢得人们的尊敬、依赖和服从。

5. 个人影响权

这是由个人的品德、奖励、榜样或感情所产生的一种影响力，品行优秀、德高望重的人会令人敬佩，使人们乐于接受他的影响。

上述五种不同的权力基础中，前三项是外因，它一般与个人在组织中的地位或职务成正比变化。后两项是内因，是由领导者本身的品德和素养决定的。外因与内因，即正式权力与个人权力是构成完整领导的基础，二者相辅相成，缺一不可。

二、领导活动的基本要素与基本特征

（一）领导活动的基本要素

领导者、被领导者和目标就组成了领导活动所固有的缺一不可的三要素。

1. 领导者

这是领导活动三要素中最关键的要素，是领导活动的主体，处于主导地位。“火车跑得快，全靠车头带”生动形象地说明了领导者对组织活动的决定性作用。

2. 被领导者

被领导者是领导者领导的基础。他们既受领导者的“指挥”和“协调”，又制约着领导者的活动，决定着目标能否实现。一旦脱离了被领导者，或者违背了被领导者的意志而盲目蛮干，将一事无成。

3. 目标

正确的目标是组织领导者和被领导者的根本利益所在，也是领导者与被领导者发挥自觉能动性的突出表现。

（二）领导活动的基本特征

1. 权力

领导的核心是权力，领导者之所以能够实现对下属的领导，其基础就是权力。领导是由权力派生而来的。这里的权力通常就是指影响他人的能力或控制力。

2. 责任

责任与权力是对等的，领导者在拥有权力的过程中，必须履行责任，权力与责任成正比，职务越高，职权越大，责任也就越重。因此，责任是领导者权力的象征。如果有责无权，领导者就无法尽责；如果有权无责，就会产生各式各样的官僚主义及滥用职权现象，两者必须是统一的。

3. 服务

领导就是服务。领导者应重视服务的观点，不仅强调领导者对被领导者的服务，公司、组织对顾客、对公众的服务，同时也强调上级为下级服务、政府部门为企业服务等观点。

综上所述，领导活动的基本特征就是权力、责任、服务的三统一，它们相互联系，相互制约，缺一不可。权力是手段，责任是内容，服务是核心。领导者只有把这三者有机地统一起来，才能充分体现领导活动的本质。

三、管理和领导的不同

通常人们都习惯于把管理和领导当作同义语来用，似乎管理者就是领导者，领导过程就是管理过程，实际上，管理和领导是两个不同的概念，二者既有联系，又有区别。

首先，从本质上说，管理是建立在合法的、有报酬的和强制性权利的基础上对下属下达命令的行为，而领导除了可能建立在与管理相同的基础上之外，更多的则是建立在个人的影响力、专长权以及模范作用等的基础之上。

其次，从两者的功能特征上讲，管理强调的是计划、组织、控制和解决问题，是整合各种资源，而领导强调的是提供方向、加强人和组织的凝聚力，以及激励和鼓舞人，用各种手段来达到既定的目标。

最后，从两者的作用结果上讲，管理比较注意细节、手段、技术、过程的应用，追求的是秩序，是条理性、程序性和规范性，是与常规和秩序不可分的，而领导关注做人，关注人的尊严、人的价值、人的潜能、人的激励和发展，侧重人文和目的，侧重结果和艺术，追求的是创新、变革、突破，是与变革和创新紧密相连的。

管理和领导构成同一过程中既相互区别又相互联系的两个体系，它们有各自的功能和特点，同时又是组织取得成功不可缺少的组成部分。

第二节 领导理论

领导理论

一、领导特质理论

领导特质理论也称素质理论、品质理论、性格理论，该理论侧重于研究领导人的心理、性格、知识、能力等方面的特征，试图探求一种有效领导者的标准。20世纪早期的研究集中于找出领导者实际具有的特性或个人品质，以期预测具备什么样的人格特征或品质的人最适合成为领导者，即所谓“伟人说”理论。该理论认为领导者的特质与生俱来，主要是由先天性的因素所造就的，只有天生具有领导特质的人才有可能成为领导者。后期的理论，特别是现代领导特质理论则认为领导者的个性特征和品质是在后天的实践中形成的，并且可以通过培养和训练造就。

有代表性的领导特质理论有斯托格迪尔的领导个人因素论、吉普的天才领导者特点论、吉赛利的领导品质论等。

（一）斯托格迪尔的领导个人因素论

斯托格迪尔在全面研究了有效领导应具备的素质方面的文献后，总结出与领导有关的个人因素应包括以下几方面的内容：

（1）五种身体特征，包括精力、外貌、身高、年龄、体重等。

（2）两种社会性特征，包括社会经济地位、学历等。

（3）四种智力特征，包括果断性、说话流利、知识渊博、判断分析能力强等。

（4）十五种先天特性，包括有良心、可靠、勇敢、责任心强、有胆略、力求革新与进步、直率、自律、有理想、有良好的人际关系、风度优雅、身体健康、智力过人、有组织能力、有判断力。

（5）六种与工作有关的特征，包括责任感、事业心、毅力、首创性、坚持、对人关心等。

（6）九种社交特征，包括能力、合作、声誉、人际关系、教育程度、正直、诚实、权力需要、与人共事的技巧等。

（二）吉普的天才领导者特点论

心理学家吉普提出，天才的领导者应该具备六种个性特点：外表英俊潇洒，有魅力；智力过人；具有自信心，心理健康；善于控制和支配他人；性格外向；灵活敏感。

（三）吉赛利的领导品质论

美国管理学家吉赛利在其《管理才能探索》一书中，研究了 8 种个性特征和 5 种激励特征。

1. 个性特征

（1）才智：语言与文辞方面的才能。

（2）首创精神：开拓新方向和创新的愿望。

（3）督察能力：指导别人的能力。

（4）自信心：自我评价较高。

（5）适应性：为下属所亲近。

（6）决断能力。

（7）性别。

（8）成熟程度。

2. 激励特征

（1）对工作稳定的需求。

（2）对金钱奖励的需求。

（3）对指挥别人的权力的需求。

（4）对自我实现的需求。

（5）对事业成就的需求。

吉赛利的这些性格研究，由于具有严密的科学性而受到重视。

二、人性假设理论

如何看待人性，一直是管理理论探讨的问题之一。人性假设理论认为领导行为与管理方式是建立在对人性的不同认识的基础之上的，由此，人们提出了几种不同的人性假设。

（一）人性的四种假设

人性的四种假设是指在管理思想与管理理论发展过程中形成的经济人、社会人、自我实现人、复杂人四种人性假设。

1. 经济人假设

经济人假设最早是由亚当·斯密在《国富论》中做了描述，后来科学管理的创始人泰勒把这种假设进一步落实，“胡萝卜加大棒”的管理方法就是这种假设的典型。

经济人假设认为：人是由经济诱因引发工作动机的，以一种合乎理性的精打细算的方式行事；人总是被动地在组织的操纵、激励和控制下从事工作；人总是企图用最小的投入获得最满意的报酬；大多数人缺乏理性，不能克制自己，很容易受别人影响，组织必须设法控制个人的感情。

2. 社会人假设

社会人假设理论是管理学家埃尔顿·梅奥在“霍桑实验”中得出的。社会人假设认为：人是社会的，影响人生产积极性的因素，除物质因素外，还有社会、心理因素；生产率的高低主要取决于员工的士气，而员工的士气受企业内部人际关系及员工的家庭和社会生活的影响。所以，要调动员工的工作积极性，必须使员工的社会和心理需求得到满足。

3. 自我实现人假设

自我实现人假设是马斯洛在“需要层次论”中最早提出的，其观点是：人一般是勤奋的，人能够自我激励与自我管理，人们要求提高和发展自己，期望获得个人成功。所以，他认为管理者应把管理的重点从重视人的因素，转移至创造良好工作环境上，把人作为宝贵资源并提供具有挑战性的工作，使得员工能力得到最充分的发挥。

4. 复杂人假设

复杂人假设的基本观点是：人是很复杂的，不能把人归为一类。人的需要也是多样的，会随着发展条件而变化，不同的人对同一管理方式会有不同的反应，所以，没有特定的对任何组织都适用的管理方式。管理方法和技巧必须随时、随地、随人不断变化，强调管理者必备的最重要的能力体现在鉴别情景、分析差异、诊断问题的洞察力上。

专栏 6－1

甲、乙两人逛公园，突然甲问乙：“我打你两耳光，然后给你一千元可以吗?”乙想了想，感觉挺值，于是让甲抽了俩耳光，甲也履行了约定付了钱。但是付完钱后，甲和乙都感觉不爽，甲感觉钱付得不值，乙感觉挨的耳光不值。于是乙提出打甲两个耳光并支付一千元。甲同意了，于是乙给了甲两个耳光，并履行诺言支付了一千元。然而甲、乙两人发现他们彼此挨了两个耳光却并没有获得任何东西。

启示：人是社会人，社会行为学假设了个体之间在交易时会出现报复行为，且仅仅只是为了报复。

（二）X理论与Y理论

美国心理学家麦格雷戈于20世纪60年代提出了一对基于两种完全相反假设的理论，即X理论与Y理论。

1. X理论的假设——认为人们有消极的工作原动力

（1）一般人的本性是懒惰的，工作越少越好，可能的话会逃避工作。

（2）大部分人对集体（公司、机构、单位或组织等）的目标不关心，因此，管理者需要以强迫、威胁、处罚、指导、金钱、利益等诱因激发人们的工作原动力。

（3）一般人缺乏进取心，只有在指导下才愿意接受工作，因此，管理者需要对他们施加压力。

基于以上假设，持X理论的管理者会趋向于设定严格的规章制度，以降低员工对工作的消极性。

2. Y理论的假设——认为人们有积极的工作原动力

（1）大部分人并不抗拒工作，人们在工作上体力和脑力的投入与在娱乐和休闲上的投入一样，工作是很自然的事。

（2）人们具有自我调节和自我监督的能力，即使没有外界的压力和处罚的威胁，他们一样会努力工作以期达到目的。

（3）人们愿意为集体的目标而努力，在工作上会尽最大的努力，以发挥创造力和才智等，希望在工作上获得认同，所以，能够自觉遵守规定。

（4）在适当的条件下，人们不仅愿意接受工作上的责任，并会寻求更大的责任。

（5）许多人具有相当高的创新能力去解决问题。

（6）在大多数的机构里，人们的才智并没有得到充分发挥。

基于以上假设，持Y理论的管理者会趋向于给员工授予更大的权力，让员工有更多的发挥机会，以激发员工对工作的积极性。

（三）超Y理论

超Y理论是由美国心理学家约翰·莫尔斯和杰伊·洛希在1970年发表的《超Y理论》一文中提出的，是根据“复杂人”的假设提出的一种新的管理理论。其基本内容包括以下几点：

（1）人的需要是多种多样的，而且随着人的发展和生活条件的变化而不断变化。每个人的需要各不相同，需要的层次亦因人而异。

（2）人在同一时期内有各种需要和动机，它们会发生相互作用并结合为统一的整体，形成错综复杂的动机模式。

（3）人在组织中的工作和生活条件是不断变化的，因此，会产生新的需要和动机。

（4）一个人在不同单位或部门工作会产生不同的需要。

（5）因为人的需要、能力不同，对不同的管理方式会有不同的反应，所以就没有一套适合于任何时代、组织、个人的普遍有效的管理方法。这就要求管理人员善于观察员工之间的个体差异，根据具体情况，因人而异地采取灵活多变的管理方法。

专栏 6-2

“南风”法则

“南风”法则也称“温暖”法则，源于法国作家拉封丹写的一则寓言：北风和南风比威力，看谁能把行人身上的大衣脱掉。北风吹出的冷风寒冷刺骨，结果行人为了抵御北风的侵袭，便把大衣裹得紧紧的。南风则徐徐吹动，顿时风和日丽，行人因为觉得温暖，从而解开纽扣，继而脱掉大衣，南风获得了胜利。

启示：在管理中，温暖胜于严寒。领导者在管理中运用“南风”法则，就是要尊重和关心下属，以下属为本，多点“人情味”，尽力解决下属日常工作和生活中的实际困难，使下属真正感受到领导者给予的温暖，从而激发出工作的积极性。

三、领导方式理论

领导方式是指领导者在行使权力过程中的领导行为方式或领导作风。它直接影响着领导的有效性。分析比较各种不同方式及其效果的差异，找出能产生最优领导效果的领导方式，是领导方式理论的研究重点。

（一）勒温的三种基本领导风格

心理学家勒温把领导者在领导过程中表现出来的极端工作作风分为以下三类。

1. 独裁式领导——权力定位于领导者个人手中

独裁式领导亦称专制或专权式领导，领导者把权力完全集中于自己手中，所有决策均由领导者自己做出，然后命令下属不容置疑地遵从执行。

独裁式领导的特点如下：

（1）个人独断专行，从不考虑别人的意见。

（2）除工作命令外，从不把更多的消息告诉下级，下级没有任何参与决策的机会，只能接受命令。

（3）领导事先安排一切工作内容、程序与方法，下级只能服从。

（4）主要依靠行政命令、纪律约束、训斥处罚来维护领导权威，很少或只有偶尔的奖励，以力服人。

（5）领导者很少参加群体的社会活动，与下级保持相当的心理距离。

2. 民主式领导——权力定位于群体

民主作风的领导人实行参与领导，将权力交给群体。

民主式领导的特点如下：

（1）领导者在作出决策之前，往往要组织群体成员共同讨论工作计划和目标，鼓励他们积极表达自己的意见。

（2）分配工作时尽量照顾员工的能力、兴趣与爱好。

（3）给下属较大的工作自由、较多的选择和较高的灵活性。

（4）主要运用个人的影响力、权威影响员工，以理服人。

（5）领导者与下级有较多的交流，关心他人，尊重他人，把自己看作群体的一员。

3. 放任式领导——权力定位于每个员工手中

放任式领导的主要特点如下：

（1）极少运用权力影响下级，实行无政府管理。

（2）把权力放手交给组织成员，给每个成员以高度的独立性。

（3）领导者既不想评价管理活动，也不关心群体成员的需要和态度，一切放任自流。

4. 三种领导风格的比较

比较三种不同的领导风格对组织产生的影响，可以明显地看到以下情况：

（1）民主的领导作风工作效率最高，他所领导的组织不仅达到了工作目标，而且达到了社交目标。

（2）独裁式的领导，虽然通过严格的管理，使组织达到了工作目标，但组织成员的消极态度和对抗情绪也在不断增长。

（3）放任式的领导工作效率最低，他所领导的组织在工作中只达到了社交的目标，而没有达到工作目标。

（二）俄亥俄州立大学的四分图论

1945 年，美国俄亥俄州立大学进行了研究，试图找出领导的有效性与哪些行为因素有关。研究小组把领导行为进行了分类，概括为“关心组织”和“关心人”两种基本倾向。

“关心组织”强调以工作为中心，关心工作是否有效完成，重视组织设计、职权关系、工作效率，而忽视员工本身的问题，对员工进行严密监督控制。“关心人”则是以人际关系为中心，包括建立互相信任的氛围、尊重下级的意见、关注下属的感情和问题等。他们认为，领导行为是这两种行为的具体组合，领导者的行为可以用两度空间的四分图来表示，具体如图 6－1 所示。

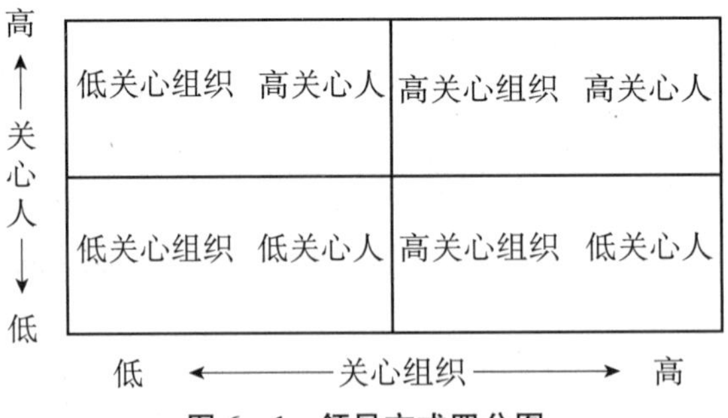

图 6－1　领导方式四分图

（1）高关心组织、低关心人——领导者最关心的是岗位工作，例如计划作业、信息沟通等。

（2）低关心组织、高关心人——不大关心工作进展，只关心员工间的人际关系，在处世方面多能保持一种互尊互信的氛围。

（3）低关心组织、低关心人——既不关心工作也不关心人。

（4）高关心组织、高关心人——既关心工作也关心人。

俄亥俄州立大学的研究表明，“高关心组织、高关心人”领导行为比其他 3 种类型的领导行为更能产生积极效果，更能使下属取得高工作绩效和高满意度。但同时也有足够的特例表明这一理论还需加入情景因素。

（三）管理方格理论

在俄亥俄州立大学的领导行为四分图的基础上，罗伯特・布莱克和简・莫顿于 1964 年就组织中的领导方式提出了管理方格图。这是一张九等分的方格图，横坐标表示管理者对生产的关心程度，纵坐标表示管理者对人的关心程度。两条坐标轴各划分为从 1 到 9 的 9 个小格作为标尺。整个方格图共有 81 个小方格，每个小方格表示“关心生产”和“关心人”这两个基本倾向相结合的一种领导方式，具体如图 6－2 所示。

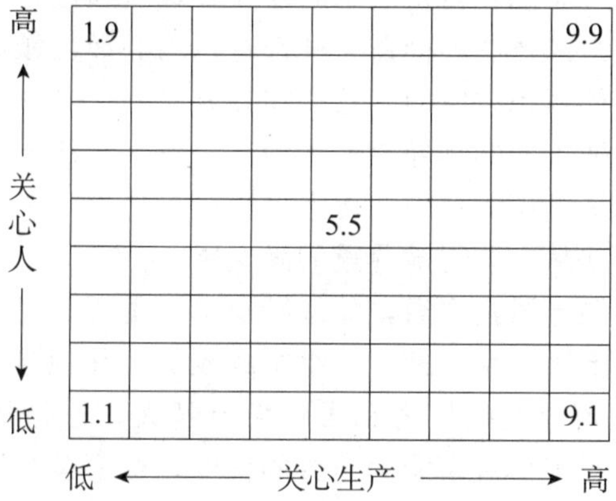

图 6－2 管理方格

在管理方格中，下列五种领导行为方式具有代表性：

（1）1.1 型：贫乏型领导方式。领导者既不关心生产，又不关心员工，对组织运行放任自流，放弃领导应有的责任，仅以最小的努力来完成必须做的工作。所以，这是一种无效率的领导方式，是很少见的极端情况。

（2）9.1 型：任务型领导方式。领导集中注意力于工作效率的要求上，注重计划、指导和控制员工的工作活动，但不关心人的因素，很少注意员工的发展和士气。

（3）1.9 型：俱乐部型领导方式。领导集中注意力于对员工的支持和体谅上，注重员工的需要，努力创造一种舒适和睦的组织氛围和工作节奏，认为只要员工心情舒畅，生产效率就一定会高，因此，领导对规章制度、指挥监督和任务效率等很少关心。

（4）5.5 型：中间型领导方式。这种领导对员工的关心程度和对生产的关心程度虽然都不算高，但能保持平衡。

（5）9.9 型：团队型管理或战斗集体型管理。这种领导方式的特点是对职工、对生产都极为关心，努力使职工个人的需要和组织的目标最有效地结合起来。因此，员工关系协调，士气旺盛，会进行自我控制，生产任务完成得极好。

布莱克和莫顿认为，9.9 型的领导方式是最有效的领导方式。领导者应该客观地分析组织内外的各种情况，分析自己的领导方式，将自己的领导方式转化为 9.9 型，以求得最高的效率。

四、领导权变理论

自20世纪60年代以来，西方国家管理学者关于领导方式的研究又有了新的观点，人们逐渐地认识到，要找到一个适合于任何组织、任何性质的工作和任务，适用于任何对象的固定的领导性格特质或领导行为方式，都是不现实的。组织管理应根据组织所处的内部和外部条件随机应变，领导方式也要针对领导者、被领导者及环境因素的不同而有所变化，不能用固定的模式进行管理。这种观点就是领导权变理论的观点，也被称为领导情景理论。

（一）菲德勒模式

美国管理学者弗雷德·菲德勒对企业中的领导方式问题进行了多年的研究，提出了领导的权变模式理论。他认为，虽然不存在一种普遍适用的最佳领导方式，但在不同情况下都可以找到一种与该特定环境相适应的有效的领导方式。

菲德勒首先假设了两种主要的领导方式类型：一是工作任务导向型，即领导者倾向于追求工作任务的完成，并从工作成就中获得满足感；二是人际关系导向型，即领导者倾向于追求良好的人际关系，并从中获得被尊重的满足感。

在明确了两种基本的领导风格之后，菲德勒指出，主要有以下三个工作环境因素影响领导的有效性：第一，上下级关系，即一个组织的成员对其领导人的信任、喜爱或愿意追随的程度，程度越高，则领导人的权力和影响力就越大，这是影响领导方式最重要的因素；第二，工作结构，即对工作规定明确与否的程度，程度越高，则领导人的权力和影响力就越大；第三，职位权力，即领导者所拥有的与职位相关联的权力，其大小是由领导者对其下属有多大的权力来决定的。

菲德勒按照这三种因素的状况，把领导者所处的环境从最有利（三种因素的程度都高）到最不利分成八种类型，具体如表6-1所示。

表6-1　不同环境下的有效领导类型

组织环境类型	非常有利			中间状态			非常不利	
上下级关系	好	好	好	好	差	差	差	差
工作结构	高	高	低	低	高	高	低	低
职位权力	强	弱	强	弱	强	弱	强	弱

菲德勒得出以下两点结论：

第一，以工作为中心的领导者，在对领导者非常有利或非常不利的组织情境中，能取得最好的成绩；

第二，以人际关系为中心的领导者，在中等有利程度的组织情境中，能取得最好的成绩。

因此，菲德勒认为，不应当简单地谈论什么是好的领导者或差的领导者。一位在某一情况下取得成功的领导者，在另一情况下未必也能取得成功。“工作导向型”领导者与“关系导向型”领导者在一定的情况下都能发挥最好的作用，取得最好的成绩。任何一种领导方式既可能是有效的，也可能是无效的，这取决于情境，所以领导者要依情境的变化而变化。

（二）领导生命周期理论

领导生命周期理论把下属的成熟度作为一个重要的情境变量，认为领导的有效性是由工作行为、关系行为和下属的成熟度这三个因素决定的。成熟度指员工对成就的要求、承担责任的意愿、工作的熟练程度和自我控制能力。随着下属由不成熟走向成熟，领导方式也相应地改变，形成了领导的生命周期，即“高工作、低关系—高工作、高关系—低工作、高关系—低工作、低关系”这样一个周期，相应的领导方式就是四个基本形式：命令型、说服型、参与型、授权型，具体如图 6－3 所示。

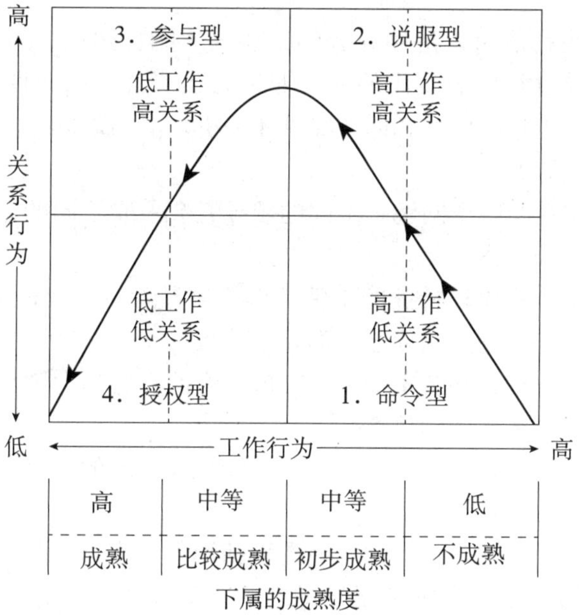

图 6－3　领导生命周期理论

1．命令型

命令型即高工作、低关系。它适用于成熟度低的下属，需要领导者采用单向沟通的方式，向下属明确规定任务，确定工作规程，告知应该在何时、何地、以何种方法去做好工作，以使下属较快地学会工作。

2．说服型

说服型即高工作、高关系。它适用于成熟度中等的下属。随着下属成熟度的提高，领导者以双向沟通信息的方式给下属以直接指导，并从心理上增加他们工作的意愿和热情，使下属加强自我控制来完成任务。

3．参与型

参与型即低工作、高关系。它适用于比较成熟的下属。这类下属能胜任工作，但不喜欢领导者对他们有过多的指示和约束。这时领导者应通过双向沟通和悉心倾听的方式与下属互相交流信息，讨论问题，支持下属发挥他们的才能。

4. 授权型

授权型即低工作、低关系。它适用于高度成熟的下属。这种下属具有承担工作责任的能力、愿望和自信心，所以，领导者只需起监督作用，赋予下属权力，让他们自行决定如何工作即可。

领导生命周期理论中所提出的领导方式是一种动态的、灵活的领导方式，它更直观，也更容易理解。如果运用恰当，不但能激励下属，而且会促使下属趋向成熟。

第三节　领导艺术

领导艺术

一、领导艺术概述

领导艺术属于方法论范畴，是领导者的素质、才能、知识、胆略等的综合反映，是在领导过程中表现出的一种非模式化、富有创造性的才能与技巧。它强调要从实际出发，具体情况具体分析，富有创造性地应用领导方法。

领导艺术具有以下特点：

（1）灵活性。强调对同一个问题，不同的领导者会采取不同的方法进行处理，这就是领导艺术的灵活性。

（2）创造性。对于一些比较特殊的事情，作为领导者，需要能创造性地去特殊处理，这就是领导艺术的创造性，它是领导艺术的真正体现。

（3）随机性。任何一种领导艺术都不是一成不变的，它总会随着时间的推移和环境的改变而变化，这就是领导艺术的随机性。

（4）综合性。领导艺术是在综合了各方面的知识及情况的基础上产生的，这就是领导艺术的综合性。

领导艺术涉及领导活动的各个方面，主要包括用人艺术、用权艺术、授权艺术、决策艺术、协调艺术、沟通艺术、激励和指导的艺术、提高领导工作有效性的艺术等。灵活地、创造性地、有技巧地应用领导艺术是提高领导效能的重要方式，需要领导者在实践活动过程中不断总结、丰富和提高。

二、提高工作效率的艺术

提高工作效率是一项十分重要的领导艺术，国外不仅有专门的论著，而且有专门的训练班对领导进行提高工作效率的训练。领导者要提高工作效率，须注意以下几个方面。

（一）恪守职责，恪尽其能，凡事不能包揽

领导者必须干领导者应该干的事，这是提高效率的第一条。领导者必须时时记住自己的工作职责，绝不让精力与时间不必要地消耗掉。具体来说，领导者要做到以下几点：

（1）不干预下一层次的事。凡可以授权给他人做的，自己不要去做。

（2）不颠倒工作的主次。分清工作主次，把精力放在对整个工作有影响和有支配作用的关键环节上，切忌“眉毛胡子一把抓”。

总之，样样管是小生产的习惯，事必躬亲是小生产的“美德”，这些都是现代领导者

应该尽力避免的。

（二）任何工作都要问三个“能不能”

当你处理任何工作时，必须自问：能不能取消它？能不能与别的工作合并？能不能用更简便的东西代替？这就是说，可做可不做的事坚决不做，可以节省大量的时间和精力；将某项工作与别的工作合并，无形中可以提高效率；使用更简便的方法也可以获得更高的效率。一项大的工作可以先分解成若干小的部分，然后对每个部分问三个“能不能”，提高效率的途径就会逐步显现出来。

（三）善于运筹时间

“时间就是金钱”“时间就是生命”这是我们最熟悉的口号了，但如何珍惜时间、应用好时间却并不容易。作为领导者，善于运筹时间是提高工作效率最重要的内容。

以下是企业管理者节约时间的十条秘诀：

（1）处理公事切忌先办小的后办大的，一定要先办当天最重要的事情，然后再办其他的事情。

（2）用大部分时间去处理最难办的事情。

（3）把一小部分工作交给秘书去做。

（4）少写信，打电话能解决的就打电话。

（5）减少会议。

（6）拟好工作安排的时间表。

（7）分析自己利用时间的情况，看有多少时间被浪费掉了。

（8）减少不必要的报告文件。

（9）把传阅的文件降到最低限度。

（10）尽量利用空闲时间看文件。

三、知人善任的艺术

知人善任包括两方面的内容：一是知人，即发现人才，识别人才；二是善任，即合理使用人才。

（一）知人

怎样发现人才、识别人才、选择人才、避免贤人落选，这对许多领导者来讲是一个需要不断总结经验的过程，要求领导者必须掌握一些鉴别人才和考察人才的技巧与方法。

1. 明确知人的原则

要全面地看人、历史地看人、发展地看人、在实践中看人、在关键时刻看人。

2. 掌握知人的基本技巧与方法

我国历史上有许多值得学习借鉴的知人法则，如诸葛亮提出“知人”的七条办法，《吕氏春秋·六验》中识人的六条检验标准：喜、乐、怒、惧、苦、哀。

3. 要有慧眼，要善于发现人才

要做到慧眼识才，一是要有眼界，不能只盯着身边的、围着自己转的人。要开阔视野，把眼界放宽，做到：眼睛向内，又要向外；眼睛向上，又要向下；眼睛向“明”，又

要向“暗”；眼睛看“土”，也要看“洋”。二是要有眼力，就是具有剖石为玉、淘沙见金的能力，善于发现人才，慧眼识金。所以，要不拘一格选人才，打破选人、用人上的条条框框，树立“看主流、看本质、看发展”的观念，全面、正确、客观地看待人才，切实做到人尽其才，才尽其用。

（二）用人

用人是知人善任的关键，不怕世界上没有人才，怕的是不知道如何使用人才。有人才不用或错用，其后果是不可想象的。

1. 明确用人的原则

根据大量经验，用人过程中需要遵循以下原则：

（1）德才兼备原则。用人强调有德有才，德才兼备，但现实中两者往往是不完全统一的，要针对具体情况选用人才，不过分求全责备，原则是德看主流，才重一技。

（2）量才任职原则。做到人尽其才，要因人而异，宜文则文，宜武则武。

（3）授权原则。敢于授权、善于授权，这是用人的重要原则。只有这样，才能充分调动其聪明才智，发挥其主动性与积极性。

（4）晋升原则。提升干部既是培养人才的需要，也是激励人才的有效方法。人心向上是人的本能所决定的。作为组织来说，要不断培养提拔接班人，让长江后浪推前浪，后继有人，保持干部队伍的强大活力，长盛不衰。

2. 掌握用人的技巧与艺术

用人不仅是把人选用在合适的岗位上，而且关键在于要充分发挥下属的作用，为此，有下述技巧供参考：

（1）扬长避短，用其所长。世界上本就没有“完人”，领导者认识和把握人才的长处和短处，善于用其所长，且能在短处中见其所长，这是衡量领导水平的重要标尺。

（2）用人不疑，疑人不用。这是用人的定律。理解与信任是对人才最好的激励方式。

（3）五湖四海、宽以待人。要善于启用各种非正式组织中的人才，避免任人唯亲。

（4）提携新人、用当其时。在用人上要破除论资排辈的陈腐观念，要能不断起用新人，这样才能使组织保持活力。

3. 用人的禁忌

（1）任人唯亲。

（2）对人才求全责备。

（3）武大郎“心态”。

（4）在人才使用上要注意合理搭配。

专栏 6－3

1974 年，美国政府为清理自由女神像翻新时留下的废料，公开向社会招标。但几个月过去了仍无人应标。正在法国度假的一位商人得知消息后，立即从巴黎飞往纽约，在仔细查看了女神像下堆积如山的“垃圾”后，未提任何条件便欣然签约。

随后，商人开始组织工人对“垃圾”进行分类：将废铜熔化，铸成小自由女神像；将废旧木块加工成铜像底座；将废铅、废铝制成纽约广场的钥匙……就连女神像身上扫下来的尘土，都加工后包装起来出售给花店。不到三个月的时间，如山的“垃圾”就创造出了350万美元的价值。

启示：在一名优秀企业家的眼中是不应该有“废物”的，因为任何东西都有其潜在的价值，关键看企业家是否有“点石成金”的慧眼。

四、授权的艺术

掌握一定的授权艺术，是做好授权工作的重要条件。

（一）因事择人，视能授权

这是授权的一条最根本的准则。授权的大小和范围、被授权者等问题均要认真考虑，要清楚地知道哪些工作需要授权，授予什么样的人，否则，处理不当，可能带来负面效应。

（二）权责同授，交代明确

授权时，领导者必须向被授权者明确交代所授事项的责任范围、完成标准和权力范围，让他们清楚地知道自己有什么样的权力，有多大的权力，同时要承担什么样的责任。

（三）逐级授权，不授职权之外之权

授权不能随便跨越层次，而只能逐级进行，否则就会引起混乱。同时，授权只能授自己职权范围内的权力，而不能把别人的权力授给自己的下属，否则就会引起更大范围的混乱。

（四）授权要有度

授权要掌握“度”，既不能过小，也不能过大。过小，就压抑了下级人员的积极性，起不到应有的作用；过大，就可能失控，使命令、指示难以执行。

（五）授权后要放手

“用人不疑，疑人不用”，授权就要信任，在授权范围内，领导者要放手让被授权者大胆去处理，以发挥他们的积极性。

（六）要掌握有效的控制方法

没有可控性的授权是放权。授权者应经常综观全局的计划进程，对可能出现的偏离目标的局部现象进行协调，对被授权者实行必要的监督。

五、协调人际关系的艺术

领导者必须懂得人际关系学，其中特别是要妥善处理上、下、左、右的关系，群众关系及亲朋好友的关系。

（一）处理好与上级的关系

（1）从工作方面看，圆满地完成上级交给的任务，是处理好与上级关系的基础条件。

（2）从组织原则方面看，下级要尊重、服从、维护、支持上级。

（3）从思想作风上看，要不唯上、不抗上、不欺上，坚持实事求是。

（4）从自我约束方面看，既要经得起上级的表扬，更要经得起上级的批评。

（5）找准位置，出力而不越权。

（6）善于掌握上级领导者的性格特点和习惯。

（7）善于体贴领导者的难处。

（二）处理好与下级的关系

（1）上级充分发挥领导作用，正确指导下级工作是处理好与下级关系的基础。

（2）上级既要有统一集中的指挥，又要大胆放手，下放权力，以充分调动和发挥下级人员的积极性。

（3）上级要公正廉明，对下级不分亲疏，一视同仁，不搞帮派，任人唯贤，赏罚分明，功过清楚。

（4）上级对下级要全面负责，全面关心，既要使用，又要培养与考核。

（5）从自我修养方面看，上级领导应当成为下级的表率。

（三）处理好与同级的关系

（1）相互信任，以诚相待。

（2）积极合作，正当竞争。

（3）互相支持，热情帮助。

（4）分清职责，掌握分寸。

（5）严于律己，宽以待人。

（6）沟通思想，消除隔阂。

专栏 6－4

鲶鱼效应

挪威人爱吃沙丁鱼，当渔民将捕捞的沙丁鱼运回渔港时，发现大多数的沙丁鱼都因为没有充足的氧气已经死了。死鱼卖不出好价，怎么办呢？聪明的渔民想出了一个办法，那就是将沙丁鱼的天敌——鲶鱼与沙丁鱼放在一起。每当渔民出海捕鱼时，先准备几条富有活力的鲶鱼，一旦把捕获的沙丁鱼放入水槽后，便把鲶鱼也放入水槽，鲶鱼四处游动，偶尔追杀沙丁鱼。沙丁鱼则因发现异己分子而紧张，四处逃窜，把整个水槽里的鱼扰得上下浮动，也使水面不断波动，从而获得充足的氧气供应，如此这般，就能保证沙丁鱼活蹦乱跳地被运回渔港。这一现象被称为“鲶鱼效应”。

启示：“鲶鱼效应”这个原理常常被引用到管理活动中，并逐步演变为一种竞争机制。作为一种竞争机制，“鲶鱼效应”在人力资源管理和领导艺术中也能充分发挥作用。

复习思考题

1. 简述领导者影响力的来源。
2. 试分析领导与管理的异同。
3. 如何理解几种人性假设理论？试举例进行分析。
4. 领导方式的基本类型有哪些？它们的特点分别是什么？
5. 简述四分图理论、管理方格理论的基本观点。
6. 菲德勒模式的主要观点是什么？
7. 简述领导生命周期理论的主要观点。
8. 领导应如何用人、授权、协调人际关系、提高工作效率？

案例分析

案例 1：关峰的领导风格

蓝天技术开发公司自一开始就瞄准了成长的国际市场，在国内率先开发出高技术含量的产品，销售额得到了超常规的增长，公司的发展速度十分惊人。然而，在竞争对手如林的今天，该公司和许多高科技公司一样，也面临着来自国内外大公司的激烈竞争。公司在经济上陷入了困境，公司董事会聘请了一位常务经理关峰负责公司的工作，原先的那个自由派风格的董事长仍然留任。关峰来自一家办事古板的老牌企业，他照章办事，十分古板，与蓝天技术开发公司的风格相去甚远。公司管理人员对他的态度都是：看看这家伙能待多久！看来，一场潜在的“危机”迟早会爆发。

第一次“危机”发生在常务经理关峰首次召开的高层管理会议上。会议定于上午9:00开始，可有一个人姗姗来迟，直到9点半才进来。关峰厉声道：“我再重申一次，公司所有的例会要准时开始，谁做不到，我就请他走人。从现在开始一切事情由我负责。你们应该忘掉老一套，从今以后，就是我和你们一起干了。”到下午下班前，竟然有两名高层主管提出了辞职。

此后，蓝天公司发生了一系列重大变化。由于公司各部门没有明确的工作职责、目标和工作程序，关峰首先颁布了几项指令性规定，使已有的工作有章可循。他还三番五次地告诫公司副经理王刚，公司一切重大事务向下传达之前必须先由他审批，他批评下面的研究、设计、生产和销售等部门之间互相扯皮、踢皮球，使公司一直没能形成统一的战略。

关峰在详细审查了公司人员工资制度后，决定将全体高层主管的工资削减10%，这使得公司一些高层主管提出了辞职。

研究部主任认为：“我不喜欢这里的一切，但我不想马上走，因为这里的工作对我来说太有挑战性了。”

生产部经理也对关峰的做法不满，可他的一番话颇令人惊讶：“我不能说我很喜欢关峰，不过至少他给我的部门设立的目标我能够达到。当我们圆满完成任务时，关峰是第一个鼓励我们干得好的人。”

采购部经理满腹牢骚。他说："关峰要我把原料成本削减 20%，他一方面拿着一根胡萝卜来引诱我，说假如我能做到的话就对我进行奖励，另一方面则威胁说如果我做不到，他将另请高明。但完成这个工作简直就不可能，关峰这种'大棒加胡萝卜'的做法是没有市场的。我要另谋出路。"

关峰对被人称为"爱哭的孩子"的销售部胡经理的态度则让人刮目相看。以前，销售部胡经理每天都到关峰的办公室去抱怨和指责其他部门。关峰对付他很有一套，让他先在门外静等半小时，即便见了面也对他的抱怨充耳不闻，而是一针见血地指出公司在销售上存在的问题。没过多久，大家惊奇地发现胡经理从跑关峰的办公室改为开始更多地跑基层了。

随着时间的流逝，蓝天公司在关峰的领导下恢复了元气。关峰也渐渐地放松控制，给设计和研发部门更多的自主权。然而，对生产和采购部门，他仍然紧勒缰绳。蓝天公司内再也听不到关于关峰去留的流言蜚语了。大家这样评价他：关峰不是那种对这里情况很了解的人，但他对各项业务的决策无懈可击，而且确实使我们走出了低谷，公司也开始重新走向辉煌。

分析与思考：

关峰进入蓝天公司时采取了何种领导方式？这种领导方式与留任的董事长的领导方式有何不同？

案例 2：三位不同的领导

三个 20 世纪 60 年代著名大学的大学生，毕业后各奔前程，少有来往，某天在党校学习时不期而遇。他们由于工作的需要，都被推上了领导岗位，分别在三个局级单位担任主要领导职务。老同学聚会，他们自然而然地谈起了各自走马上任后的情况。

甲说，他上任后做的第一件事是，分别召集各机关处室负责人的座谈会，通过这种座谈形式，让大家了解自己，也使自己熟悉各处室负责人，从而对单位内的整体情况有个大概了解。

乙与甲的情况不同，他做的第一件事是，与单位领导班子的其他成员逐个谈心，通过他们了解单位里的情况，同时也谈了自己上任后的一些想法，借以沟通思想，使彼此有所了解，为今后顺利开展工作打下了基础。

丙上任后的第一件事是，通过多种渠道，采取各种形式，广泛地开展调查研究，在较短的时间内，基本上掌握了该单位的历史、现状，以及当前面临的问题，同时与上下左右沟通了思想，建立了感情，密切了相互之间的联系。甲与乙两人对丙的做法很感兴趣，丙接着说，他上任后的第二件事是，要求单位各处室群策群力，拿出"两制一规范"的方案。所谓"两制"，就是岗位责任制、奖惩制；所谓"一规范"，就是职位分类规范。丙挂帅抓这项工作，他与各处室领导密切配合，分工合作，出主意，想办法，制定了岗位责任制、奖惩制，职位分类规范，从而使大家明确了单位职能部门、机关是为基层服务的。通过"两制一规范"的实施，单位行政部门的全体成员能各司其职，各负其责，减少了扯皮现象，克服了官僚主义，提高了工作效率，做到优胜劣汰，奖罚分明。丙上任后的第三件事是，提议创办一份小报，他与大家一起讨论办报方针和信息输入、信息输出渠道等事宜，通过讨论，使小报编辑人员明确，这是一张信息快报，要求编辑人员把从国内外报纸杂志中看到的新技术、新知识、新书目及时传递，其中，涉及经济、科技、规划、管理等新动向的信息，要及时反映给局领导。

丙谈完后，三个老同学展开了热烈的讨论。

分析与思考：

试分析甲、乙、丙三位领导不同的领导方式。

在线自测

扫一扫 练一练

第七章　激励

本章导读

组织的领导者要想实现组织的目标，就必须了解员工的需要，根据组织活动的需要和员工个体素质与能力的差异帮助他们实现各自的愿望，以此提高员工的工作积极性。员工只有受到适当的激励，才能激发内在的动力和潜力。因此，无论何种组织，给予员工充分的激励，是组织得以发展的最重要的工作之一。

激励是指激发人的需要与动机，引导行为指向目标的活动过程。管理心理学认为，得不到满足的需要是激励过程的起点，也是激励存在的基础。管理者通过了解员工的需要，采取合适的措施，使员工的行动导向组织目标和工作，通过取得一定的绩效来获得需要的满足。一种需要得到满足后，会产生新的需要，开始新的需要满足的过程，这个过程周而复始、不断进行、不断升华。激励的目的是提高员工的工作积极性，积极性的高低是通过员工的行为探知的。一般来说，可以通过干劲、责任心、主动性、创造性等去衡量一个人的积极性。通过激励可以把有才能的、组织需要的人吸引过来，并长期为该组织工作；可以使在职员工充分地发挥其技能和才能，保证工作的有效性和效率；可以进一步激发员工的创造性和革新精神，大大提高工作绩效。

激励理论包括需要层次理论、双因素理论、期望理论、公平理论和强化理论等。

激励应遵循一定的原则，才能起到应有的作用。激励的原则有组织目标与个人目标相结合、物质激励与精神激励相结合、正激励和负激励相结合、差异化与多样化相结合、公平与公正。组织可以通过一定的方法进行激励。这些方法主要有物质利益激励、目标激励、任务激励、榜样激励、培训激励、荣誉激励、信息激励等。

学习目标

通过对本章的学习，能够掌握激励的概念，了解激励的过程及作用；掌握激励的理论；熟悉激励的原则与方法。

关键概念

激励　需要　需要层次理论　双因素理论　期望理论　公平理论　强化理论

第一节　激励概述

激励概述

激励是管理中的核心问题，它实质上是探讨人的行为动力，即如何有效地调动人的积极性问题。管理水平的高低很大程度上体现在激励员工水平的高低上，有效的激励是有效管理的关键和核心。

一、与激励相关的基本概念

（一）激励

激励是指激发人的需要与动机，引导行为指向目标的活动过程。简单而言就是调动人的积极性的过程。

（二）需要

需要就是使某种结果变得有吸引力的一种心理状态，是指人们对某种目标的渴求。人的需要主要有两种：一种是物质需要；另一种是精神需要。物质需要主要是人们的生理需要，它是人们对自己生命延续和发展所必需的客观条件的要求，包括衣、食、住、行、用等。精神需要主要是人们的社会需要，是人们对知识、友谊、爱情、尊敬、文化、艺术、理想、事业等方面的要求，即人们对生活丰富、完美的要求。了解人的需要是对其在工作中的行为进行激励和引导的前提。

（三）动机

动机是驱使人产生某种行为的内在力量。动机是行为产生的内在的直接原因，它引导人们从事某种活动，规定行动的方向。动机是因个体未满足的需要而产生的。

（四）行为

行为是人们受思想支配而表现出来的外在活动，即行动。

心理学家一般认为，人的一切行为都是由某种动机引起的。动机是任何行为发生的内部动力，动机对行为有激发、引导和维持的作用，没有动机就没有行为。动机的性质不同、强度不同，对行为的影响也不同。

二、激励的目的与作用

（一）激励的目的

激励的目的是提高员工的工作积极性，积极性的高低是通过员工的行为探知的。一般来说，可以通过以下几方面去衡量一个人的积极性。

1. 干劲

干劲可以通过考察员工是否愿意从事某种工作来进行衡量。它主要通过出勤率、工时利用率、员工流失率、要求调动率等指标及在日常工作中员工遇到比较艰苦、困难的任务时的态度反映出来。

2. 责任心

责任心是指员工对待工作尽心的程度。可以从员工是否遵守操作规程、重视质量、爱护设备工具、节约费用、认真记录和传递工作信息等方面衡量。

3. 主动性

主动性是指员工与监督、分工有关的表现。可以通过在不同监督程度下员工干劲与责任心的高低，对待“分内”“分外”工作的不同态度，以及完成“无指令”任务的多少等方面衡量。积极性高的员工，不管领导有无指令，工作是“分内”还是“分外”，是否有人监督，只要对组织有利，都会干劲十足，认真负责地去完成任务。

4. 创造性

创造性是指员工与改进工作有关的表现。完成同一种任务可以有许多种方式与方法，按常规经验和既有规定去干，既省力又保险，但积极性高的员工为了提高经济效益，总是努力探索新的理论、新的操作方法，研究新产品、新工艺，或主动向上级提出合理化建议。因此，根据工作中这些创新表现来判断员工积极性也是一个重要方面。

（二）激励的作用

激励具有十分重要的作用。管理包括人力、物力、财力的管理，其中以人力资源管理最为重要，而在人力资源管理中，又以如何激励人、调动人的积极性最为关键。人的生产力的高低在很大程度上取决于他们的积极性。美国一项研究报告指出，实行计时工资的员工仅发挥20%～30%的能力，就是保证其不被开除，而受到充分激励的员工的能力可发挥至80%～90%，工作水准之间的差别十分明显。这说明，管理者只要采取适合各类人员的激励手段和激励措施，就能调动人的内在潜力，去实现组织目标。激励的作用主要有：

（1）可以把有才能的、组织需要的人吸引过来，并长期为该组织工作。

（2）可以使在职员工充分地发挥其技能和才能，保证工作的有效性和效率。

（3）可以进一步激发员工的创造性和革新精神，大大提高工作绩效。

三、激励的过程

人们做事都是有理由的，一切人类活动即行为都具有一定的目的和目标，这种行为又离不开人们的动机与愿望，而这种动机与愿望又产生于人们的需要。也就是说，需要产生动机，动机导致行为，这就是人类行为的共同特征。任何人都是如此。这就构成了人类行为模式，其反映了人类行为的共同规律，如图 7-1 所示。

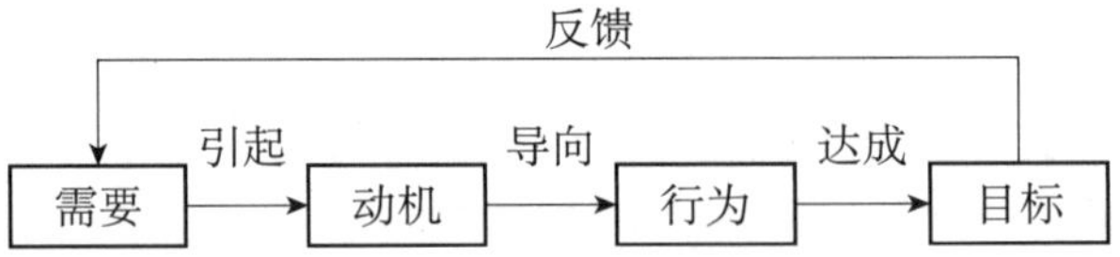

图 7-1 人类行为模式

管理心理学认为，得不到满足的需要是激励过程的起点，也是激励存在的基础。当人们的需要没有得到满足的时候，会产生内心的不平衡和一种心理紧张情绪。为了消除这种紧张情绪，人们就需要行动，去寻找解决的办法，这时管理者就需要把人们的行动导向组织的目标和工作，人们通过取得一定的绩效来获得需要的满足。一种需要得到满足后，会产生新的需要，开始新的需要满足的过程，这个过程周而复始、不断进行、不断升华，如图 7-2 所示。

因此，管理者应善于识别下属未满足的需要，有针对性地设置目标，通过适当的激励措施和手段，满足下属的需要，并把下属的行为导向组织目标的实现轨道。

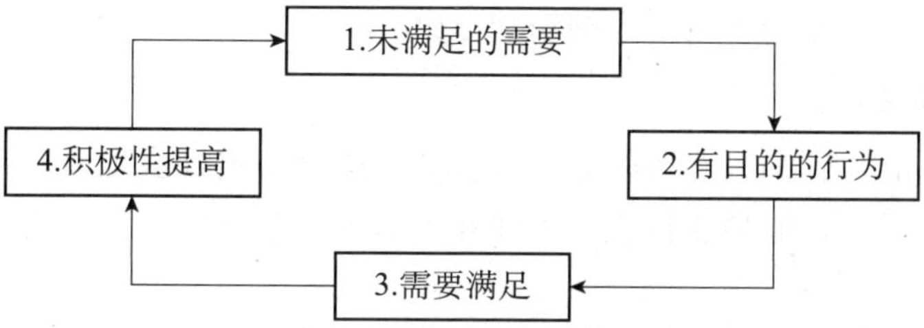

图 7-2 激励的过程

第二节 激励理论

激励理论

一、需要层次理论

需要层次理论是研究人的需要结构的一种理论，是美国心理学家马斯洛提出的一种理论。该理论的构成根据三个基本假设：

第一，人要生存，他的需要能够影响他的行为。只有未满足的需要能够影响行为，满足了的需要不能充当激励工具。

第二，需要按重要性和层次性排列，从基本的需要（如食物和住房）到复杂的需要（如自我实现）。

第三，当人的某一级需要得到最低限度满足后，才会追求高一级的需要满足，如此逐级上升，成为推动继续努力的内在动力。

在上述三个假设基础上，马斯洛认为人类的多种需要分为五个层次，如图 7-3 所示。

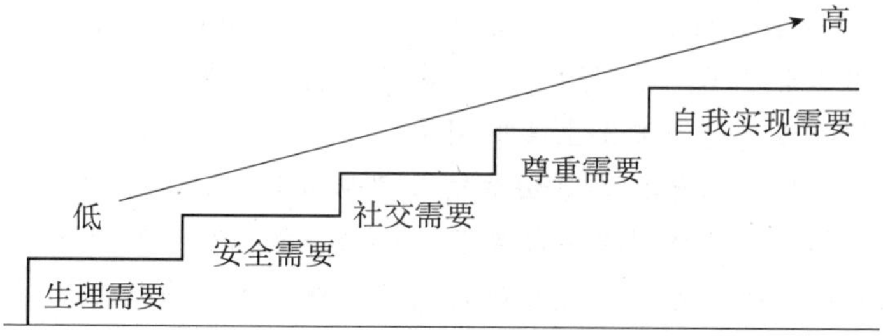

图 7-3 需要层次理论

（一）生理需要

这是人类最原始的基本需要，包括衣、食、住、行等生理机能的需要。这些需要得不到满足，人类生存就成了问题。所以，在所有需要都未得到满足之时，生理需要居支配地位。

（二）安全需要

安全需要包括对人身安全的保障、工作的保障、生活的保障、老有依靠和生病有保障等。

（三）社交需要

这是感情与归属上的需要，包括友谊、爱情以及归属于某一群体及组织的需要。这层需要得不到满足，就可能会影响个人的精神健康。

（四）尊重需要

这是指自尊和能得到别人尊敬的需要，包括希望有一定社会地位，希望名誉、个人能力及成就得到社会承认，能独立自主地工作和生活等需要。这一需要得到满足，能增强自信心和威望等。

（五）自我实现需要

自我实现需要是指实现个人理想、抱负、最大限度地发挥自己才干的需要，这是最高一层的需要，是一个人如何能充分发挥潜在能力，使自己达到理想目标并从中得到满足的需要。

马斯洛认为上述五种需要是按次序逐级上升的，下一级需要基本满足后，追求上一级的需要就成为行为的主要驱动力。

专栏 7-1

输油管理局采取的措施

某输油管理局有 8 000 多名职工，管理着三条输油管线，担负着华北、胜利、中原三大油田生产原油的输送任务。

在管线建成投产后的一段时间内，出现了职工不安心在泵站工作、劳动纪律松散等问题。基层单位的领导常常要花费很大力气做思想工作，但成效并不大。通过调查、分析，找出了问题的原因。输油管线有着与其他企业不同的点多、线长和分散等特点，4 个输油公司和 20 多个输油泵站，70%以上都建在远离城镇的乡村。正是这种特殊性，给生产第一线的职工带来了一系列困难，如购粮买菜、子女上学、幼儿入托困难，食堂伙食花样少、质量差以及业余文化生活单调等。

通过分析得知，广大基层职工迫切希望管理局做好生活后勤工作，解除后顾之忧。因此，该输油管理局采取一系列措施，要求各单位必须把职工的生活后勤工作纳入议事日程：利用各泵站站内的闲置土地发展蔬菜生产，解决职工吃菜难的问题；选送了几批食堂炊事员外出进行技术培训，提高烹调技术水平；选送了一批具有高中以上文化水平，有一定特长的青年职工到师范学校培训，充实公司自办学校、幼儿园、托儿所的教师队伍；为幼儿园、托儿所配备了必要的教具、玩具和用品，解决了入园难、入托难的问题；各单位积极进行绿化，为职工创造优美、舒适的工作、学习和生活环境；丰富基层的文化生活，逐步解决基层业余文化生活单调、枯燥的问题。通过这一系列措施的落实，原来存在的问题陆续得到不同程度的解决，从而调动了职工的积极性，促进了工作，保证了生产。

启示：当人们的主导需要是生理需要时，解决基本的生活需要就能调动员工的积极性。因此，管理者应针对员工的主导需要采取相应的措施。

二、双因素理论

双因素理论又称激励-保健因素理论，是由美国行为科学家弗雷德里克·赫茨伯格提出来的。

20 世纪 50 年代末期，赫茨伯格和他的助手们进行了一项调查，调查研究结果表明，使员工感到不满意的因素和满意的因素是不同的，前者是由外界的工作环境因素引起的，后者多为工作本身的因素引起的。赫茨伯格把前者叫作保健因素，后者叫作激励因素。两大类包括的具体因素如表 7-1 所示。

表 7-1 保健因素与激励因素

保健因素	激励因素
● 公司政策与行政管理 ● 监督方式 ● 关系 ● 工资福利 ● 安全 ● 工作条件 ● 个人生活 ● 地位	● 工作上的成就 ● 才能获得认可 ● 工作本身的性质 ● 个人发展机会 ● 提升 ● 责任感 ● 奖金

保健因素的满足可以预防人们的不满，但不具有激励作用。激励因素是能带来积极态度、提高满意度的因素，具备这些因素，就能对人们产生更大的激励；反过来，不具备这些因素，人们也不会有不满情绪。

专栏 7-2

如何对员工进行激励?

某服装公司人力资源部肖经理出去学习后，认为应该对员工进行激励，她着手制订了关于强调表彰、晋升、给员工更大的个人责任、成就奖励、给员工更有挑战性的工作等各种计划。计划执行了几个月之后，她迷惑了，发现结果并不如她所期望的那样。计划好像并没有激起服装设计人员对工作的热情。有些人觉得他们的工作已经有挑战性了，超过销售定额满足了他们的成就感，给他们的奖金就是对他们的表彰，并且对他们来说，所有这些计划都是浪费时间。裁剪员、缝纫工、熨衣工和包装工的感受各不相同，有些人随着新计划的实行而受到表扬，反映良好；但是另外一些人则认为这是管理人员的诡计，要让他们更拼命工作而不增加任何工资。

启示：使员工感到不满意的因素和满意的因素是不同的，要针对不同的员工设计不同的激励因素，从而调动他们的积极性。

三、期望理论

美国心理学家弗鲁姆在 1964 年提出了期望理论。弗鲁姆认为，一种激励因素作用的大小取决于两方面因素：一是激励因素所能实现的可能性（或期望）的大小；二是激励因素对其本人的效价大小。激励力、效价和期望值的关系可用下列公式表示：

$$M=V\times E$$

其中：M 表示激励力，激发力量的高低，即调动一个人积极性，激发其内在潜力的强度；V 表示效价，指人们对某一目标的重视程度与评价高低，即人们在主观上认为奖酬的价值大小；E 表示期望值，指采取某种行为可能导致的绩效和满足需要的概率。

这个公式说明，一个人对追求的目标价值估计得越大，实现的可能性估计越高，受激发的程度就越强烈，焕发出的潜力就越大。若期望和效价有一方为零，激励作用也就消失。

专栏 7－3

战胜敌兵的秘密

宋朝时期，某位将军被派驻边地镇守。他到了边地之后发现守城的多是些老弱残兵，虽然人人都会武艺，但全都是些花拳绣腿，根本无法打仗。用这样的军卒来防守，根本抵挡不了如狼似虎的敌兵，怎么办？这位将军计上心头。他颁布了一条命令，就是用一块银子作靶，凡是射中者，银子便归自己所有。自此后，边地军民争以习箭为任，箭术均有提高，最后个个精于箭术。不久，敌兵入侵，边地军民同仇敌忾，把敌兵打得抱头鼠窜，成功地守住了边城。

这位将军把军民期望得到银子的心理运用到训练中，便得军民人人习箭，最终达到了守城的目的。

启示：得到银子对于边地军民来说是值得追求的，效价高，提高箭术的积极性就高。

四、公平理论

美国心理学家亚当斯的公平理论主要研究报酬的公平性对人们工作积极性的影响。

公平理论认为，员工首先思考自己所得的报酬与付出的比率，然后将自己的该比率与相关他人的该比率进行比较，如果感觉到自己的比率与他人相同，则为公平状态，否则就会产生不公平感。可用如下公式表示：

$$\frac{\text{个人所得的报酬}}{\text{个人的付出}}\approx\frac{\text{他人所得的报酬}}{\text{他人的付出}}$$

这里的报酬包括物质和精神的，如薪酬、名誉地位、领导的赏识、晋升等；付出包括体力与脑力的消耗，如付出自己的时间、经验、努力、知识、智慧、负责精神、工作态度等。在这里，参照对象也很重要，参照对象通常是指个人所在组织中的某些群体或组织外的相近群体。

亚当斯认为，人们是通过寻求人与人之间的社会公平而被激励的。从某种意义上说，工作动机激发的过程，就是人与人之间进行比较、做出判断并据以指导行动的过程。

专栏 7-4

刘工的不满

刘工是厂里的技术“大拿”，也是技术人员中工资最高的一位。这天一上班，刘工就去了总经理办公室，向杨总抱怨自己不受重视，声称如果继续如此，自己将考虑另谋出路。经过了解，刘工是不满技术科的奖金分配方案。虽然技术科在各科室中奖金总额最高，但科长老许为了省事，决定平均分配，从而使得为企业立下汗马功劳的刘工与刚出校门的小李、小马等人所得一样。结果是小李、小马等人欢天喜地，而刘工却感觉受到了冷落。

启示：公平对待员工是非常重要的，如果公司总是不能公平地对待员工，当员工的不公平感积累到一定程度时，他就会以离职对抗公司的不公平。

五、强化理论

强化理论是美国的心理学家和行为科学家斯金纳提出的一种理论。所谓强化，从其最基本的形式来讲，指的是对一种行为的肯定或否定的后果（奖励或惩罚），它在一定程度上会决定这种行为在今后是否会重复发生。强化有以下几种。

（一）正强化

正强化就是奖励那些符合组织目标的行为，以便使这些行为得以进一步加强，重复出现，从而有利于组织目标的实现。正强化产生于行为之后，是最有力和最有效的影响行为的工具。正强化的方法包括发放奖金、对成绩的认可、表扬、改善工作条件和人际关系、提升、安排负责具有挑战性的工作、给予学习和成长的机会等。

（二）负强化

负强化是预先告知某种不符合要求的行为和不良绩效可能引起的后果，从而减少和削弱不希望出现的行为。

（三）惩罚

惩罚即在消极行为发生后，以某种带有强制性、威慑性的手段（如批评、行政处分、经济处罚等）表示对某种不符合要求的行为的否定。

（四）自然消退

自然消退又称衰减，是指取消正强化，对某种行为不予理睬以使其自然消退。例如，企业曾对职工加班加点完成生产定额给予奖励，后经研究认为这样不利于职工的身体健康和企业的长远利益，因此不再给予奖励，从而使加班加点的职工逐渐减少。

专栏 7－5

对迟到的处理

张总是一位在企业负责基层领导工作多年的管理人员，他所在的单位对考勤有严格的规定。但是有一位叫李东的工人，上班老是迟到半个小时以上，经常受到张总的批评。虽然最近他有所改进，但还总是迟到一刻钟。今天，他又晚到了 10 分钟。

根据强化理论的观点，当使用正强化手段时，应着眼于表扬他今天来得比以往早；若采用负强化，则申明单位对准时上班的严格规定及相应的处罚措施；若采取惩罚，则继续批评甚至处罚他今天的迟到行为，尽管他最近的迟到时间比往常短了些；若令其自然消退，则对他今天的表现漠然置之。

启示：对于李东迟到时间缩短的现象，以采取正强化手段更为适宜，但力度不应过强，宜以个人间沟通的方式让他知道你已经注意到了他的努力表现。

第三节　激励的原则与方法

激励的原则与方法

一、激励的原则

（一）组织目标与个人目标相结合

在激励机制中，设置合理的目标是一个关键环节。组织通过有效的激励，达到组织目标实现的目的，因此目标设置要体现组织目标的要求；同时，目标设置必须满足员工个人的需要，否则就无法提高员工的目标效价，达不到满意的激励效果。因此，组织目标与个人目标必须相结合，使个人目标导向组织目标的实现轨道，通过个人的努力，实现组织目标，进而个人目标也得以实现，这样个人的努力才会持续下去。

（二）物质激励与精神激励相结合

物质需要是人类基本的需要，因此物质激励是最基本的激励手段，也是最古老、最传统的激励方式。随着生产力水平和人们素质的提高，人们的精神需要越来越多，组织应更加注重满足人们较高层次的精神需要。实践证明，单纯的物质激励和单纯的精神激励都有局限性，只有物质激励与精神激励相结合，才能充分调动员工的积极性。

专栏 7－6

见义勇为的空调安装维修工

2020 年 5 月 21 日上午 9 点多，四川自贡市富顺县某小区发生了惊险的一幕：一位 5 岁女童被困在 6 楼的窗户外侧，随时可能有生命危险。幸好海尔空调安装维修员胡云川路过，凭借多年高空作业经验，他从 5 楼窗户爬出，顺着雨棚爬到 6 楼，救助女童安全脱险。

胡云川爬楼救女童的视频在网络上迅速传播，引来众多网友点赞，而海尔方面也火速做出回应，通过官方微博发布消息，称员工胡云川因见义勇为获得公司“人单合一见义勇为奖”，并奖励一套房。

启示：海尔迅速做出回应，对员工进行物质激励和精神激励，不但能有效调动员工积极性，也大大提升了企业形象。

（三）正激励与负激励相结合

正激励强调正面的奖励和肯定，负激励则强调负面的惩罚和否定。显而易见，正激励与负激励都是必要的，通过肯定积极因素和否定消极因素，赏罚分明，组织形成良好的风气。但负激励具有一定的消极作用，容易使人产生挫折感，因此要慎重使用，尽可能做到对事不对人。

（四）差异化与多样化相结合

所谓差异化，就是针对不同的人采用不同的激励方式；所谓多样化，就是视情况不同，灵活运用多种激励方式。激励的起点是员工的需要，但员工的需要千差万别，因人而异，因时而异，只有满足员工最迫切的需要，才能取得最好的激励效果。因此，激励不可能一劳永逸，管理者要不断深入了解员工需要的发展变化，采取有针对性的差异化与多样化相结合的激励措施。

专栏 7－7

某公司的“光荣假”

某公司每年发给先进生产者一定数量的奖金，以示鼓励，但由于员工们已经习以为常，奖励效能大打折扣。由于这家公司一线生产工人年轻人居多，公司为了满足他们没有集中休假时间，却又很想看看祖国大好河山的心理需求，规定凡能按公司计划完成生产任务量，且连续 12 个月无次品的机台人员，每人每年给 10 天“光荣假”，可携带家属及一名子女去登泰山、爬长城、逛上海、游西湖，往返路费及住宿费由公司报销。这个做法受到了广大工人的普遍欢迎，连续 4 年平均每年有 48 人获得该假期奖励。

启示：员工的需要千差万别，不同时期有不同的需要，只有满足员工最迫切的需要，才能取得最好的激励效果。

（五）公平与公正

根据公平理论，人们需要公平，而公平是在比较中获得的，人们不仅注重所得的绝对量，更注重所得的相对量，因此管理者应充分考虑一个群体内以及群体外相关人员激励的公平性。公正就是要在激励中赏罚分明、赏罚适度、不论亲疏、一视同仁，使受奖励者心安理得，受罚者心服口服。

专栏 7-8

论功行赏

唐高祖李渊曾率军攻占隋朝的霍邑，当时所率军队中有一部分是应募的奴隶。战争十分激烈，双方均有较大的伤亡。后来，李渊又命人招募新兵，作为增援军赶赴战场，增援军中也有相当一部分人是奴隶。由于后续军队及时赶到，大大拉开了双方力量的差距。经过激战，李渊最终夺取了霍邑。

李渊决定召开庆功会，奖赏那些立下战功的将士。这时，一位大臣奏到："随军之奴隶本为下贱之人，不宜论功行赏。"

李渊坚决地说："矢石之间，不辨贵贱；论勋之际，何有等差？宜并从本勋授。"意思是说：冒着刀枪箭矢的时候并没有分贵贱，为什么论功行赏的时候要分高低等级呢？应该一律按本人的功劳行赏。

启示：公平与公正是人心得失的关键，是激励士气的保证。

二、激励的方法

（一）物质利益激励

组织可以运用的物质利益激励手段包括工资、奖金、分红、员工持股和各种福利待遇等。物质利益激励是最基本的激励手段，因为工资、奖金、福利待遇等决定着人们的基本需要；同时职工收入及生活条件也影响其社会地位、社会交往，甚至学习、文化娱乐等精神需要的满足感。因而管理者都十分重视这一激励手段的运用。

专栏 7-9

三块红烧肉

一次，一位老板接到一项业务，有一批货要搬到码头上，必须在半天内完成。任务相当重，可老板手下就那么十几个伙计。

于是这天一早，老板亲自下厨做饭。开饭时，老板给伙计们一一盛好，还捧到他们手里。

伙计小王接过饭碗，拿起筷子，正要往嘴里扒，一股诱人的红烧肉浓香扑鼻而来。他急忙用筷子扒开一个小洞，发现有三块油光发亮的红烧肉藏在米饭当中。他立即扭过身，一声不响地蹲在屋角，狼吞虎咽地吃起来。

这顿饭，伙计小王吃得特别香。他边吃边想：老板看得起我，今天要多出点力。于是他把货装得满满的，一趟又一趟，来回飞奔着，搬得汗流如雨……

整个上午，其他伙计也都像他一样卖力，个个搬得汗流浃背。本来一天才能干完的活儿，一个上午就干完了。

中午，伙计小王不解地偷偷问伙计小张："你今天怎么这么卖力？"伙计小张反问伙计小王："你不也干得起劲吗？"伙计小王说："不瞒你说，早上老板在我碗里塞了三块红烧肉啊！我总要对得住他对我的关照嘛！""哦！"伙计小张惊讶地瞪大了眼睛，说："我的碗底也有红烧肉哩！"两人又问了别的伙计，原来老板在大家碗里都放了肉。众伙计恍然大悟，难怪吃早饭时，大家都不声不响地吃得那么香。

启示：对不同的人的不同需要采取不同的激励方式。对于伙计们而言，三块红烧肉就起到了极大的激励作用。

（二）目标激励

目标激励就是指通过设置具有挑战性的目标以及把目标和员工需要相结合来实现有效激励的一种激励方法。目标不能设置得高不可攀，但也不能轻而易举，目标要具有一定的挑战性，"跳一跳、够得着"；同时，组织目标和员工需要相结合，员工参与目标的设置及自主地完成目标，从而使员工产生责任感、成就感。可以产生激励作用的目标包括两类：一类是组织目标；另一类是个人目标。

（三）任务激励

任务激励是指利用工作任务本身来激励职工。例如，一项符合自己专长或兴趣的工作，一个富有挑战性的任务，在工作中取得成就等都能产生激励作用。

（四）榜样激励

榜样激励是通过树立榜样，满足员工模仿和学习的需要，把员工的行为引导到组织目标所期望的方向。榜样的力量是无穷的，特别是树立组织内的榜样，确实能起到非常好的带动作用。但榜样的树立一定实事求是，不要拔高、"神化"，以免引起员工的逆反心理。

（五）培训激励

当代社会发展日新月异，知识更新换代的周期越来越短，人们对自身发展的需求越来越强烈。因此，对员工进行不断的培训成为一种重要的激励手段。培训的激励作用是多方面的，它可以满足员工求知的需要。通过培训，可提高员工达成目标的能力，为承担更大的责任、更富有挑战性的工作及提升到更重要的岗位创造条件。

（六）荣誉激励

荣誉激励主要是把工作成绩与晋级、提升、选模范、评先进联系起来，以一定的形式或名义固定下来。其主要的方法是表扬、奖励、经验介绍等。荣誉可以成为不断鞭策荣誉获得者保持和发扬成绩的力量，还可以对其他人产生感召力，激发比、学、赶、超的动力，从而产生较好的激励效果。

专栏 7－10

百分之百俱乐部

美国国际商业机器公司（IBM）有一个"百分之百俱乐部"，当公司员工完成他的年度任务时，就会被批准成为该俱乐部会员，他和他的家人都被邀请参加隆重的聚会。公司的员工都将获得“百分之百俱乐部”会员资格作为第一目标，以获取那份光荣。

启示：获得某种荣誉是重要的精神激励，员工以此为荣，就可以起到非常好的激励作用。

（七）信息激励

信息是一种重要的资源，它是人才成长的“营养液”，是人们智力培养和提高的有效载体，也是激励员工的有效手段。在信息爆炸和互联网时代，面对大量信息，能否迅速地捕捉、掌握和运用这些信息决定了人们能否在竞争中占据优势，能否跟上瞬息万变的时代形势。为此，培养员工掌握应用信息的能力，既是提高组织活力的要求，也是激励员工的重要手段，而绩效信息的及时反馈更是激励员工的重要方式。

复习思考题

1. 什么是激励？激励的过程是怎样的？
2. 举例阐述激励的目的与作用。
3. 什么是需要层次理论？该理论把人的需要划分为哪些层次？
4. 什么是双因素理论？哪些是激励因素？哪些是保健因素？试举例说明。
5. 公平理论的基本观点是什么？
6. 期望理论的基本观点是什么？
7. 强化理论的基本观点是什么？
8. 激励的原则有哪些？
9. 激励的方法有哪些？试举例说明。

案例分析

案例 1：王强的烦恼

王强已经在某数据系统公司工作了 5 年。在这期间，他从普通编程员晋升到了资深的程序编制分析员。他对自己所服务的这家公司相当满意，认为工作中的创造性要求可以激励自己更好地工作。

一个周末的下午，王强和同事安杰一起打篮球。安杰告诉他，王强所在的部门新聘用了一位刚从大学毕业的程序编制分析员，起薪仅比王强现在的工资少 300 元。王强听到这一消息时觉得很不公平。

周一早上，王强在人事部主任马德华的办公室证实了自己听说的事。马德华试图向王强解释公司的处境：“王强，程序编制分析员现在的市场相当紧俏，为使公司能吸引到合格的人才，我们不得不提供较高的起薪。我们非常需要增加一名合格的分析员。因此，我们只能这么做。”

王强询问能否相应提高他的工资。马德华回答说：“你的工资需按照正常的绩效评估时间评定后再调。你干得非常不错，我相信老板到时会给你加薪的。”王强向马德华道了声：“打扰了！”便离开了他的办公室。王强很为自己在公司的前途感到担忧。

分析与思考：

1. 本案例描述的事件对王强的工作动力会产生什么样的影响？哪一种激励理论可以更好地解释王强目前的烦恼？

2. 你觉得王强会满意马德华的解释吗？

3. 你认为公司应当对王强采取什么样的措施？

案例 2：张平走过的历程

张平已经进入不惑之年，回首二十几年的奋斗经历，他对自己早年自强不息、艰苦奋斗的日子感叹不已。想当初，自己和妻子都没有稳定的工作，收入微薄，尽管妻子精打细算，但一家人还是常常为生计发愁。

后来，经过几年努力，张平终于考上并读完了成人自学考试的全部课程，顺利获得了毕业证书。毕业后，张平找到了一份固定的工作，在那段日子里，他以公司为家，忘我地工作，很快就被提升为项目经理、部门经理以至如今的生产部长，成为公司生产的总指挥。他的付出也给他带来了丰厚的回报，他的工资收入已经大大超过一般家庭的标准，在很好的地段上买了一套 200 多平方米的房子，他的妻子及亲朋好友也很为他的成就和地位感到骄傲，就连他自己在一段时间内也曾沾沾自喜。

可是最近一段时间，张平有些困惑：回想这二十几年的奋斗，虽然没白天没黑夜地干，但是自己并没有什么成就，仅仅是按照公司的计划去完成任务罢了。特别是最近一段时间，公司的销售额连年下降，作为生产总指挥的他很想在开发新产品方面为公司做出更大的贡献，可是由于他在研发和销售方面并没有什么权力，而且他多次给公司领导提交的改革报告都石沉大海，看来领导从来就没有这方面的想法。

因此，张平有了“跳槽”的想法，想换一个职位不必太高、薪水说得过去、能够真正发挥自己潜能的单位。但又一想，自己已经 40 岁有余，“跳槽”又谈何容易？

分析与思考：

1. 请运用管理学的有关理论，分析张平走过的历程中所体现的个人满足情况以及他目前的困惑。

2. 如果张平有意“跳槽”到你所领导的公司，你愿意接收他吗？

3. 如果你愿意接收他，你准备在哪些方面、采取什么样的措施吸引他？

在线自测

扫一扫　练一练

第八章 沟通

本章导读

沟通是人与人之间进行信息交流的活动。沟通是组织得以生存、运行和发展的必要条件之一。沟通包括四个基本要素：信源、信息内容、信宿和信道。沟通以人际沟通为主要形式，因此，沟通会受到沟通双方心理因素的影响，它既是信息传递过程，又是感情交流过程。对组织而言，沟通既是加强民主管理、保证决策科学的基本前提，又是改善人际关系、建立良好工作环境的基本手段。

沟通按照不同的标准分为不同种类，每一种沟通类型各具优点和缺点。了解这些特点有助于提高沟通的有效性。在实际管理中，沟通障碍是普遍存在的。这些障碍可能来自沟通过程中的各个方面。为了克服信息沟通的障碍，需要遵循一定的原则，做好一系列工作。

学习目标

通过对本章的学习，能够了解沟通的概念与必要性、要素与特点；掌握沟通的原则与过程，了解沟通的类型；清楚组织沟通中所特有的障碍及克服沟通障碍的途径；掌握有效沟通的技巧。

关键概念

沟通　人际沟通　正式沟通　沟通障碍

第一节 沟通概述

沟通概述

一、沟通的概念及必要性

从一般意义上讲，沟通就是人与人之间进行信息交流的活动，它是人们社会生活的基本要求之一。

从管理角度讲，沟通是为了完成设定的目标，把信息、思想和情感在个人或群体间传递，并达成共同协议的过程，即通过沟通，使组织成员了解组织的任务与目标并最终达成共识。为此，沟通要具备三个条件：一是要有一个明确的目标，这是沟通最重要的前提；二是要达成共同的协议，只有形成了协议才叫作完成了一次沟通，否则，不能称为沟通；三是沟通信息、思想和情感，即沟通的内容不仅仅是信息，还包括更加重要的思想和情感。

沟通在人们的学习、生活和工作中是不可缺少的。而在组织管理中，沟通对于组织而言，就好比血液循环对于生命有机体一样不可或缺。一个组织如果没有沟通，这个组织就无法正常运转，更不用说发展了。其原因有以下几点：

第一，上下级之间如果缺乏沟通，那么一方面，上级的指令、决策、计划无法传递给下级，更谈不上有效的贯彻执行；另一方面，下级的信息也无法反馈给上级，使上级难以进行有效的决策，或者说，决策的依据就不足。

第二，组织内部部门之间如果缺乏沟通，就不可能做到行动上的协调一致，从而难以进行有效的配合。

第三，个人之间如果缺乏沟通，就缺少相互之间的了解和合作，不仅难以建立起良好的人际关系，而且难以提高组织凝聚力、战斗力。

第四，在组织外部，如果缺少组织与顾客之间、组织与组织之间的沟通，组织就不可能了解顾客的需求、市场的变化，在激烈的市场竞争中就会难以立足，甚至会被市场淘汰。

可见，沟通是组织得以生存、运行和发展的必要条件之一，自然也是管理的重要内容。

二、沟通的要素与特点

（一）沟通的要素

沟通包括四个基本要素。

1. 信源

信源，也称信息发送者。在一个沟通过程中，总有一方是信息的主动发送者，发送者需要向接收者传递信息。

2. 信息内容

信息内容，即沟通的内容。如指令、计划、决策、报告、提出的意见和建议。作为沟通内容的信息，可以是书面的，也可以是口头的，还可以是非语言方式的。

3. 信宿

信宿，即信息的接收者。在沟通的不断循环过程中，信息的发送者与接收者的身份会不断改变，无论是沟通双方的哪一方，都既要充当信息的发送者，又要充当信息的接收者。

4. 信道

信道，即信息交流的渠道，信息沟通就是发送者通过一定的渠道将特定内容的信息传递给接收者的过程。

（二）沟通的特点

沟通以人际沟通为主要形式，其特点主要体现在以下几个方面。

1. 心理因素对沟通的影响很大

心理因素会影响信息发送者发送信息所选用的语言、表达方式、沟通形式，也会影响信息接收者对信息的理解和把握。

2. 沟通既是信息传递过程，又是感情交流过程

伴随信息传递的是人与人之间感情和思想的交流，选择沟通方式时应特别注意沟通对

情感交流、人际关系创造所起的积极作用。

3. 沟通主要以语言为载体

人与人的交流中，语言是最基本的工具，选择何种语言进行沟通，对沟通的效果有直接的影响，因此，选择的形式要适当。

4. 在人际沟通过程中会出现沟通障碍

由于人的知识、经历、能力、职业、价值观等不同，对同一信息可能有不同看法和不同理解，因此，沟通会出现障碍。

三、沟通的原则

沟通具有社会性，与其他社会活动一样，都有着必须遵循的原则。只有当沟通双方都承认并尊重这些原则时，沟通才有可能协调、顺利地进行。

（一）尊重原则

尊重原则要求沟通者讲究言行举止的礼貌，尊重对方的人格和自尊心，尊重对方的思想与言行方式，要把对方放在平等的地位，以诚相待，摒弃偏见。正如古人所言："以诚感人者，人亦诚而应。"

（二）相容原则

"忍人所不能忍，容人所不能容，处人所不能处"。沟通中得理且让人，态度宽容、谦让得体、诱导得法，会使沟通更加顺畅并赢得对方的配合与尊重。

（三）理解原则

一是沟通者要善于进行心理换位，尝试从对方的角度设身处地地考虑、体会对方的心理状态、需求与感受，以产生与对方趋向一致的共同语言；二是要耐心、仔细地倾听对方的意见，从而更加深入地理解对方。

四、沟通的过程

沟通的过程就是信息的发送者将要发送的信息通过一定的渠道传送，信息的接收者在接到信息之后，对信息进行理解，按接收到的信息采取行动，并给予信息反馈。沟通的过程如图 8－1 所示。

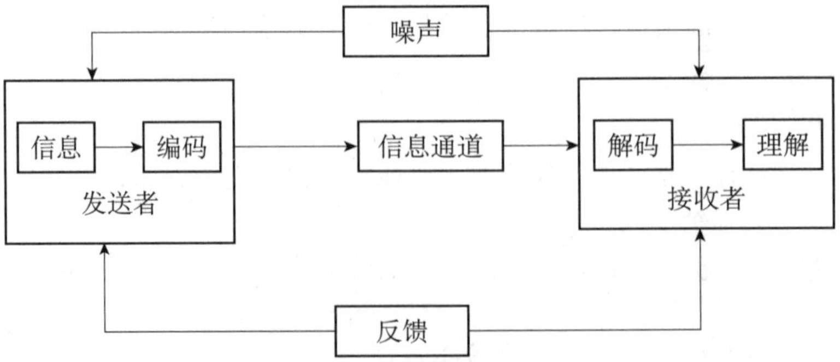

图 8－1　沟通的过程

（一）信息的发出

信息沟通过程是从信息的发出开始的，信息需要纳入一定的形式之中才能传送，此即编码。编码中常用的符号有语言、文字、图片、手势等。

（二）信息的传递

这是指通过一条连接信息发送者与接收者双方的渠道、通道或路径将信息发送出去。传递信息可以通过谈话、演讲、信函、报纸、电话、电视节目等来实现。不同的沟通渠道适用于传递不同的信息。

（三）信息的接收

从沟通渠道传来的信息，需要经过接收者接收并接受之后，才能达到共同的理解。信息的接收包括三个步骤：接收—解码—理解。只有当信息接收者对信息的理解与信息发送者传递出的信息的含义相同或相近时，才可能产生正确的信息沟通。

（四）信息的反馈

反馈是指接收者把收到并理解了的信息返给发送者，以便发送者对接收者是否正确理解了信息进行核实。没有反馈的沟通过程容易出现沟通失误或失败。

（五）噪声

噪声是指一切干扰、混淆或模糊沟通的因素，它既包括来自沟通过程系统外在因素的影响，也包括系统内部的功能上的扰动因素。如发送者、接收者自身的知识和能力不足，会造成对有效沟通的干扰等。噪声会发生在沟通过程的任意一个环节。

五、沟通的类型

（一）语言沟通与非语言沟通

人际沟通是指人与人之间的信息传递与交流。由于信息载体的不同，人际沟通可分为语言沟通和非语言沟通，如图 8－2 所示。

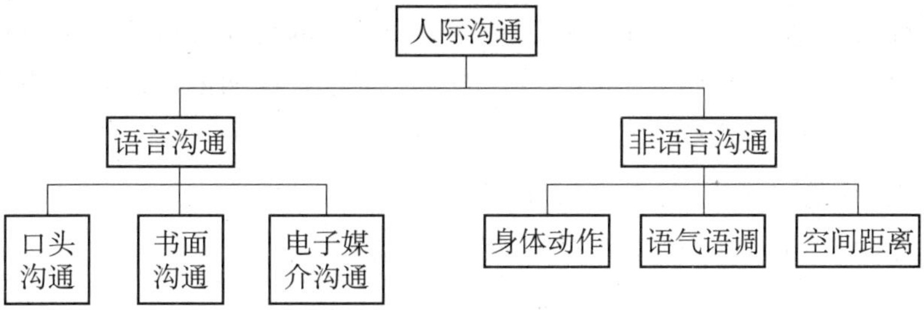

图 8－2　人际沟通的分类

1. 语言沟通

组织中最普遍使用的语言沟通方式有口头沟通、书面沟通和电子媒介沟通。

（1）口头沟通。最常见的交流方式是交谈，也就是口头沟通。它的形式十分灵活多样，包括交谈、讲座、讨论会、辩论会、演讲、打电话、语音聊天、传闻或小道消息的传播等。

（2）书面沟通。书面沟通是以文字为媒体的信息沟通，包括文件、报告、信件、书面合同、备忘录、组织内发行的期刊、公告栏及其他任何传递书面文字或符号的手段。书面沟通的优点是比较规范、信息传递准确度高、传递范围广、有据可查、便于长期保存等。书面沟通的缺点是耗费的时间较多，缺乏及时反馈。

（3）电子媒介沟通。电子媒介沟通是指将包括图表、图像、文字等在内的书面语言性质的信息通过电子信息技术转化为电子数据进行信息传递的一种沟通方式或形式。它的主要特点和优势是：可以将大量信息以较低成本、快速地进行远距离传送。缺点是：有时采用的手段受技术因素影响较大，很多交流需要技术成本来支撑，需要具有一定的专业知识、操作技能才能进行。

2. 非语言沟通

非语言沟通是相对于语言沟通而言的，是指通过身体动作、体态、语气语调、表情、空间距离等方式交流信息、进行沟通的过程。在沟通中，信息的部分内容往往通过语言来表达，而非语言则作为提供解释内容的框架来表达信息的相关部分。

（二）正式沟通与非正式沟通

1. 正式沟通

正式沟通就是按照组织设计中事先规定好的结构系统和信息系统的路径、方向、媒体等进行的信息沟通，如组织之间的信函来往、文件、会议、上下级之间的定期信息交换以及组织正式颁布的法令、规章、公告等。

正式沟通的优点主要是正规、严肃、富有权威性；参与沟通的人员普遍具有较强的责任心和义务感，从而容易保持所沟通信息的准确性及保密性。

正式沟通的缺点主要是对组织机构依赖性较强，造成沟通速度迟缓，存在信息失真或扭曲的可能性；缺乏灵活性，沟通形式刻板，信息传播范围受限制，传播速度比较慢。

2. 非正式沟通

非正式沟通是指组织正式途径以外的沟通方式。组织除了正式沟通外，还需要并且客观上存在着非正式沟通。这类沟通主要是通过个人之间的接触，以小道消息传播的方式来进行。它一方面满足了员工的需求，另一方面弥补了正式沟通的不足，它带有一种随意性和灵活性，并没有一个固定的模式或方法。

（三）下行沟通、上行沟通与平行沟通

按组织内信息沟通流向，可将沟通分为以下几种。

1. 下行沟通

下行沟通即自上而下的沟通。常见的下行沟通方式有工作指示、命令、谈话、会议纪要、广播、年度报告、政策陈述、手册和公司出版物等。

下行沟通可以使下级主管部门和团体成员及时了解组织的目标和领导意图，增加员工对所在团体的向心力与归属感。它可以协调组织内部各个层次的活动，加强组织原则性和纪律性，使组织正常地运转下去。但如果这种渠道使用过多，则会在下属中造成高高在上、独裁专横的印象，使下属产生抵触情绪，影响团体的士气。

2. 上行沟通

上行沟通即自下而上的沟通，是指在组织中，信息由下层向上层流动，如下级向上级提出自己的意见和建议。常见的上行沟通方式有设立意见箱、汇报会、接待日、信访制等。

上行沟通在管理中有着重要作用，管理者可以利用这种方式了解组织的管理状况，与下属形成良好的关系。例如，召开职工座谈会，设立意见箱，建立定期的汇报制度等，都是保持上行沟通渠道通畅的方法。但上行沟通也存在一些局限性，如下属因级别不同造成心理距离，形成一些心理障碍，或害怕受到打击报复，不愿反馈意见等。

3. 平行沟通

平行沟通是指组织结构中处于同一层级的人员或部门间的信息沟通。

平行沟通具有如下优点：

（1）可以使办事程序和手续简化，节省时间，提高工作效率。

（2）可以使组织各个部门之间相互了解，有助于培养整体观念和合作精神，克服本位主义倾向。

（3）可以增加组织成员之间的互谅互让，培养组织成员之间的友谊，满足成员的社会需要，使成员提高工作兴趣，改善工作态度。

平行沟通的缺点是头绪过多，信息量大，易于造成混乱。

（四）单向沟通与双向沟通

按照是否执行反馈，可将沟通分为单向沟通与双向沟通。

1. 单向沟通

单向沟通是指没有信息反馈的沟通。单向沟通比较合适下列几种情况：

（1）问题较简单，且时间较紧。

（2）下属易于接受解决问题的方案。

（3）下属没有解决问题的足够信息，在这种情况下，反馈不仅无助于澄清事实，而且容易混淆视听。

（4）上级缺乏处理反馈意见的能力，容易感情用事。

2. 双向沟通

双向沟通是指有反馈的沟通，即信息发送者和接收者之间相互进行信息交流的沟通，所以，双向沟通的噪声要比单向沟通大得多。双向沟通比较适合于下列几种情况：

（1）时间比较充裕，但问题比较棘手。

（2）下属对解决方案的接受程度至关重要。

（3）下属能提供有价值的信息和建议。

（4）上级习惯于双向沟通，并且能够有建设性地处理反馈意见。

第二节 沟通的障碍及其克服

沟通的障碍及其克服

一、沟通的障碍

所谓沟通障碍，是指信息在传递和交换过程中，因沟通意图受到干扰或误解而导致信息失真的现象。在人们沟通信息的过程中，常常会受到各种因素的影响和干扰，给沟通带来障碍。

在管理实践中，沟通障碍是普遍存在的。这些障碍有来自信息沟通过程中内部方面的因素，也有来自信息沟通过程中所遇到的各种外部因素。

（一）信息沟通过程中的障碍

信息沟通过程中的障碍主要是指信息从发送者到接收者的传递过程中遇到种种干扰或问题，使信息失真，影响了沟通的效果。这些障碍主要体现在以下几方面。

1. 发送者方面的障碍

主要体现为信息发送者对信息表达的障碍。发送者要把自己的观念和想法传递给接收者，首先要把传达的信息十分清楚地表达出来，否则就容易产生障碍。

（1）过滤。过滤是指发送者有意操纵信息，以使信息显得对接收者更为有利。比如，一名管理者告诉上级的信息都是上级想听到的，这名管理者就是在过滤信息。

（2）错觉。错觉即歪曲的知觉，也就是把实际存在的事物歪曲地感知为与实际完全不相符合的事物。

（3）语言障碍。发送者采用不当的语言符号来表达自己的意思，或表达能力不佳，词不达意、口齿不清，或字体模糊，也易使信息失真。

2. 信息传递过程中的障碍

在信息传递过程中，常出现以下障碍：

（1）渠道或媒介选择不当的障碍。如向不懂英语的员工讲英语。

（2）时机不当的障碍。时间的耽搁或拖延会使信息过时无用。

3. 接收者方面的障碍

在沟通过程中，接收者接到信息符号后要进行解码，变成对信息的理解，在这个过程中，往往会出现的障碍有：

（1）选择性知觉的障碍。由于种种原因，人们总是习惯接收部分信息，而摒弃另一部分信息，这就是知觉的选择性。比如：接收者会根据自己的需要、动机、经验、背景及其他个人特点有选择地去看或去听信息。解码的时候，接收者还会把自己的兴趣和期望带进信息之中。

（2）情绪的障碍。不同的情绪感受会使个体对同一信息的解释截然不同。极端的情绪体验，如狂喜或悲痛，都可能阻碍有效的沟通。这种状态常常使人无法进行客观而理性的思维活动，而代以情绪性的判断。

（3）信息过量的障碍。由于人们往往接收到超过自身接收、处理限度的大量社会信息，对过量的信息采取不予理睬的办法，这在一定程度上给沟通带来了障碍。

4. 反馈过程中的障碍

在反馈过程中，由于反馈渠道本身的特点以及反馈过程中可能出现的信息失真等，都会给有效沟通带来障碍。例如，企业中虽然设有意见箱，但领导从未打开过信箱，这种反馈形同虚设。

专栏 8-1

猫兄和狗弟

猫兄和狗弟在一起生活，虽衣食无忧，却总不能和平相处。鸡大姐看在眼里，急在心上，决定当一回和平大使。

鸡大姐首先找到猫兄，说明来意，猫兄说：“你不知道，我和狗弟一见面，就主动向他打招呼。可他却摇尾巴，明明是在向我挑衅!”

鸡大姐听罢，找到狗弟想问个清楚。谁知狗弟一听便急了：“不是那么回事，我们一见面，他就朝着我直叫，那么不耐烦。我不和他计较，礼貌地摇尾向他示意，他却更加生气。”

鸡大姐这回明白了，原来是一场误会。

启示：有效沟通取决于个人有选择地接收自己喜好的信息，沟通双方的相互信任程度，沟通双方的相似程度等。

（二）沟通环境方面的障碍

信息沟通，除了受沟通过程本身各因素的影响外，还受环境因素的影响，主要表现在以下几方面。

1. 组织结构方面的障碍

在管理中，合理的组织结构有利于信息沟通。但是，如果组织结构过于庞大，中间层次太多，那么，信息从最高决策层传递到下属单位不仅容易产生信息的失真，而且还会浪费大量时间，影响信息的及时性。一项研究表明，如果一个信息在高层管理者那里的正确率是 100%，到了信息接收者那里可能只剩下 20%，信息损失平均达 80%。例如，企业董事会的决定通过五个等级后，其中副总裁一级的保真率为 63%，部门主管为 56%，工厂经理为 40%，第一线工长为 30%，普通职工为 20%，如图 8-3 所示。

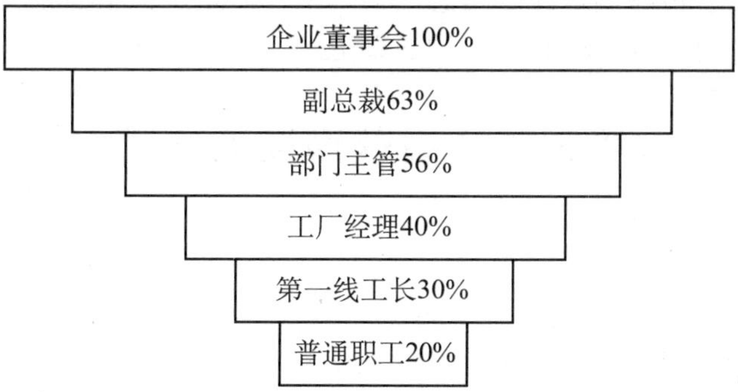

图 8-3 信息传递失真现象实例

2. 组织文化方面的障碍

组织文化对组织中的信息沟通有着深刻的影响。例如，在一个崇尚等级制度、强调独裁式管理方式的组织里，信息常常被高层管理者垄断，有用的信息得不到传递，人与人之间的沟通缺乏互动性和开放性，自下而上的沟通行为通常不受重视。

3. 社会环境方面的障碍

不同的文化价值观影响下的沟通行为有很大的不同。例如，有的组织中的上下级沟通显得较为民主，下级可以直接向上级或上级的上级提出自己的意见。而有的公司中，等级森严，沟通一般都是逐层进行的。在跨文化的组织里，不同价值观影响下的跨文化沟通障碍显得更加明显和复杂。

二、如何克服沟通障碍

要实现有效沟通，必须消除上述沟通障碍。在实际工作中，可以从以下几个方面努力。

（一）沟通前要有认真的准备和明确的目的性

沟通者自己首先要对沟通的内容有正确、清晰的理解，沟通之前应对问题的背景、解决问题的方案及其依据和资料、决策的理由和对组织成员的要求等做到心中有数。

（二）沟通的内容要确切

沟通内容要言之有物，有针对性，语意确切、准确；要避免含糊的语言，更不要讲空话、套话和废话。

（三）沟通要有诚意

要想提高沟通效率，必须诚心诚意地去倾听对方的意见，取得对方的信任，这样对方也才能把真实的想法说出来。

（四）沟通方式要适合

采用不同的沟通方式会有不同的效果。一般来讲，面对面的直接沟通、口头沟通、双向沟通的效果较理想。

（五）沟通渠道要拓宽

一是尽量缩短信息传递链，减少信息的失真率；二是保障信息的双向沟通。在利用正式沟通渠道的同时，可以开辟非正式的沟通渠道。

第三节　有效沟通的技巧

有效沟通的技巧

一、下行沟通的技巧

这里的下行沟通主要针对管理者下达指令而言。下达管理指令的技巧很重要，关系到下属是否有效地接收组织信息。主要考虑下述几个方面。

（一）一般指令与具体指令

一项指令应该是一般的还是具体的，这要根据管理者对周围环境的预见能力以及下级响应的程度而定。在集权程度较高的组织中，通常需要下达较为具体的指令去严格地指导下属；反之，在较为分权的组织中，或对远离上级的分支机构，当主管对下属所处环境不能充分了解和具体监督时，就应采用一般指令指导下属。

下属的个人性格对指令的下达也有很大影响，有些人宁愿接受严格的监督，在具体的指令下会工作得最好，有些人则宁愿发挥自己的主动性，不想被管得太具体。

（二）书面指令与口头指令

如果上下级关系较为稳定，则指令采取口头下达的方式；如果人员流动性大，职务变动频繁，为保证组织指令的效力，就应当用书面形式下达口令，尤其是对那些需要有相当的时间去实施的指令更应如此。

上下级之间相互信任的程度也是一个重要因素。如果上级说话算数，经常为下级承担风险，下级往往就更希望将指令书面化并以此作为依据，以免当“替罪羊”。那些受到过“越权”指责的管理者，往往也会要求以书面形式发布指令，证明自己未越权，特别是那些对上级出尔反尔的行为有过痛苦经历的下级，往往会更喜欢书面指令。

书面指令在防止命令的重复和司法上的争执等方面有较大用处。另外，当需要所有有关人员配合时，书面指令具有明确统一的作用。例如，总经理要求人事部门分析研究某一事故在全公司的影响及解决方案时，如果不公开下达明确的书面指令，则其他部门也许会不予理睬。

（三）正式指令与非正式指令

在绝大多数组织中，管理者习惯于用非正式指令来领导，例如：“让我们来做这个”“你们似乎应这样进行”“为何与不同生产部门的人交换意见”，等等。外人可能不认为这些是指令，但如果处于下属地位，则很少会误解管理者指令的意义。然而，某些时候也需要严厉措辞的正式指令，以表明紧迫性和坚决性。有些下属任何时候都可以接收这种指令，而有些下属则认为这是不礼貌的，有伤自尊心，经常遇到这种不客气的指令就会产生对抗情绪，有的甚至会辞职。对每个下属准确地选择适当的指令是一门微妙的艺术。

专栏 8－2

良好沟通的艺术

（1）澄清概念，妥善计划、安排沟通的内容；（2）明确沟通目的，确定在此次沟通中想得到什么；（3）听取对方意见，得到对方的理解与支持；（4）沟通时注意环境、对象，并注意与之结合；（5）注意内容，也注意语调、表情、词句的选用；（6）尽量传送有效的资料；（7）应有必要的“跟踪”；（8）着眼于现在，也着眼于将来；（9）言行一致；（10）成为一位好“听众”。

启示：有效沟通是需要技巧的，管理者必须予以重视。

二、上行沟通的技巧

对组织的中下层管理者来说，除了要注意信息下达的技巧外，还要注意纵向的向上沟通技巧。

（1）要正确接受有效的指令，这需要领会上级的真正意图，主要应依据长远的目标和组织的根本利益，这样就不会被上级因各种原因（如口误、笔误、一时错觉、信息时差）而失误的指令所左右，避免因执行这样的指令而造成上下不讨好的被动挨“夹”局面。

（2）要及时反映情况，发挥反馈作用，为上级做出正确决策提供有关信息，反馈情况要选择合理的时机。构成这样时机的要素主要有上级的情绪和态度如何、地点是否合适、参与人员是否有关联、时间是否充分、事情的轻重缓急程度等。

三、非正式沟通的技巧

非正式沟通在信息沟通方面具有特殊的功效。由于正式沟通往往不及时、不全面，且带有一定范围的保密性，因而，对信息的需要是非正式沟通存在的一个重要原因。

非正式沟通的重要方式是“小道消息”。任何组织中都有小道消息，而当正式沟通不畅或组织面临重大变革时，小道消息尤为盛行。管理者如果不善于利用小道消息，就会被小道消息搞得十分被动。如果能巧妙地利用小道消息，则对加速信息沟通是非常有效的。为此，管理者要学会合理运用非正式沟通，采取双轨制的形式发布信息，即正式渠道和非正式渠道。可以利用小道消息作为探测器，试探组织中成员对某些决策的反应，同时，建立获取信息的“热线”——小报告制度，允许越级汇报，其方式如意见箱、专线电话、专门访谈制度，这些都是“短路沟通”的方法。小报告具有直接、迅速、机动、完整等功能，能保证信息的时效性。但必须注意其副作用，即偏见、别有用心、失真等，以致影响管理者的威信。防止副作用的办法是多方查证和核对。

四、排除信息噪声干扰的技巧

噪声在物理学上是指不同频率和不同强度的声音，无规律地组合在一起形成的，听起来嘈杂的声音，一般也指一切对人们生活和工作有妨碍的声音。这不单是由声音的物理性质决定的，还与人们的生理和心理状态有关。

在管理实践中，一些信息不是根据实际需要产生与流动的，这些信息构成了信息噪声，会妨碍组织中正常的信息沟通，因此必须尽量清除这种信息污染。认为信息越多越好的看法显然是偏颇的。所以，组织应该对冗余的干扰信息进行排除。一般而言，作为组织资源的信息应该符合以下条件：

（1）这些信息对组织的存在非常重要。

（2）使用这种资源会有成本。

（3）必须适当地送达特定地点。

（4）必须能有效地为组织谋取与其成本相称的最高收益。

五、与人交谈的技巧

管理者的工作主要是管人，与人交谈是主要管理手段。与人交谈的技巧包括两大方面，即听与说。管理者能言善辩固然重要，但善于倾听更为重要。如果一个管理者善于倾听，即使不赞成对方的观点，不能对他提出的问题给予满意的答复，但只要以一种同情的、理解的态度去听，也能够获得对方的好感，缩短彼此间的距离。因此，倾听不只是一种艺术，也是一种管理。倾听的艺术很重要，其注意事项大致可归纳为十条：

（1）听人说话时，不随意打断对方。

（2）要让对方有安全感，不论对错都不给对方带来压力。

（3）要有耐心，给予对方充分的时间。

（4）要有适当反馈，让对方感到你对他谈话的内容很感兴趣，是乐于倾听的。

（5）不要过早地下结论，否则会令谈话中止，由此而错失可能有用的信息。

（6）不要轻易与对方争辩，否则会伤害对方的自尊心，产生不良后果。

（7）换位思考，设身处地地站在对方的立场和行为环境中，考虑对方讲话的真正含义。

（8）学会控制感情。感情对人的行为影响很大，易感情用事的人往往急躁、不理智，常使语言和行为偏离本意或片面理解别人谈话的意思。

（9）把倾听看成是一种积极的过程。据调查，听人讲话接收信息的速度比别人讲话输出信息的速度快4～6倍。因此，听人讲话时，要有效利用这个时间差进行积极思考，既要思考对方传递信息的内容，也要观察在传递这些信息时对方的态度、情绪，这往往是更为重要的信息。

（10）少说多听，善于引导，但要适可而止。

高层管理者一天的工作时间，有70%用于沟通。在沟通中听的时间又高达45%。可见，高层管理者用于听的时间最多，掌握听的艺术是十分必要的。

专栏8-3

最有价值的金人

甲国使者到乙国来，进贡了三个一模一样的金人，金光闪闪，把乙国的皇帝高兴坏了。可是甲国使者同时出了一道题目：这三个金人哪个最有价值？

皇帝想了许多的办法，请来珠宝匠检查，称重量，看做工，结果三个金人一模一样。怎么办？使者还等着回去汇报呢。泱泱大国，不会连这个小问题都不知道吧？

最后，有一位老臣说他有办法。

皇帝将使者请到大殿，老臣胸有成竹地拿着三根稻草，分别插入三个金人的耳朵里，插入第一个金人的稻草从另一边耳朵出来了，插入第二个金人的稻草从嘴巴里直接掉出来，而插入第三个金人的稻草掉进了肚子，什么响动也没有。老臣说：第三个金人最有价值！使者默默无语，答案正确。

启示：这个故事告诉我们，最有价值的人，不一定是最能说的人。我们长了两只耳朵、一个嘴巴，就应该多听少说。善于倾听，才是成熟的人最基本的素质。

复习思考题

1. 什么是沟通？其要素有哪些？如何理解沟通在组织中的必要性？

2. 沟通的特点是什么？
3. 沟通的原则是什么？沟通有哪些基本类型？
4. 非正式沟通与正式沟通有何区别？
5. 常见的沟通障碍有哪些？如何克服沟通障碍？
6. 举例阐述各种沟通技巧的应用。

案例分析

A航空公司的“秘密”

A航空公司是一家发展迅速的航空公司。然而，最近在其总部有一系列的传闻。公司总经理张利想卖出自己的股票，但又想保住自己总经理的职务。他为公司制定了两个战略方案：一个是把航空公司的附属单位卖掉；另一个是在现有的基础上重新振兴发展。他对这两个方案的利弊进行了认真的分析，并委托副总经理李明提出参考意见。李明为此起草了一份备忘录，随后叫秘书打印。秘书在咖啡厅碰到了另一位副总经理王可，并把这一秘密告诉了他。

秘书悄悄地对王可说：“我得到了一个极为轰动的最新消息，他们正在准备成立另外一个航空公司。虽说不会裁减职工，但是，我们也应该有所准备啊！”这些话又被办公室的办事员听到了，办事员立即把这个消息告诉他的上司刘红。刘红又为此事写了一份备忘录给负责人事的副总经理马丁。马丁也加入了他们的联合阵线，并认为公司应保证兑现其不裁减职工的诺言。

第二天，秘书打印备忘录时又被来探听消息的罗摩看见了。罗摩随即跑到办公室说：“我真不敢相信公司会做出这样的事情。我们要被卖给联合航空公司了，而且要大量裁员呢。”

这个消息被传来传去，3天后又传回到总经理张利的耳朵里。张利接到了许多极不友好甚至是带有敌意的电话和信件。人们纷纷指责他企图违背诺言而大批解雇工人，但有的人也表示为与别的公司联合而感到高兴，而张利却感到迷惑不解。

分析与思考：

试比较正式沟通与非正式沟通的优缺点。你认为总经理张利应该采取什么措施？

在线自测

扫一扫　练一练

第九章　控制

本章导读

控制工作存在于管理活动的全过程中，与其他管理职能紧密地结合在一起，它不仅可以维持其他职能的正常活动，而且在必要时，还可以通过采取纠正偏差的行动来改变其他管理职能的活动，使管理过程形成一个相对封闭的系统。控制的目的一方面要“维持现状”，使控制系统的活动趋于相对稳定，实现组织的既定目标，另一方面要“打破现状”，即通过修改原定计划，确定新的目标和标准，使之更加合理，符合环境变化的要求。控制是完成计划的重要保证，是实现组织目标的根本措施。按照不同的划分标准，控制可以分为前馈控制、现场控制和反馈控制，也可以分为直接控制和间接控制。确定控制标准、衡量实际绩效和纠正偏差是控制过程的主要环节。有效的控制还必须遵守及时性原则、适度性原则、重点原则、经济性原则、客观性原则、弹性原则。控制的内容包括人员控制、时间控制、成本控制、质量控制、库存控制、审计控制等。

学习目标

通过对本章的学习，能够掌握控制的概念、必要性与类型，了解控制的目的，以及控制与计划、组织和领导之间的关系；熟悉控制的基本内容、过程与方法，理解有效控制的原则。

关键概念

控制　前馈控制　现场控制　反馈控制　直接控制　间接控制　人员控制　成本控制

第一节　控制概述

控制概述

管理工作是一个持续的过程，总会出现这样那样的偏差，管理工作必须有控制，要不断地防止和纠正工作过程中出现的偏差，才能确保管理工作能够持续进行，控制贯穿于管理的整个过程。

一、控制的概念

关于控制的概念，管理学家们有很多不同的说法。最早给控制职能下定义的是法国管理学家法约尔，他认为，控制就是监视组织中的每个人是否依照计划、命令及原则执行工作。

美国管理学家孔茨认为，控制就是按照计划标准衡量计划的完成情况和纠正计划执行中的偏差，以确保计划目标的实现。

美国学者谢默霍恩认为，控制是衡量工作绩效、对比成果与目标，并且必要时采取纠正措施的过程。

虽然控制的定义表述不尽相同，但其基本含义是一致的。因此，我们可以从狭义和广义两方面给控制下定义。

从狭义来讲，控制就是指"纠偏"，即按照计划标准衡量计划的完成情况，针对出现的偏差情况采取纠正措施，以确保计划得以顺利实现。

从广义来讲，控制并不仅限于"纠偏"，同时还包含着在必要时修改计划标准，以使计划更加适合于实际情况的意思，因此，控制与两项事件有关：将现在执行情况与原来计划进行比较，以观究竟；当执行状况与原来计划有所不同时，即予以纠正督导。

所以，在管理活动中，完整的控制包括"纠偏"和"调适"这两方面的含义。控制的功能就是将实际绩效与预期绩效进行比较，二者如果有任何差异，即由控制予以纠正与处理，如图 9－1 所示。

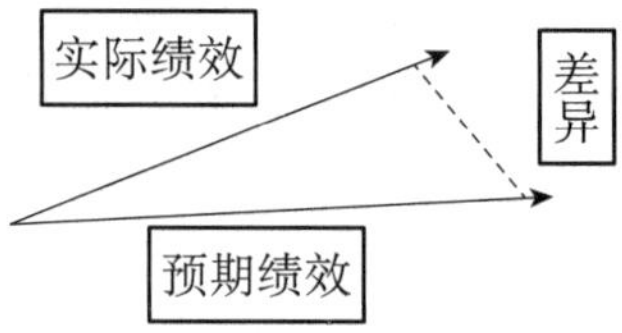

图 9－1　控制的功能

二、控制的必要性

美国管理学教授斯蒂芬·罗宾斯曾这样描述控制的作用："尽管计划可以制订出来，组织结构可以调整得非常有效，员工的积极性也可以调动起来，但是这仍然不能保证所有的行动都按计划执行，不能保证管理者追求的目标一定能达到。"其根本原因在于管理职能中的最后一个环节，即控制工作是否有效。由于各种各样的原因，人们在执行计划的活动中总是会或多或少地出现与计划不一致的现象。由此，控制也就成为必然。

（一）环境的变化

如果组织面对的是一个完全静态的环境，其中各个影响组织活动的因素永不发生变化，例如，市场供求、产业结构、技术水平等，那么，管理人员便可以日复一日、年复一年地以相同的方式进行各种管理活动，工人可以以相同的技术和方法进行生产作业，因而，不仅控制工作，甚至管理的计划职能都将成为完全多余的东西。事实上，这样的静态环境是不存在的，组织外部的一切每时每刻都在发生着变化，这些变化必然要求组织对原先制订的计划做相应的调整。

（二）管理权力的分散

只要组织达到一定规模，管理者就不可能直接地、面对面地组织和指挥全体员工的活动。时间与精力的限制要求管理者委托一些助手代理部分管理事务。由于同样的原因，这些助手也会再委托其他人帮助自己工作，这便是管理层次形成的原因。为了使助手有效地完成受托的部分管理事务，高一级的主管必然要授予他们相应的权限。因此，任何组织的管理权限都制度化或非制度化地分散在各个管理部门和层次中，组织的分权程度越高，控制就越有必要。

（三）工作能力的差异

计划的实现要求每个部门的工作严格按计划要求来协调地进行。然而，由于组织成员是在不同的时空进行工作的，他们的认知能力不同，对计划要求的理解可能发生差异。即使每个员工都能完全正确地理解计划的要求，但由于工作能力的差异，他们的实际工作结果也可能在质和量上与计划要求不符。因此，加强对这些成员的工作控制是非常必要的。

三、控制与其他管理职能的关系

控制工作存在于管理活动的全过程中，与其他管理职能紧密地结合在一起，它不仅可以维持其他职能的正常活动，而且在必要时，还可以通过采取纠正偏差的行动来改变其他管理职能的活动，使管理过程形成一个相对封闭的系统。

（一）计划和控制是一个问题的两个方面

控制的标准来源于计划，计划是控制的前提，而控制是计划目标能够实现的保证。在一般情况下，控制工作既是一个管理过程的终结，又是一个新的管理过程的开始。

（二）要进行有效的控制，必须有组织的保证

组织为控制职能的发挥提供了人员配备和组织结构，这种结构规定了组织中的分工协作体系与职责权限，为组织的控制提供了信息系统。组织结构越明确、全面和完整，控制工作就会越有效果。

（三）领导者影响着控制工作的质量

控制要有效进行，还必须配备合适的人员，必须给予他们正确的指导和领导，必须调动广大参与者的积极性。同样，控制也有利于改进领导者的领导工作，提高领导者的工作效率。

四、控制的目的

在现代的管理活动中，控制的目的表现为两个层次：

第一，控制的基本目的就是要“维持现状”，即在变化中的内外部环境中，通过控制工作，随时将计划的执行结果与标准进行比较，若发现有超过计划容许范围的偏差时，则及时采取必要的纠正措施，以使系统的活动趋于相对稳定，实现组织的既定目标。

第二，控制要“打破现状”。在某些情况下，变化的内外部环境会对组织提出新的要求，需要管理者改革创新，开拓新的局面。这时，就势必要打破现状，修改原定的计划，确定新的现实目标和管理控制标准，从而符合变化了的新的形势。

在日常管理活动中，控制工作的目的主要是上述两个，但控制工作的最终目的是防止

问题的发生。这就要求管理人员向前看，把控制建立在前馈而不是简单的信息反馈的基础上，在偏离计划的情况出现以前就能预测到并及时采取措施来加以预防。

第二节　控制的类型与过程

控制的类型与过程

一、控制的类型

管理中的控制可根据其活动的重点、内容、时间、方式等的不同分为多种类型。

（一）前馈控制、现场控制和反馈控制

这是按照控制点的位置或纠正措施的环节来划分的。

1. 前馈控制

前馈控制也叫事先控制，是计划实施前采取预防措施防止问题的发生，而不是在实施中出现问题后的补救。即管理人员运用最新信息，包括上一控制循环中的经验教训，对可能出现的偏差进行预测，采取措施防止偏差的发生，确保目标的实现。

前馈控制的目的是保证工作的高绩效，它在本质上有预防的作用，因此是一种预防性控制，其工作重点不是控制工作的结果，而是克服某些干扰或适应环境的变化，提前采取各种措施，以预防工作过程中可能出现的偏差，保证预期目标的实现。例如，企业为了保证工作的顺利进行而制定的一系列规章、制度，为了生产出高质量的产品而对原材料质量进行的入库检查以及对职工的岗前培训等，都属于前馈控制。

前馈控制的优点有：首先，能避免预期问题的出现，有防患于未然的效果；其次，前馈控制适用于一切领域中的所有工作，如企业、医院、学校、军队等，适用范围很广；最后，前馈控制是在工作开始之前，针对某项计划行动所依赖的条件进行控制，不针对具体人员，因而不会造成员工心理抵触，易于被其接受并付诸实施。

前馈控制的缺点有：由于未来的不确定性，要实行切实的前馈控制也不是一件容易的事情，它需要及时和准确的信息，还要采取措施以保证最后结果合乎需要。由于管理人员不可能完全把握未来会发生的所有事件和可能导致的结果，因而，虽然前馈控制有许多优点，但在管理工作中也不能完全代替其他类型的控制工作。

2. 现场控制

现场控制又称同期控制、过程控制，是指在某项活动或工作进行过程中，在现场发现存在的偏差或潜在的偏差，及时提供改进措施以纠正偏差的一种控制方式。

现场控制一般有两种方式：

一是主管人员深入现场检查和指导下属的活动，监督下属工作，发现偏差并督促纠正。它包括工作方法和工作过程的指导。

二是基层工作人员的日常自我工作控制，控制的对象就是自我的操作过程。

现场控制的优点有：现场控制能及时发现偏差，及时纠正偏差，是一种较经济、有效的控制方法。

现场控制的缺点有：首先，运用这种管理方法容易受到管理者的时间、精力、业务水平的制约，管理者不能时时、事事都进行现场控制，只能在关键工作上予以使用。其次，现场控制的应用范围较窄。一般来说，对生产工作容易进行现场控制，而对那些问题难以辨认、成果难以衡量的工作，如科研工作、行政管理等，几乎无法进行现场控制。最后，现场控制容易在控制者与被控制者之间形成心理上的对立，从而影响被控制者的工作积极性和主动性。所以，现场控制一般不能成为日常性的主要控制方法，而只能作为其他控制方式的补充。

由于现场控制对已经出现的偏差要进行及时纠正，需要对实时信息做出及时的反应，因而，要求控制人员具有敏锐的判断力、快速的反应能力以及灵活多变的控制手段，同时要注意避免凭主观意志进行控制。

3. 反馈控制

反馈控制是管理控制中最常见的控制类型，其控制作用产生于行动之后，所以，也称为事后控制或成果控制。它是在活动完成之后，管理人员根据已发生的情况，分析工作的执行结果，将它与控制标准相比较，从中发现已经出现的偏差，在分析原因的基础上采取措施纠正偏差，以防止偏差继续发展或在以后的工作中再次发生。反馈控制还发生在组织内外部环境条件已经发生了重大变化，导致原定标准和目标脱离现实时，需要采取措施调整或修正计划。如企业根据业绩对管理人员实施奖惩，对不合格产品进行淘汰，发现产品销路不畅而减产、转产或加强促销等，都属于反馈控制。

反馈控制的优点有：首先，反馈控制可以根据工作的实际结果对工作进行评价，既易于工作人员接受，也有利于管理人员采取有效和有力的措施改进管理工作。如反馈控制可以为管理者提供关于计划效果的真实信息，如果反馈显示标准与现实之间只有很小的和可接受的偏差，说明计划的目标达到了；如果偏差很大，管理者就应该利用这一信息，发现问题，调整计划，追究责任，实施惩戒，使新计划制订和执行更为有效。其次，反馈控制可以增强员工的积极性。员工通过获得评价他们绩效的信息，调整自己未来的行为，进而达到提高工作绩效的目的。

反馈控制的缺点有：反馈控制存在时间滞后性，即当管理者获取信息时，可能的失误和损失已经发生，弥补措施只能在新的工作中产生效果。成语“亡羊补牢”就是对反馈效果的很好描述。

虽然反馈控制存在这样的问题，但在实际工作中，反馈控制依然是控制活动中运用最多的一种控制方式。在管理中常用的反馈控制有财务报表分析、生产成本分析、产品质量检验和组织成员绩效测评等。

三种类型的控制活动因控制点处于事物发展进程的哪个阶段而不同，如图 9－2 所示。前馈控制重在资源，包括人、财、物等；现场控制重在进行的活动，多为对工作过程的控制；反馈控制是对已结束工作进行的评价，其作用是对下一次活动的开展进行控制。在实际控制过程中，需要根据工作的重要性，结合不同控制的特点，选择恰当的控制方式。

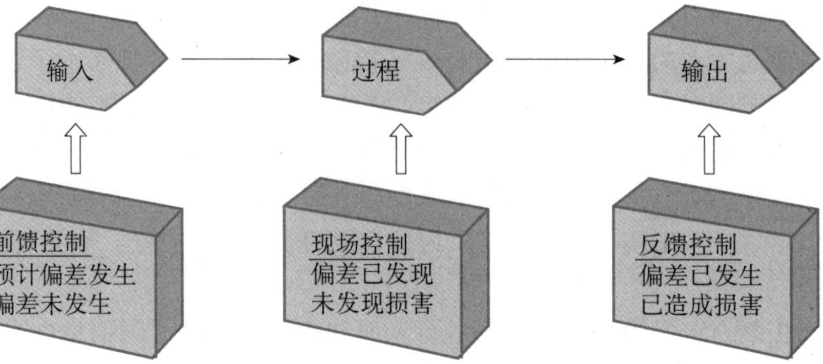

图 9-2　控制的类型

专栏 9-1

魏文王问名医扁鹊说：“你们家兄弟三人，都精于医术，到底哪一位最好呢？”扁鹊答说：“大哥最好，二哥次之，我最差。”文王再问：“那么为什么你最出名呢？”扁鹊答说：“我大哥治病，是治病于病情发作之前。由于一般人不知道他事先能铲除病因，所以他的名气无法传出去，只有我们家的人才知道。我二哥治病，是治病于病情初起之时。一般人以为他只能治轻微的小病，所以他的名气只及于本乡里。而我治病，是治病于病情严重之时，一般人都看到我在经脉上穿针放血、在皮肤上敷药等做法，所以以为我的医术高明，名气因此响遍全国。”

启示：防火胜于救火。从管理控制角度讲，反馈控制不如现场控制，现场控制不如前馈控制。

（二）直接控制与间接控制

1. 直接控制

直接控制是指控制者与被控制对象直接接触，由控制者直接调节、干预被控制对象，从而纠正偏差的一种形式，它是相对于间接控制而言的，其特点是直接，即控制指令不经任何中间环节，直接作用于被控制对象。在管理中，直接控制的指导思想认为，合格的主管人员出的差错少，他能觉察到正在形成的问题，并能及时采取纠正措施。因此，直接控制是着眼于培养更好的主管人员，使他们能熟练地应用管理的概念、技术和原理，能以系统的观点来进行和改善他们的管理工作，从而防止出现因管理不善而造成的不良后果。即直接控制是通过提高主管人员的素质来进行控制工作的。

2. 间接控制

间接控制是指控制者与被控制对象不直接接触，而是借助中间工具作用于被控制对象。在管理中，间接控制多见于上级管理者对下级人员工作过程的控制，即管理者根据计划和标准考核员工工作的实际结果，分析出现偏差的原因，并追究责任者的个人责任以使其改进未来工作。

间接控制并不是普遍有效的控制方法，这是因为它建立在以下几方面：（1）每个员工的工作成效是可以计量并比较的；（2）人们对工作任务负有个人责任，个人责任是清晰的；（3）分析偏差和追究责任所需的时间、费用等是有充分保证的；（4）出现的偏差可以预料并能及时发现；（5）有关责任单位和责任人将会采取纠正措施。实际工作中，这些假设有时不能成立，因此，管理者常常采取直接控制的办法。

比较以上两种控制方式可知，直接控制和间接控制是人们在实践中为了实现特定目标而采取的两种不同方式。直接控制注重实时性和直接性，间接控制注重规则和策略。两种控制方式在不同领域和应用场合都有其独特的价值和作用，根据实际需求和控制目标的不同，选择合适的控制方式是十分重要的。

二、控制的过程

从管理控制的实施上看，组织的管理控制大致包括确立控制标准、衡量实际绩效和纠正偏差三个阶段，这构成了完整的管理控制过程，如图 9－3 所示。

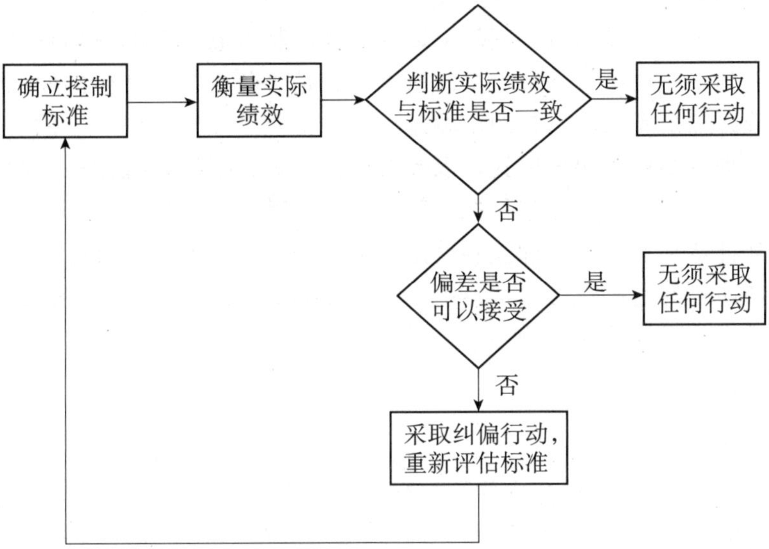

图 9－3　控制的过程

（一）确立控制标准

标准是测定绩效的基础，确立控制标准是控制过程的起点，如果没有控制标准，衡量实际绩效和纠正偏差将失去客观依据。

由于组织中的各项活动都要以计划为依据，计划执行情况是控制工作的重点，因此，各项计划规定的指标都可作为控制的标准。由于各种计划的详尽程度和复杂程度各不相同，因此还需要将计划目标转换成一套更具体、可测量和考核的控制标准。

由于控制工作贯穿于组织的各项活动中，因此，控制标准就可以有多种。就企业来讲，控制的标准就有：定量指标，如产量、产值、销售额、劳动生产率等；定额指标，如劳动定额、资金占用额等；质量指标，如产品技术要求、性能指标、工序质量标准等。除了这些能定量的标准外，还有以定质方式表示的标准，如职工素质的提高、产品在市场中占据领导地位、企业信誉的提高等。一个好的控制标准体系，在内容上一般包括数量标准、质量标准、时间标准、成本和效益标准等，在文字上要求尽可能简化明了，做到具体化、数字化、客观化，容易测定、便于考核、便于执行。

需要注意的是，并不是计划实施过程中的每一步都要确立控制标准，而是要选择一些关键点作为主要的控制对象。事实上，控制住了关键点，也就控制住了全局。

（二）衡量实际绩效

衡量实际绩效就是用确立的标准对实际工作绩效和进度进行检查和比较，发现偏离标准的情况，分析产生的原因，制定和采取相应的措施。因此，它又可分为两个小步骤：一是衡量实际工作成绩；二是比较实际工作绩效与控制标准，由此发现和提出问题。

衡量实际绩效取决于反映实际工作的信息，所以，要求信息及时、准确、全面。信息的及时性在控制中特别重要，错误的信息会导致错误的行动。这就要求管理人员掌握多方面的信息，做到胸有全局。

（三）纠正偏差

纠正偏差是在衡量实际绩效的基础上，针对被控制对象出现的偏离程度，及时采取措施予以纠正，使其恢复到正常状态上来。所以，一是要分析偏差产生的原因，弄清原因是采取措施的基础；二是要采取措施纠正偏差。如果偏差是由于工作产生的，且偏差已超出了允许的范围，则需要采取纠偏措施，以改进工作绩效；如果是控制标准脱离实际，导致多数员工、多数部门无法实现控制目标，管理部门就需要修订标准。

总之，从某种意义上说，管理控制就是一个不断制定标准、实施标准、修订和完善标准的过程。值得注意的是，在修订标准时，应从实际情况分析出发，强调标准的客观性，避免管理人员主观因素的消极影响。

专栏 9－2

一个骑师让他的马接受了全方位的训练，因此他可以随心所欲地使唤它。只要把马鞭子一扬，马就听他支配，而且骑师的话，马句句都听。“给这样的马加上缰绳是多余的。”骑师认为不用缰绳就可以把马驾驭了。有一天，骑师骑马出去时就把缰绳解掉了。马在原野上飞跑，刚开始还不算太快，马仰着头，抖动着马须，雄赳赳地高视阔步，仿佛要让他的主人高兴。但当马知道什么约束也没有的时候，英勇的骏马就愈加大胆了，它的眼睛里冒着火，脑袋里充着血，再也不听主人的命令，越来越快地飞驰于辽阔的原野上。不幸的骑师，如今毫无办法控制他的马了，他想用笨拙而颤抖的手把缰绳重新套上马头，但已经无法办到。无拘无束的马撒开四蹄，一路狂奔着。骑师从马背上摔了下来，而它还是疯狂的地往前冲，像一阵风似的，很快就在骑师的眼前消失了。

启示：“信任固然好，控制更重要。”有些管理者授权后，由于过于信任下属，缺乏有效控制手段，致使授权失败。授权管理的本质就是控制和督查。授权后，管理者要建立起一套控制程序，通过工作报告、考核、预算、审计等渠道获得员工行为的反馈信息，以便及时有效地进行控制。高明的管理者无时不对自己的控制技术做细致的挑选，以使自己能在最恰当的时刻，选择最恰当的方式，把失控的“马”及时地拉回到正确的轨道上来。

第三节 有效控制的原则

有效控制的原则

控制的目的是保证组织活动符合计划的要求，以有效地实现预定目标。但是，并不是所有的控制活动都能达到预期的目的。为此，有效的控制应遵循如下原则。

一、及时性原则

法国管理学家法约尔曾指出，为了达到有效控制的目的，控制应在有限的时间内及时进行。有效的控制，要求能对组织活动中产生的偏差尽可能早地发现并及时采取措施加以纠正，避免偏差的进一步扩大，或防止偏差对组织产生不利影响的扩散。要做到及时控制，信息的收集和传递必须及时。如果信息处理的时间过长，即使信息是非常客观和完全正确的，但滞后的信息可能就失去了纠偏的实际意义，还可能产生严重的后果。

二、适度性原则

适度性原则是指控制的范围、程度和频度恰到好处，防止控制过多或控制不足。因为，过多的控制会对员工行为产生过多限制，从而扼杀他们的积极性、主动性和创造性。过少的控制将不能使组织活动有序地进行，不能保证各部门活动协调发展，进而有可能会造成资源的浪费。

控制程度适当与否，要受到许多因素的影响。判断控制程度或频度是否适当的标准，通常要随活动性质、管理层次以及下属受培训程度等因素而变化。一般来说，科研机构的控制程度应小于生产劳动部门，企业中对科室人员工作的控制要少于现场的生产作业人员，对受过严格训练、能力较强的管理人员的控制要低于那些缺乏训练的新任管理者或单纯的执行者。此外，组织环境的特点也会影响人们对控制严厉程度的判断。例如，在市场疲软时期，为了共渡难关，部分职工会同意接受比较严格的限制，而在经济繁荣时期则希望工作中有较大的自由度。

三、重点原则

任何组织都不可能对每一个部门、每一个环节的每一个人、每一时刻的工作情况进行全面的控制。这是因为并不是所有成员的每一项工作都具有相同的发生偏差的概率，也不是所有可能发生的偏差都会对组织产生相同程度的影响。全面的控制不仅代价极高，而且也是不必要的。为此，重点原则要求控制要有重点，抓主要问题，但又不能只从某个局部利益出发，形成“只见树木，不见森林”，从而影响全局。

四、经济性原则

任何控制都需要一定成本，同时，由于纠正了组织活动中存在的偏差，也会带来一定的效益。经济性原则强调只有控制带来的效益超出所需成本时，控制才是值得的。控制成本与效益的比较分析，实际上是从经济角度去分析控制程度与控制范围的问题。

要实现控制的经济性，首先，应根据组织规模的大小、所要控制的问题的重要程度，以及控制费用和所能带来的收益等方面来开展控制工作；所选用的控制技术和控制方法，应当是费用最低、效果最好的。其次，要实行有选择的控制，把着眼点放在组织工作最重要的方面和最关键的环节上。

五、客观性原则

所谓客观，就是管理者不能凭个人的主观经验或直觉去判断，而应采取科学的态度、科学的方法进行控制。客观的控制源于对组织状况及其变化的客观了解和评价。为此，控制过程中采用的检查、测量的技术和手段必须能正确地反映组织活动在时空上的变化，准确地判断和评价组织各部门、各环节的工作与计划要求的相符或相背离程度。

六、弹性原则

计划在执行中难免会出现与期望有偏差的现象，所以要允许控制在以计划为中轴的上下之间有个浮动的幅度，这样，控制才能适用和有效，这就是控制的弹性原则。

弹性控制有时也与控制系统的设计有关。通常，组织的目标并不是单一的，而是多重目标的组合。为此，制订有弹性的计划和衡量标准就是必要的。

第四节　控制的内容与方法

控制的内容与方法

一、控制的内容

（一）人员控制

人员控制分为直接控制和间接控制。

1. 人员的直接控制

为了实现组织的目标，管理者使员工按照他所期望的方式去工作是非常重要的。为了做到这一点，最简单的方法就是管理者直接考察和评估员工的表现，视察、指导员工的工作并纠正出现的错误。

2. 人员的间接控制

人员的间接控制是指根据组织发展战略的要求，通过有计划地对员工进行合理配置，做好员工的培训和人力资源的开发，采取各种措施，激发员工的积极性，充分发挥他们的潜能，做到人尽其才、人尽其用，更好地促进工作效率的提高，进而确保组织战略目标的实现。

（二）时间控制

科学准确地做好时间计划是时间控制的第一步，从某种程度上说，计划首先是时间的安排。较好安排时间的计划方法有甘特图法、滚动计划和网络计划技术等，其中网络计划技术对合理安排时间和科学分配资源起到了重要的作用。

20 世纪 70 年代，日本丰田汽车公司首先应用的准时生产制（JIT）是一种先进的生产控制和时间控制方法。简单地讲，JIT 就是在必要的时间生产必要数量的产品。即为了提高劳动生产率，不是要在劳动中多使力气，而是通过尽量减少生产中的各种浪费来提高生产率。这种尽量减少浪费的思想就是 JIT 生产方式的出发点。

（三）成本控制

成本管理的中心是成本控制，即要使经营活动的各环节、各方面达到或低于目标成本。为此，要做好以下工作：

（1）制定控制标准，确定目标成本。其方法有计划法、预算法和定额法等。

（2）记录和统计资料，进行成本核算。成本统计所用的原始记录是反映核算期人力、物力、财力等支出的全部原始资料，是进行成本核算和控制的最基本依据。在此基础上，通过成本核算，了解实际成本，并为分析和改进成本问题提供数据资料。

（3）差异分析。将实际成本与目标成本相比较，就会发现差异。差异分析就是通过比较，找到实际成本与目标成本产生差异的原因，找出控制和降低成本的措施。差异分析的主要内容有直接材料费用分析、直接人工费用分析、管理费用分析、销售费用分析。

（4）采取措施，降低成本。一旦发现实际成本高于目标成本，就应积极采取措施，控制成本的上升趋势。一般来说，可采用的方法有价值工程、严格投入管理、防止跑冒滴漏、改进产品设计或生产工艺、精简机构等。

（四）质量控制

质量控制是企业生产经营活动当中一项极其重要的控制活动。质量控制具有两个方面的含义：一是工作的质量控制；二是产品的质量控制。二者既有联系，又有区别。产品质量是工作质量的体现，工作质量是产品质量的保证。质量控制既包括对企业产品或服务质量的控制，又包括对工作质量（包括制度、标准等）的控制。

控制工作质量就是企业为了保证和提高产品质量，在经营管理和生产技术方面所要达到的水平。工作质量的好坏是通过企业内各单位、各部门以及企业每一个职工的工作态度、工作绩效、产品质量等反映出来的。工作质量是产品质量的保证，在一定意义上，提高工作质量比提高产品质量更重要。

控制产品质量是企业生产合格产品和减少无效劳动的重要保障。在市场经济中，产品质量控制应达到两个方面的目标：一是使生产出来的产品达到产品质量标准；二是使企业以最低的成本生产出符合产品质量标准的产品。这两个方面是相辅相成的。企业生产出的产品符合质量标准是产品能为市场所接受的必要条件，而只有在低于社会平均劳动时间条件下生产出的合格产品才有竞争力。

（五）库存控制

库存控制是对制造业或服务业生产、经营全过程的各种物品、产成品以及其他资源进行的管理和控制，是仓储管理的一个重要组成部分。它是在满足顾客服务要求的前提下通过对企业的库存水平进行控制，力求尽可能降低库存水平、提高物流系统的效率，以提高企业的市场竞争力。

（六）审计控制

审计是常用的一种控制方法，根据内容分类，它包括财务审计和管理审计。

（1）财务审计。

财务审计是由专职机构和人员，依法对被审计单位的财务、财政收入及有关经济活动的真实性、合法性、效益性进行审查，评价经济责任，以维护财经法纪，改善经营管理，提高经济效益的经济监督活动。

（2）管理审计。

管理审计是以管理原理为评价准则，系统地考察、分析和评价一个组织的管理水平和管理成效，进而采取措施解决存在的问题。管理审计的方法与财务审计的一般方法基本一致，其中查明事实真相是管理审计工作的最基本任务。

根据审计人员的来源分类，审计有外部审计和内部审计之分。

（1）内部审计。

内部审计就是企业内部的审计人员对企业的会计、财务和其他业务经营活动所做的定期的和独立的评价。内部审计提供了检查现有控制程序和方法能否有效地保证达成既定目标和执行既定政策的手段。

（2）外部审计。

外部审计是由外部机构选派的审计人员对企业财务报表及其反映的财务状况进行独立的评估。

专栏 9-3

地毯下的蛇

从前，有一位经营地毯的阿拉伯商人，对自己地毯商店的陈设非常在意。他每天总要在店内四处巡视，看看有没有不妥当的地方，如果有的话赶紧纠正。

一天，他照例巡视店面，意外地看见自己布置的地毯中央隆起一块，就上前将它弄平；可过了一会儿，别处又隆起一块，他再次弄平。然而，似乎有什么东西在专门和他作对，隆起接连在不同的地方出现，他不停地弄平，可总有新的地方隆起。一气之下，阿拉伯商人干脆拉开地毯的一角，一条蛇立刻溜了出去。

启示：管理工作是关系到方方面面的细致工作，所以管理者要经常关注在哪些地方存在问题，出了问题怎么办，有什么解决问题的方案。但是如果出现问题时管理者并没有冷静地找出其根本原因，往往“头痛医头，脚痛医脚”，忙得焦头烂额，也没有将问题解决好。

二、控制的方法

（一）预算控制

1. 预算

预算就是用数字编制未来某一个时期的计划，常常用财务数字（例如在财务预算和投资预算中）或非财务数字（例如在生产预算中）来表明预期的结果。简言之，预算是量化的、以数字形式表现的计划。

预算控制是在管理控制中使用最广泛的一种控制方法，它最清楚地表明了计划与控制的紧密联系。

2. 预算的种类

（1）按照预算内容的不同，可分为运营预算、投资预算和财务预算三大类。

1）运营预算（Operational Budget），是指对企业日常发生的各项基本活动的预算。如销售预算、生产预算、制造费用预算等。由于销售预测是计划的基础，因而，销售预算也就成为预算控制的基础。

2）投资预算（Investment Budget），是对企业的固定资产的购置、扩建、改造、更新等，在可行性研究的基础上编制的预算。它具体反映在何时进行投资、投资多少、资金从何处取得、何时可获得收益、每年的现金净流量为多少、需要多少时间回收全部投资等。

3）财务预算（Financial Budget），是指在计划期内反映有关预计现金收支、经营成果和财务状况的预算。它主要包括现金预算、预计收益表和预计资产负债表。必须指出的是，前述的各种运营预算和投资预算中的资料，都可以折算成金额反映在财务预算内，这样，财务预算就成为各项经营业务和投资的整体计划，故亦称总预算。

（2）从财务角度，预算可分为收入预算、支出预算和现金预算。

1）收入预算。由于企业收入主要来源于产品销售，因此，收入预算的主要内容也是销售预算。销售预算直接决定着企业的收入预算。

2）支出预算。企业进行生产经营活动就必然要利用和消耗一定的资源，因此，也就需要编制能够保证经营活动得以进行的各种支出预算。一般包括直接材料预算、直接人工预算和附加费用预算。

3）现金预算，是对企业未来生产与销售活动中现金的流入与流出进行预算，通常由财务部门编制。现金预算可以帮助企业发现资金的闲置或不足，从而指导企业及时利用暂时过剩的现金，或及早筹齐维持营运所必需的资金。

（3）根据预算编制的基础，预算可分为零基预算和增量预算。

1）零基预算，是指在编制成本费用预算时，不考虑以往会计期间所发生的费用项目或费用数额，而是以所有的预算支出为零作为出发点，一切从实际需要与可能出发，逐项审议预算期内各项费用的内容及开支标准是否合理，在综合平衡的基础上编制费用预算的一种方法。

2）增量预算，是指以前期的预算或者实际业绩作为基础，根据企业预算期的经营目标和实际情况，结合市场竞争态势，通过对基期的指标数值进行增减调整而确定预算期的指标数值的方法。

（二）库存控制

对库存的控制主要是为了减少库存，降低各种占用，提高经济效益。常见的库存控制方法有 ABC 分类法、经济批量法、订货点法等。

1. ABC 分类法

ABC 分类法是根据企业不同库存物资的重要程度，对企业所有库存物资进行分析、计算，把物资分成 A、B、C 三类，然后对不同类别的物资实施不同的管理。如：库存中的大约20%的物品占年度库存总价值的80%，这类物资通常称为A类；有20%的物资占了价值的15%，通常称为B类；其余60%的物资只占5%的价值，通常称为C类。如图9－4所示。一般来讲，对A类物资要进行最严格的控制，对B类物资进行一般的控制，对C类物资进行最少的控制。

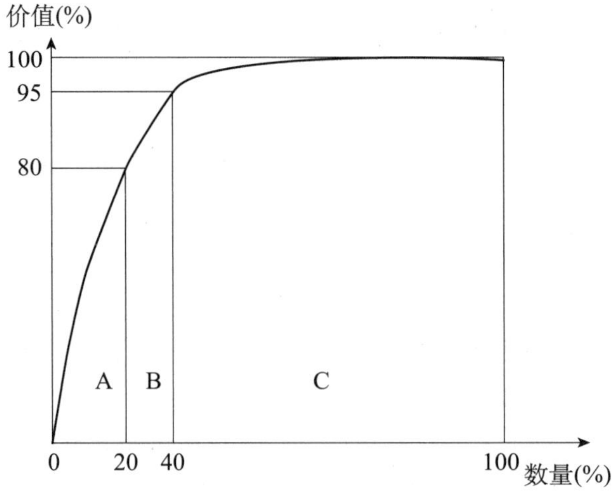

图9－4　ABC分类

2. 经济批量法

经济批量法（Economic Order Quantity）是企业在保证满足均衡生产需要的条件下，通过计算费用确定最低的合理生产批量的数学方法。当企业在一定期间内总需求量或订购量一定时，如果每次订购的量越大，则所需订购的次数就越少，其结果是订购费用较低，但存储费用较高；如果每次订购的量越小，则所需订购的次数就越多，其结果是存储费用较低，但订购费用较高。而经济订购批量模型就是在订购费用和存储费用之间取得平衡，使总费用最低，由此计算出订购的数量，即经济订购批量，如图9－5所示。

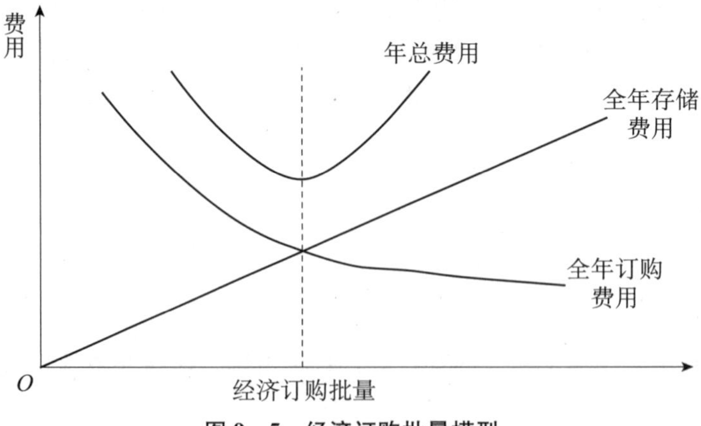

图9－5　经济订购批量模型

3. 订货点法

订货点法是设置一个订货点，当现有库存量降低到订货点时，就向供应商发出订货请求，每次的订货量均为固定的值，如经济订购批量，如图 9－6 所示。采用订货点法，需要随时检查库存，随时发出订货请求，这显然增加了管理工作量，也对供应商提出了较高要求，但它对库存量的控制相对比较严密。

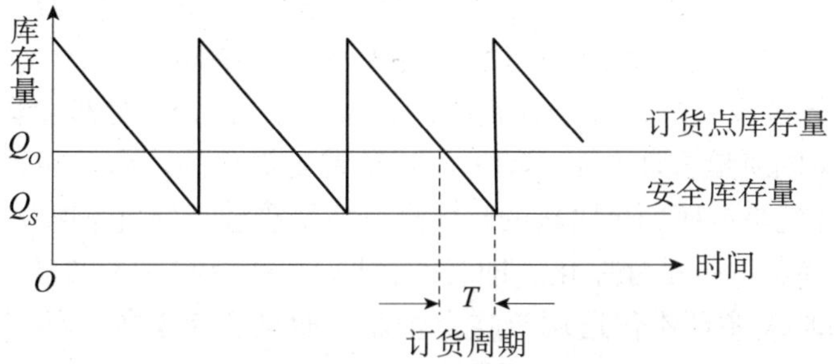

图 9－6　订货点法的库存量变化

（三）质量控制

常见的质量控制方法是全面质量管理。

1. 全面质量管理的特点

从 20 世纪 50 年代开始兴起的全面质量管理是以保证产品质量和工作质量为中心，企业全体员工参与的质量管理体系，它具有多指标、全过程、多环节和综合性的特征。如今，全面质量管理已经形成了一整套管理理念，风靡全球。

全面质量管理的特点是：

（1）管理的对象是全面的。不仅要管理好产品质量，而且要管理好产品赖以形成的工作质量。产品的质量不仅应符合企业确定的标准，更重要的也是最关键的是要符合消费者的需求。

（2）质量管理的过程和范围是全面的。即实行过程的质量管理，要把形成产品质量的全过程都管理起来。全面质量管理的重点不是单纯的事后检验，而是事先控制不合格的产品生产及产品设计。

（3）参加质量管理的人员是全面的。它要求企业各业务部门、各环节的全体职工都要参加质量管理；要求企业内所有人员都重视质量、关心质量，切实做好各项质量责任范围内的本职工作。

（4）管理质量的方法是全面的。在质量分析和质量控制时必须以数据为科学依据，全面综合运用各种质量管理方法，并将这些方法与改善组织管理、改进生产技术和提高人员素质结合起来。

2. 全面质量管理的基本方法

全面质量管理的基本方法可以概括为四句话、十八字，即一个过程、四个阶段、八个步骤的数理统计方法。

一个过程：企业管理是一个过程。企业的每项生产经营活动，都有一个产生、形成、实施和验证的过程。

四个阶段：“计划（Plan）—执行（Do）—检查（Check）—处理（Act）”四阶段的循环方式，简称 PDCA 循环。

八个步骤：为了解决和改进质量问题，PDCA 循环中的四个阶段还可以具体划分为八个步骤：（1）分析现状，找出存在的质量问题；（2）分析产生质量问题的各种原因或影响因素；（3）找出影响质量的主要因素；（4）针对影响质量的主要因素，提出计划，制定措施；（5）执行计划，落实措施；（6）检查计划的实施情况；（7）总结经验，巩固成绩，工作结果标准化；（8）提出尚未解决的问题，转入下一个循环。其中：（1）～（4）处于计划阶段；（5）处于执行阶段；（6）处于检查阶段；（7）～（8）处于处理阶段。

PDCA 循环是美国质量管理专家沃特·休哈特首先提出的，由戴明采纳、宣传，故又叫戴明环。PDCA 循环就是按照四个阶段的顺序进行质量管理，并且不断循环的科学程序。

PDCA 循环的特点：一是程序化，即必须按照 P→D→C→A 的顺序转动，不可逆转；二是层次化，即 PDCA 循环不仅适用于整个企业，而且适应于各个部门、各个环节、各个人，大环套小环，小环保大环，推动大循环（见图 9－7）；三是高效化，即 PDCA 循环每循环一次，就可以解决一些质量问题，质量管理水平就得到一次提高。不断循环，质量管理水平就像爬楼梯一样逐步上升（见图 9－8）。

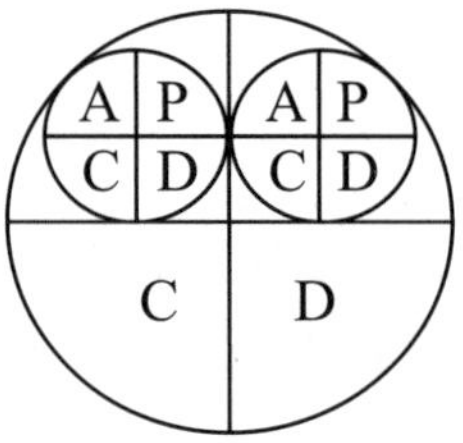

图 9－7　PDCA 循环的层次化

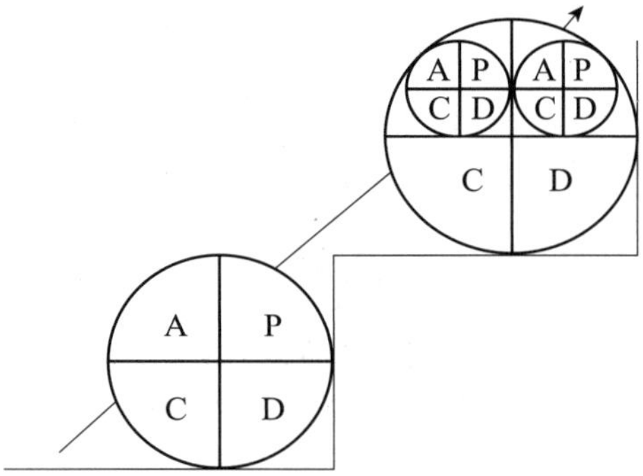

图 9－8　PDCA 大循环

专栏 9－4

阿喀琉斯的脚后跟

古希腊神话中有一位英雄阿喀琉斯，他有着超乎普通人的神力和刀枪不入的身体，在激烈的特洛伊之战中无往不胜，取得了赫赫战功。但就在阿喀琉斯攻占特洛伊城奋勇作战之际，站在对手一边的太阳神阿波罗悄悄一箭射中了阿喀琉斯。

这支箭射中了阿喀琉斯的右脚的脚后跟，这是他全身唯一的弱点。在他还是婴儿的时候，他的母亲——海洋女神特提斯曾捏着他的右脚的脚后跟，把他浸在神奇的斯提克斯河中，被河水浸过的身体变得刀枪不入。可被母亲捏着的脚后跟由于没有浸到河水，成了阿喀琉斯全身唯一的弱点。

启示：由于局部细微的弱点而导致全局的崩溃，就是这则故事所揭示的道理。在经营管理过程中，无论是战略决策还是产品的质量控制，很多失败都是由细微的失误造成的。对于细节来说，很多时候，100 减去 1 不是等于 99，而是等于 0。许多企业的失败，往往都是在细节上没有尽力所造成的。

复习思考题

1. 怎样理解控制的含义？现代组织管理中，为什么要加强控制？
2. 控制职能和其他管理职能之间有什么关系？
3. 常见的控制类型有哪几种？它们是怎样划分的？各适用于什么场合？
4. 控制过程一般由哪几个基本步骤构成？
5. 有效控制的基本原则是什么？
6. 控制包括哪些内容？
7. 什么是预算控制？有哪些种类？
8. 库存控制常用的方法有哪些？
9. 全面质量管理有什么特点？什么是 PDCA 循环？

案例分析

摆梯子

在某集团生产车间的一个角落，因工作需要，工人需要爬上爬下，所以，管理者甲放置了一个梯子，以便工人上下。可由于多数工作时间并不需要上下，屡有工人被梯子绊到，幸亏无人受伤。于是，管理者乙叫人改成一个活动梯子，用时，就将梯子支上，不用时，就把梯子合上并移到拐角处。由于梯子合上后太高，屡有工人碰倒梯子，还有人被砸伤。为了防止梯子倒下砸着人，管理者丙在梯子旁写了一个小条幅：请留神梯子，注意安全。

一晃几年过去了，再也没有发生梯子倒下砸到人的事。一天，商户来谈合作事宜。他们注意到这个梯子和梯子旁的小条幅，驻足良久。客户中的一位专家提议将小条幅修改成这样：不用时，请将梯子横放。很快，梯子边的小条幅就改过来了。

分析与思考：

不同层次的管理者在工作中行使控制职能时有何不同？请说明原因。

在线自测

扫一扫 练一练

参考文献

1. 哈罗德·孔茨，海因茨·韦里克．管理学［M］．郝国华，等译．北京：经济科学出版社，2014.

2. 彼得·德鲁克．卓有成效的管理者［M］．许是祥，译．北京：机械工业出版社，2022.

3. 斯蒂芬·罗宾斯．管理学：第15版［M］．孙健敏，等译．北京：中国人民大学出版社，2022.

4. 琼·玛格丽塔，南·斯通．什么是管理［M］．王建民，译．北京：中国青年出版社，2013.

5. 吉姆·柯林斯，杰里·波勒斯．基业长青［M］．真如，译．北京：中信出版社，2019.

6. 弗雷德里克·泰勒．科学管理原理［M］．马风才，译．北京：机械工业出版社，2022.

7. 西蒙．管理行为［M］．詹正茂，译．北京：机械工业出版社，2020.

8. Henri Fayol. Administration Industrielle et Generale. Paris：Dunod，1916.

9. Michael J Marquardt，Nancy O. Berger Global Leader. New York：State University of New York Press，2000.

10. 法约尔．工业管理与一般管理［M］．曹永先，译．北京：团结出版社，1999.

11. 周三多．管理学［M］．5版．北京：高等教育出版社，2018.

12. 邢以群．管理学［M］．5版．杭州：浙江大学出版社，2019.

13. 张小红，白瑷峥，黄津孚，等．管理学［M］．北京：清华大学出版社，2014.

14. 张小红，成思思．管理学基础［M］．北京：经济科学出版社，2020.

15. 王利平．管理学原理［M］．北京：中国人民大学出版社，2023.

16. 黄津孚．现代企业管理原理［M］．8版．北京：首都经济贸易大学出版社，2022.

17. 芮明杰．管理学：现代的观点［M］．上海：上海人民出版社，2021.

18. 丰舟，周健临．管理学教程［M］．上海：上海财经大学出版社，2017.

19. 席酉民．管理何为［M］．北京：北京大学出版社，2022.

20. 卢润德，严宗光，袁泉，等．管理学［M］．2版．北京：机械工业出版社，2014.

21. 李维刚，李冰．管理学原理［M］．2版．北京：清华大学出版社，2022.

22. 郭咸纲．西方管理学说史［M］. 3版．北京：中国经济出版社，2023.

23. 王关义，刘益，刘彤，等．现代企业管理［M］. 6版. 北京：清华大学出版社，2023.

24. 陈传明，周小虎．管理学［M］. 北京：清华大学出版社，2008.

25. 王凯，陈超．管理学基础［M］. 北京：高等教育出版社，2015.

26. 王凤彬，李东．管理学［M］. 北京：中国人民大学出版社，2021.

27. 宋瑞卿，杨菊兰．优秀企业的逻辑［M］. 北京：企业管理出版社，2018.

28. 任志宏，杨菊兰．企业文化［M］. 北京：清华大学出版社，2013.

29. 赵丽芬．管理理论与实务［M］. 北京：清华大学出版社，2022.

30. 张弘．人力资源管理与企业绩效［M］. 北京：企业管理出版社，2023.

31. 冯俊华．企业管理概论［M］. 北京：化学工业出版社，2011.

32. 白瑗峥，张晓霞，张小红. 管理学原理［M］. 北京：中国人民大学出版社，2014.

33. 杨俊青．管理学［M］. 北京：经济科学出版社，2019.

后记

经全国高等教育自学考试指导委员会同意，由经济管理类专业委员会负责高等教育自学考试《管理学原理（初级）》教材的审定工作。

《管理学原理（初级）》自学考试教材由北京石油化工学院白瑷峥副教授担任主编，包头铁道职业技术学院王琦凡高级讲师、北京石油化工学院张小红教授、山西财经大学张晓霞副教授担任副主编，其中，第一章、第六章由白瑷峥编写，第二章、第三章、第四章由王琦凡编写，第五章、第七章由张晓霞编写，第八章、第九章由张小红编写。全书由白瑷峥教授修改定稿。全书在写作过程中得到了山西财经大学公共管理学院白凤峥教授的大力支持，并负责组织完成了相应的数字教材编写工作。

参加本教材审稿讨论会并提出修改意见的是中央民族大学黄锐教授、中央财经大学刘小元教授。

对于编审人员付出的辛勤劳动，在此一并表示感谢！

全国高等教育自学考试指导委员会
经济管理类专业委员会
2023 年 5 月

图书在版编目（CIP）数据

管理学原理：初级 / 白瑷峥主编. --北京：中国人民大学出版社，2023.12
全国高等教育自学考试指定教材
ISBN 978-7-300-32202-5

Ⅰ.①管… Ⅱ.①白… Ⅲ.①管理学-高等教育-自学考试-教材 Ⅳ.①C93

中国国家版本馆 CIP 数据核字（2023）第 176716 号

全国高等教育自学考试指定教材
管理学原理（初级）
［含：管理学原理（初级）自学考试大纲］
（2023 年版）
全国高等教育自学考试指导委员会　组编
主　编　白瑷峥
副主编　王琦凡　张小红　张晓霞
Guanlixue Yuanli

出版发行	中国人民大学出版社		
社　址	北京中关村大街 31 号	**邮政编码**	100080
电　话	010－62511242（总编室）		010－62511770（质管部）
	010－82501766（邮购部）		010－62514148（门市部）
	010－62511173（发行公司）		010－62515275（盗版举报）
网　址	http：//www.crup.com.cn		
经　销	新华书店		
印　刷	北京市鑫霸印务有限公司		
开　本	787 mm×1092 mm　1/16	**版　次**	2023 年 12 月第 1 版
印　张	13 插页 1	**印　次**	2025 年 8 月第 4 次印刷
字　数	292 000	**定　价**	42.00 元